_____ 님의 소중한 미래를 위해
이 책을 드립니다.

돈이 보이는
경제지식 41

경제 문해력을 키우면 투자가 달라진다

돈이 보이는 경제지식 41

하성호 · 홍기훈 지음

메이트북스

메이트북스 우리는 책이 독자를 위한 것임을 잊지 않는다.
우리는 독자의 꿈을 사랑하고,
그 꿈이 실현될 수 있는 도구를 세상에 내놓는다.

돈이 보이는 경제지식 41

초판 1쇄 발행 2025년 9월 10일 **|** **지은이** 하성호·홍기훈
펴낸곳 (주)원앤원콘텐츠그룹 **|** **펴낸이** 강현규·정영훈
등록번호 제301-2006-001호 **|** **등록일자** 2013년 5월 24일
주소 04607 서울시 중구 다산로 139 랜더스빌딩 5층 **|** **전화** (02)2234-7117
팩스 (02)2234-1086 **|** **홈페이지** matebooks.co.kr **|** **이메일** khg0109@hanmail.net
값 19,500원 **|** **ISBN** 979-11-6002-962-8 03320

대부분의 사람들은 부자가 되길 바라지만,
부자가 될 준비가 되어 있지는 않다.

• 찰리 멍거(미국의 기업인, 투자가) •

다시, 투자자로 산다는 것

작년 여름, 나는 한동안 미뤄왔던 일을 본격적으로 고민하기 시작했다. YEU Partners라는 사모펀드 회사를 새롭게 시작해보자는 생각이었다. 그 아이디어는 어느 날 갑자기 떠오른 게 아니었다. 오히려, 10년 넘게 투자자로 살며 쌓인 수많은 선택과 회고, 그리고 무엇보다도 투자자로서의 '태도'에 대한 질문들이 쌓이고 쌓여 마침내 형태를 갖춘 것이었다.

창업을 준비하면서 나는 자연스럽게 과거를 복기하게 되었다. 어떤 딜은 판단이 빨랐고, 어떤 판단은 지나치게 보수적이었다. 숫자를 잘 읽었다고 생각했던 순간이 실은 구조를 놓친 결과였고, 반대로 불안한 딜이라 여겼던 투자가 오히려 높은 수익률을 가져다주기도 했다. 그러면서 자주 스스로에게 물었다.

"나는 지금 어떤 기준으로 투자 판단을 내리고 있는가?"

"그 판단은 어떻게 설계되고 있으며, 무엇을 전제로 삼는가?"

그 무렵, 오랜 지인인 홍익대학교 경영대학 홍기훈 교수와 대화를 자주 나눴다. 그는 경제학 이론의 구조와 시장 심리에 밝았고, 나는 사모펀드의 딜 현장에서 체득한 케이스들을 하나씩 풀어냈다. 우리는 자주 이에 대한 대화를 나눴고 서로의 관점이 잘 맞았다. 나의 경험이 그의 이론을 구체화시켰고, 그의 정리는 내 판단을 구조화시켜줬다. 결국 우리는 동시에 말했다. "이 이야기를 책으로 만들어보자." 그렇게 해서 이 책은 시작되었다. 이 책은 경제학을 설명하는 책이 아니다. 경제학이라는 사고의 도구를 통해 투자자의 세계를 다시 해석하는 시도다.

나는 투자 공부를 아주 늦게 다시 시작했다. 그리고 이번에는 다르게 접근해보기로 했다. 숫자보다는 구조, 뉴스보다는 개념으로. 사실, 투자에 있어 가장 중요한 역량은 정보를 많이 아는 것이 아니라 정보를 '해석하는 힘'이라고 생각한다. 그런데 이 해석은 단순히 센스를 넘어서, 구조를 보는 눈과 개념적 사고력에서 나오는 경우가 많았다.

경제학은 바로 그 구조를 보는 도구였다. 많은 사람들이 경제학을 지루한 학문, 현실과 동떨어진 이론으로 여긴다. 하지만 실제로 투자자의 관점에서 보면, 경제학은 시장을 해석하고 판단의 기준을 세우는 데 꼭 필요한 프레임을 제공한다. '이 기업이 왜 이익을 내는가'를 이해하려면 생산의 구조를 알아야 하고, '이 산업이 왜 성장하는가'를 이해하려면 수요와 공급의 움직임을 읽어야 한다.

이 책은 경제학과 투자 모두에 낯선 사람들을 위해 쓰여졌다. 다만 그 낯섦이 두려운 사람들보다는, 그 낯섦 속에서도 원칙과 사고를 찾고자 하는 사람들을 위한 책이다. 투자에 대해 막연히 관심은 있지만 어디서부터 시작해야 할지 모르는 초보 투자자, 유튜브 속 수많은 정보 사이에서 판단의 기준을 잃어버린 직장인, 경제학을 배웠지만 그것이 투자와 어떻게 연결되는지 체감하지 못했던 대학생, 혹은 스스로 투자자로 살고 있지만, 사고의 '기본기'를 다시 점검하고 싶은 분들까지.

이 책은 독자들에게 정답을 주지는 않을 것이다. 하지만 판단의 기준이 되는 질문과, 그 질문을 던질 수 있는 구조는 제공할 것이다. 결국 투자란 반복된 의사결정의 연속이고, 경제학은 그 결정이 어떤 가정 위에 놓여 있는지를 점검하게 도와주는 강력한 언어다.

돌아보면, 나에게 투자는 늘 판단의 설계였다. 그리고 경제학은 그 판단을 견고하게 만들어주는 언어였다. 홍기훈 교수와 함께 이 책을 준비하며 가장 강력한 투자자는 가장 단순한 질문을 끝까지 던지는 사람이라는 것을 다시금 느꼈다.

이 책이 독자들에게 그런 질문을 가능하게 해주는 도구가 되길 바란다. 그리고 그런 질문을 끝까지 해볼 수 있는 용기를, 함께 고민할 수 있는 구조를, 이 책에서 발견할 수 있기를 진심으로 바란다.

하성호(YEU Partners 대표)

경제학은 구조를 보는 학문이다

우리가 일상에서 겪는 현상들, 예를 들어 가격의 변화, 기업의 성장, 소비자의 선택, 그리고 투자자의 심리까지 그 모든 것들은 겉으로는 복잡해 보이지만, 조금만 더 깊이 들여다보면 어떤 원리와 구조에 따라 움직이고 있다.

나는 오래도록 이론 경제학을 가르쳐왔다. 수업에서는 생산비용 곡선을 그리고, 시장균형을 설명하며, 행동경제학을 통해 인간의 비이성적 선택을 분석했다. 이론적으로는 완벽한 설명이지만, 언제나 마음 한켠에는 질문이 남아 있었다.

"이 개념들이 과연 실제 투자자들에게도 유의미한 도구가 될 수 있을까?"

그러던 중 하성호 대표를 만났다. 그는 사모펀드 업계에서 기업에 투자를 하고, 키우고, 다시 시장에 내놓는 일을 반복해온 실무자였다. 처음에는 투자자와 교수라는 서로 다른 언어를 쓰는 사람처럼 느껴졌다. 그러나 대화를 이어가면서 놀라운 경험을 하게 되었다. 내가 설명하는 이론이, 그의 경험과 바로 연결되기 시작한 것이다.

예를 들어 나는 '한계생산 체감의 법칙'을 설명했고, 그는 그것을 바이오 생산 공장의 CAPA(capacity) 문제와 연결시켰다. 나는 시장 구조와 진입장벽에 대한 이야기를 했고, 그는 실제 기업 인수 시 산업 구조 분석이 왜 중요한지를 구체적인 사례로 풀어냈다. 그렇게 학문의 언어와 시장의 언어가 맞물리는 순간, 우리는 확신했다.

"경제학은 투자자의 언어로 다시 쓰여질 수 있다."

이 책은 그 신념에서 출발했다. 나는 경제학자로서 개념의 토대를 제공했고, 하성호 대표는 그 개념이 실제 투자 세계에서 어떻게 적용되는지를 풀어냈다. 우리는 서로의 언어를 교차 번역하며, 이 책을 만들어나갔다.

이 책은 단순히 경제학을 쉽게 설명하는 책이 아니다. 경제학이라는 사고의 프레임을 통해 투자자가 스스로 판단할 수 있도록 도와주는 책이다. 많은 투자자들이 뉴스와 정보, 트렌드에 흔들리지만, 결국 시장을 오래 살아남는 사람들은 단단한 사고 구조를 가진 이들이다. 나는 그 사고 구조의 핵심이 경제학에 있다고 믿는다. 이 책은 경제학을 처음 접하는 독자, 투자를 시작한 지 오래된 실무자 모두에게 의미가 있다.

각 개념은 현장과 연결되어 있으며, 단 한 줄의 공식 없이도 경제학의 핵심을 체감할 수 있도록 구성했다. 경제학을 몰라도 읽을 수 있고, 알고 있어도 다시 생각하게 될 것이다.

나는 이 책이 독자들에게 하나의 판단의 지도가 되어주기를 바란다. 단기적인 유행보다 구조를 보고, 숫자보다 원리를 읽어내는 투자자, 그런 투자자가 더 많아진다면, 시장은 훨씬 건강해질 것이다.

하성호 대표와 함께 이 책을 쓸 수 있었던 것은 내게도 소중한 경험이었다. 나는 다시 한번, 경제학이 살아 있는 학문임을 확인했고, 투자라는 행위가 얼마나 깊은 사고를 요구하는지 깨달았다. 이 책을 읽는 독자에게도 그런 만남이 있기를 바란다.

홍기훈

목차

1부

투자자를 위한 경제 개념

기업에 투자하려면 소비자와 생산자를 이해해야 한다
1장   : 미시경제

나무만 아니라 숲도 보는 법
2장 : 거시경제

금융경제를 모르고 투자를 알 수는 없다
3장 : 금융경제

기업에 투자하려면 기업을 알아야 한다
4장 : 산업구조론

2부

주요 자산군별 개념 및 경제학적 원리

1장 가장 많이 접하는 투자자산, 주식

2장 부동산 투자의 ABC : 고요한 강자에서 미래 자산까지

3장 보이지 않는 자본의 역동성 : 사모펀드가 그리는 경제 성장의 청사진

선물에서 기후 리스크까지

4장 : 파생상품으로 경제를 읽다

비트코인과 그 너머

5장 : 가상자산의 기회와 도전

처음 투자를 시작했을 때 내 머릿속엔 숫자와 뉴스뿐이었다. 그런데 어느 순간 깨달았다. '왜 이 회사에 투자하는지'보다 '사람들이 왜 이 회사에 반응하는지'를 이해해야 한다는 것을 말이다. 세상은 수요와 공급으로 움직인다지만, 그 이면엔 감정, 기대, 습관이 얽혀 있다.

이 책의 1부는 투자자에게 경제학이란 렌즈를 씌워주는 파트다. 복잡한 세상을 조금 더 단순하게, 불확실한 시장을 조금 더 예측 가능하게 바라보는 프레임을 함께 만들어보자.

투자자를 위한
경제 개념

기업에 투자하려면
소비자와 생산자를
이해해야 한다: 미시경제

최대 만족, 최소 리스크
효용과 한계효용으로 투자 판단하기

—————— 효용의 개념

우리는 일상에서 '효용'이라는 단어를 자주 쓰지는 않지만, 사실 이 개념은 우리가 내리는 거의 모든 선택에 숨어 있다. 특히 투자를 할 때, 효용이 어떻게 작용하는지 이해하는 것이 중요하다. 이 장에서는 효용과 한계효용의 개념을 살펴보고, 한계효용 체감의 법칙이 투자에 어떻게 적용될 수 있는지 알아보자.

효용은 간단히 말해, 우리가 어떤 상품이나 서비스를 소비할 때 느끼는 만족감을 뜻한다. 효용은 2가지 중요한 개념으로 나눌 수 있다. 바로 총효용과 한계효용이다.

총효용(Total Utility)은 소비자가 특정 상품이나 서비스를 소비하면서 얻는 전체적인 만족감을 의미한다. 예를 들어 첫 번째 조각의 피자를 먹을 때 얻는 만족감, 두 번째 조각을 먹을 때 얻는 만족감을 합한 것이 총효용이다.

한계효용(Marginal Utility)은 추가로 한 단위의 상품을 소비함으로써 얻는 추가적인 만족감을 의미한다. 즉 한계효용은 총효용의 변화량을 의미한다. 예를 들어 첫 번째 조각의 피자를 먹을 때는 큰 만족감을 얻지만, 두 번째 조각을 먹을 때는 만족감이 줄어들 수 있다. 이때 두 번째 조각에서 얻는 추가적인 만족감이 바로 한계효용이다. 하지만 시간이 지날수록 똑같은 행동에서 얻는 만족감은 점점 줄어들었다. 이 현상이 바로 한계효용이다. 예를 들어 나는 대학 시절 처음 주식을 시작했을 때, 내 돈으로 산 첫 주식이 소폭의 수익을 냈을 때 큰 기쁨을 느꼈다. 그 작은 상승폭에도 마치 큰돈을 번 것 같은 만족감을 느꼈다. 그런데 비슷한 수익을 여러 번 경험할수록 그 만족감은 줄어들기 시작했다. 이를 경제학에서는 '한계효용 체감의 법칙'으로 설명할 수 있다.

─────── 투자에서의 효용과 한계효용

이제 이 개념을 투자에 적용해보자. 예전에 나는 대형 기술주에 처음 투자해 성공한 적이 있다. 첫 수익을 실현했을 때의 기쁨은 말로 다 표현할 수 없었다. 그때는 마치 주식 투자가 돈을 만들어내는 마법처럼 느껴졌었다. 하지만 이 기쁨은 오래가지 않았다.

몇 년 뒤, 비슷한 투자를 해서 다시 수익을 냈지만 그때는 감흥이 덜했다. 매매에 익숙해지면서 첫 번째 성공만큼의 설렘이나 만족은

　　　　　　　　　　　　1부 투자자를 위한 경제 개념

느껴지지 않았다. 이 경험을 통해 나는 한 가지 중요한 사실을 깨달았다. 투자의 한계효용도 시간이 지나면서 줄어든다는 것이다.

처음 투자에서는 수익률이 5%만 나와도 큰 성취로 느껴졌지만, 그 후 비슷한 성과를 내더라도 그 만족감은 크게 떨어졌다. 이제는 더 큰 수익을 내야만 그때의 만족감을 다시 느낄 수 있게 되었다. 이 것이 바로 '한계효용 체감의 법칙'이다. 처음에는 5% 수익에 큰 행복을 느꼈지만, 이제는 10% 혹은 15%가 되어야 비슷한 만족감을 느낄 수 있다.

주식시장은 항상 변동성이 크고 예측은 어렵다. 그래서 한계효용이 점차 줄어드는 것을 인식하고, 그에 맞는 투자전략을 세우는 것이 중요하다. 중요한 것은 '한계효용 체감의 법칙'이 존재함을 인식하는 것이다. 내가 사용했던 한 가지 전략은 정기적인 소액 투자다. 한계효용이 줄어들더라도, 장기적으로 꾸준히 투자하는 것이 중요함을 깨달았다. 즉 내가 투자한 자산의 수익률에 대한 추가적인 만족감이 줄어드는 것에 대비해, 매력적인 자산이라면 매월 일정 금액을 자동으로 투자하는 정기매매 전략을 선택할 수 있다. 시장의 등락에 흔들리지 않고 일정한 금액을 지속적으로 투자하는 방식은 심리적 만족감을 안정시키는 데도 큰 도움이 되었다.

나의 경험을 나누자면, 고용지표가 발표되기 전, 시장이 긴장하는 모습을 본 적이 있을 것이다. 고용지표가 긍정적으로 발표되면 처음에는 시장이 크게 반응하지만, 그 후 발표되는 물가지표에는 상대적으로 덜 민감하게 반응한다. 이는 시장 역시 한계효용 체감의 법칙

이미 한 차례 고용 시장에서 강한 지표를 확인한 이후 다음 지표(물가)에 대한 민감도가 낮아질 수 있다는 견해도 작용했다. 한계효용 체감 법칙처럼 주중에 나올 물가지표는 안도감 내지 불확실성 해소로 받아들여 경계감은 다소 덜한 분위기다.

연합인포맥스, 2024년 4월 9일[1]

에 영향을 받기 때문이다. 처음에는 중요한 정보에 크게 반응하지만, 시간이 지남에 따라 추가 정보의 중요성에 덜 민감해진다.

이러한 투자 심리 변화를 이해하고 대비한다면, 시장에서 더 높은 확률로 성공할 수 있다. 결국 투자도 효용의 게임이다. 내가 투자로 얼마나 만족하고 행복해질 수 있는지를 판단하고, 그에 맞춰 전략을 세워나가야 한다. 또한 시장 참여자들의 한계효용이 체감되는 상황에서, 시장의 물가지표에 대한 민감도가 낮아지더라도 더 깊은 관심을 기울여 한계효용 체감의 법칙 속에 가려진 새로운 정보를 파악하는 전략을 선택할 수 있다.

투자자가 알아야 할
소비자의 선택과 수요의 법칙

─────── 소비자 선택문제

우리의 소비 행위는 한정된 예산 속에서 최대의 만족을 누릴 수 있는 방법을 찾는 과정이다. 경제학은 이런 일상적인 선택을 설명하는 중요한 도구다. 슈퍼마켓에서 장을 볼 때, 카페에서 메뉴를 고를 때, 그리고 매달 월급을 어떻게 쓸지 고민할 때도 모두 경제학의 원리가 숨어 있다. 투자자들 역시 비슷한 선택을 한다. 투자할 수 있는 자본이 한정되어 있기 때문에, 어느 종목이나 자산에 얼마만큼 투자할지를 고민하게 된다.

  소비자 선택 이론은 우리에게 주어진 예산 안에서 어떻게 최대의 만족을 얻을 수 있는지 설명해준다. 이 과정에서 중요한 개념이 바로 앞에서 언급한 한계효용이다. 한계효용은 추가로 한 단위 상품을 소비할 때 얻는 추가적인 만족을 의미한다. 예를 들어 아침에 커피

한 잔을 마실 때는 매우 만족할 수 있지만, 그 뒤에 또 한 잔을 마신다면 처음만큼의 만족을 얻기 어렵다. 이것이 바로 한계효용 체감의 법칙이다.

이 개념을 투자에 적용해보자. 투자자들은 첫 번째 성공적인 투자에서 큰 기쁨을 느끼지만, 비슷한 수익을 반복할수록 그 기쁨은 점차 줄어든다. 처음 주식을 시작했을 때 소액 투자로 얻은 5% 수익은 엄청난 성취처럼 느껴지지만, 그 후에 5% 수익을 또 거둔다면 그 만족감은 처음만큼 크지 않다. 이는 투자의 한계효용이 체감하는 현상이라고 볼 수 있다.

하지만 현실에서 우리의 소득은 제한되어 있고, 마음껏 투자할 수 없기 때문에 이 제한된 자본을 합리적으로 배분해야 한다. 주어진 자본을 어떤 종목이나 자산에 투자할지 결정하는 과정은 투자자가 선택할 문제다. 투자자는 다양한 투자처의 수익률과 리스크를 고려해 가장 큰 만족(수익)을 얻기 위해 자본을 나눈다.

그렇다면 제한된 자본을 어떻게 배분해야 할까? 여기서 소비자 선택 이론의 중요한 법칙 중 하나인 한계효용균등의 법칙을 참고할 수 있다. 이 법칙은 소비자가 여러 상품을 소비할 때 각 상품의 1원당 한계효용이 동일해야만 총효용이 극대화된다는 원칙이다. 즉 내가 커피와 도넛을 각각 5천 원과 2천 원을 주고 샀다면, 커피에서 얻는 한계효용이 도넛에서 얻는 한계효용보다 커야 합리적인 소비라고 할 수 있다.

이 원칙을 투자에 적용해보자. 투자자도 다양한 자산에 투자할 때, 각 자산의 기대 수익률이 리스크 대비 효율적으로 배분되어야 한다. 예를 들어 주식시장에 100만 원을 투자한다고 가정해보자. 내가 50만 원을 기술주에, 나머지 50만 원을 안정적인 채권에 투자한다면, 각 투자처에서 얻는 기대 수익률이 서로 균형을 이루어야 자본 배분이 합리적이라고 할 수 있다. 만약 기술주에서 얻는 수익률이 채권의 기대 수익보다 훨씬 높다면, 자본을 기술주에 더 많이 할당하는 것이 합리적일 것이다. 이렇게 각 자산의 위험과 기대 수익을 고려해 리스크 대비 한계효용이 균등해지도록 자본을 배분하는 것이 투자전략의 핵심이다.

이와 같은 소비자 선택의 문제는 결국 효용 극대화와 기회비용 최소화의 균형을 맞추는 과정이다. 투자자들은 각 자산의 한계효용을 고려하면서 효율적으로 자산을 배분하고, 이를 통해 자신만의 투자 효용을 극대화하려 한다. 결국 소비자는 제한된 자원 내에서 여러 선택지의 효용과 기회비용을 비교해 최적의 선택을 하려고 한다. 이는 투자에서도 중요한 원칙이다. 투자자도 제한된 자원 속 다양한 자산 중에서 최대의 수익을 낼 수 있는 선택을 해야 하기 때문이다.

이처럼 경제학에서 소비자 선택 이론이 투자 의사결정에도 그대로 적용될 수 있다. 결국 투자도 제한된 자본을 최대한 효율적으로 배분하는 문제이며, 이 과정에서 한계효용 체감의 법칙과 한계효용 균등의 법칙을 인식하고 활용하는 것이 중요하다.

이제부터는 이 소비자 선택의 원리를 바탕으로 수요곡선이 어떻게 형성되는지 살펴보자.

—— 수요곡선의 형성

수요곡선은 특정 상품의 가격이 변할 때 소비자들이 그 상품을 얼마나 살지 보여주는 그래프다. 쉽게 말해, 수요곡선은 가격과 수요량 사이의 관계를 나타낸다. 일반적으로 가격이 낮아질수록 수요가 증가하고, 가격이 높아질수록 수요가 감소하는 경향이 있다. 이 관계를 수요의 법칙이라고 부른다.

〈자료 1〉과 같이 가격과 수요량은 역(-)의 관계를 보인다. 특정 소득수준과 선호도를 지닌 소비자는 적정한 가격(P)을 수용할 수 있는 만큼의 소비(q1)를 한다. 만약 소득수준이 높아져 같은 상품을 동일한 가격에 더 소비(q2)하고 싶다면, 또는 내가 이 상품에 대한 선호도가 높아져 가격이 높아져도 구매할 의사가 분명해진다면 수요곡선은 우측으로 이동한다. 반대로 소득이 감소하고, 상품에 대한 선

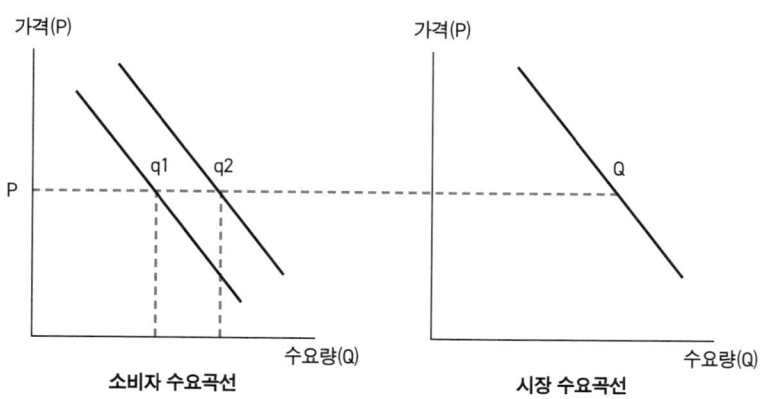

〈자료 1〉 소비자 수요곡선과 시장 수요곡선

소비자 수요곡선

시장 수요곡선

1부 투자자를 위한 경제 개념

호도가 떨어진다면 수요곡선은 좌측으로 이동한다.

시장에는 다양한 소득수준과 선호도를 지닌 소비자들이 존재한다. 이런 개별 수요곡선의 수평적 합계가 시장 수요곡선이 된다. 시장의 총수요량(Q)은 각 소비자 수요량의 합계(Q=q1+q2)가 된다.

——— 투자의 관점에서 소비자 선택과 수요곡선의 이해

현명한 투자자라면 소비자 선택과 수요곡선 이론이 단순한 경제학 개념을 넘어, 실제 시장에서 수요와 가격 변동을 읽어내는 중요한 도구가 된다는 것을 잘 알 것이다. 예를 들어 어떤 상품에 대한 수요가 증가하면 그 상품을 만드는 회사의 매출과 이익이 올라갈 가능성이 크다. 자연스럽게, 해당 회사의 주가도 상승할 수 있다.

수요곡선의 움직임은 단지 가격과 수량의 변화뿐만 아니라, 더 넓은 경제 흐름을 파악하는 데도 유용하다. 최근 몇 년 동안 건강에 대한 관심이 커지면서 건강식품에 대한 수요가 급증했다. 이는 단순히 특정 상품의 인기가 올라간 것이 아니라, 소비자들의 선호가 건강을 중심으로 변화한 것으로 볼 수 있다. 그리고 이런 변화는 건강식품을 생산하는 회사들의 주가에도 영향을 미쳤다. 투자자라면 소비자들이 어떤 선택을 하고, 그 선택이 시장에 어떤 영향을 미치는지 이해하는 것이 필수적이다.

하지만 여기서 끝나지 않는다. 소비자들의 선택을 이해하고 나면

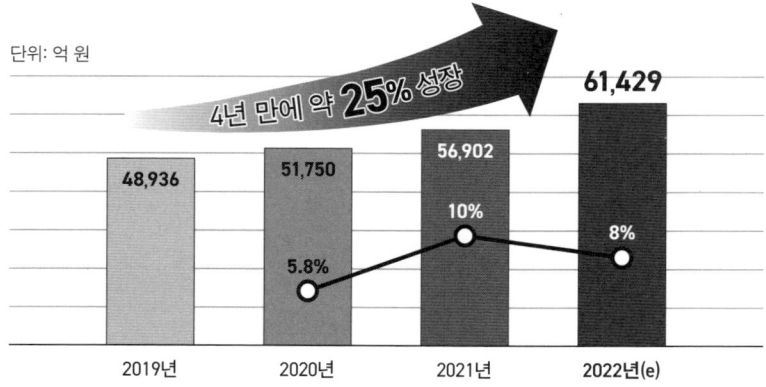

〈자료 2〉 국내 건강기능식품 시장규모

단위: 억 원

4년 만에 약 **25%** 성장

48,936　51,750　56,902　61,429

5.8%　10%　8%

2019년　2020년　2021년　2022년(e)

─○─ 성장률

출처: 한국건강기능식품협회, 한눈에 보는 2022 건강기능식품 시장 통계

그다음 단계는 미래의 수요를 예측하는 것이다. 단순히 지금 잘나가는 상품에만 투자하는 것이 아니라, 앞으로 소비자들이 무엇을 원하게 될지를 미리 발견하는 것이 더 큰 기회를 가져다준다. 예를 들어 건강식품 트렌드가 처음 등장했을 때, 이를 미리 알아챈 투자자는 큰 수익을 올렸을 것이다.

투자는 결국 사람들의 선택에서 시작된다. 투자자 입장에서 소비자의 행동을 이해하고, 그들이 무엇을 더 원하게 될지 생각해보자. 소비자의 선택과 수요곡선 이론은 우리에게 그 힌트를 제공하는 강력한 도구다. 이런 흐름을 잘 읽어내면, 시장에서 새로운 기회를 발견하는 재미를 누릴 수 있을 것이다.

투자 효율성의 핵심:
총생산, 한계생산, 그리고 평균생산

투자자의 입장에서 보면, 기업이 어떻게 자원을 활용해 효율적으로 생산을 하고 있는지 분석하는 일은 매우 중요하다. 이를 위해 알아야 할 핵심 개념이 바로 총생산, 한계생산, 그리고 평균생산이다. 이 개념들은 기업의 생산성과 효율성을 평가하는 데 중요한 도구가 되며, 현명한 투자 결정을 내리는 데 있어 강력한 무기가 될 수 있다.

먼저 총생산(TP)이란, 일정 자원을 투입해 기업이 생산한 전체 생산량을 의미한다. 예를 들어 한 자동차 회사가 공장에서 1천 대를 생산했다면 그 1천 대가 총생산이다. 투자자라면 이 숫자가 기업의 생산능력을 보여주는 중요한 지표라는 점을 인식해야 한다. 이 회사가 앞으로 더 많은 자원을 투입해 더 많은 차량을 생산할 수 있다면, 더 많은 매출과 이익을 기대할 수 있을 것이다.

하지만 투자자에게 정말 중요한 것은 한계생산(MP)이다. 한계생산은 추가로 한 단위의 자원을 투입했을 때 얼마나 더 많은 생산량이 나오는지를 보여준다. 예를 들어 이 자동차 회사가 새로운 라인을 추가해 100대의 차량을 더 생산할 수 있게 되었다면 그 추가적인 생산량이 바로 한계생산이다. 한계생산이 높을수록 기업은 자원을 효율적으로 활용하고 있는 것이다.

하지만 주의할 점은 한계생산 체감의 법칙이다. 이는 자원을 계속 투입하면 처음에는 생산량이 크게 증가하지만, 어느 순간부터 추가적인 자원 투입이 점점 덜 효과적이 된다는 원리다. 쉽게 말해, 첫 번째 기계를 추가했을 때는 100대의 생산량이 늘었지만, 다섯 번째 기계를 추가할 때는 20대밖에 늘지 않을 수도 있다. 투자자라면 이런 현상을 잘 파악해야 한다. 기업이 새로운 자원을 계속 투입할 때 실제로 수익성이 늘어나고 있는지, 아니면 그 자원 투입이 비효율적으로 변하고 있는지 확인하는 것이 중요하다.

그 다음으로 알아야 할 개념은 평균생산(AP)이다. 평균생산은 총생산을 투입된 자원의 양으로 나눈 값이다. 다시 자동차 회사의 예를 들어보자. 만약 100명의 직원이 1천 대를 생산했다면, 평균적으로 한 명의 직원이 10대를 생산한 셈이다. 투자자는 이 평균생산이 높을수록 기업이 자원을 효과적으로 활용하고 있다고 판단할 수 있다.

이제 이를 그래프를 통해 설명해보자. 〈자료 3〉에서 우리는 총생산, 한계생산, 평균생산의 변화과정을 3가지 단계로 나눌 수 있다.

Stage 1(생산량 체증 구간)**:** 초기에는 자원을 추가로 투입할수록 생산량이 급격히 증가하는 구간이다. 이때 한계생산은 평균생산을 웃

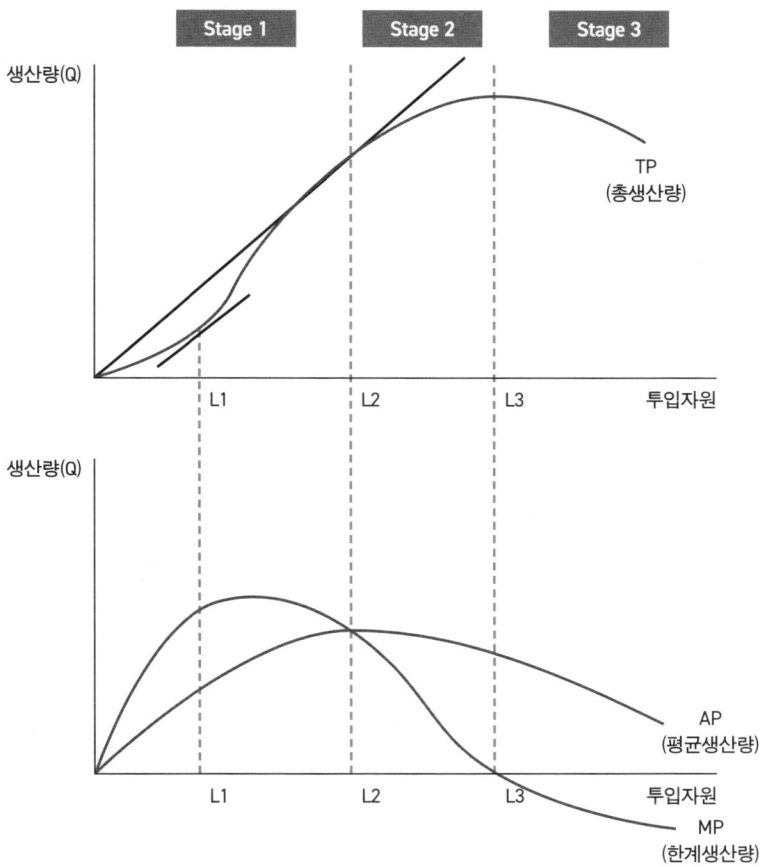

〈자료 3〉 총생산(TP), 한계생산(MP) 및 평균생산(AP)

도는 수준으로, 자원을 더 투입할수록 기업의 생산성이 향상된다. 투자자라면 이 구간에서 기업이 자원을 매우 효율적으로 활용하고 있음을 알 수 있다.

Stage 2(효율성 감소 구간): 평균생산은 점차 감소하기 시작하지만,

총생산은 여전히 증가하는 구간이다. 즉 한계생산은 여전히 양의 값을 갖고 있지만, 점차 감소하는 모습을 보인다. 이 단계에서는 자원투입의 효율성은 줄어들지만, 여전히 추가투입이 기업에 긍정적인 영향을 미친다. 투자자는 이때 기업이 계속해서 수익을 낼 수는 있지만, 자원의 효율성은 조금씩 감소하고 있음을 염두에 두어야 한다.

Stage 3(생산 감소 구간): 마지막으로, 한계생산이 0을 넘어 음의 값을 갖게 되는 구간이다. 이때는 자원을 추가로 투입할수록 오히려 생산량이 줄어드는 현상이 발생한다. 투자자라면 기업이 이 구간에 진입하지 않도록 주의해야 한다. 추가적인 자원투입이 더 이상 수익을 창출하지 못하고 비효율적인 운영으로 이어지기 때문이다.

투자자에게 이 개념들은 기업의 성장 가능성을 분석하는 데 매우 중요한 도구가 된다. 자원을 적절히 활용해 생산성을 높이는 기업은 지속적으로 성장할 가능성이 크며, 이는 주가상승으로 이어질 수 있다. 반면에 자원을 비효율적으로 사용하는 기업은 성장의 한계에 직면할 가능성이 크므로, 이를 파악하고 자본을 배분하는 것이 중요하다.

——— 투자의 관점에서 생산 개념 이해하기

투자자가 회사의 가치를 평가할 때, 단순히 '얼마나 돈을 벌고 있나?'만 보는 것은 아마추어적인 접근이다. 현명한 투자자라면 그 회사가 자원을 얼마나 잘 쓰고 있는지를 먼저 따져봐야 한다. 여기서 등장하는 것이 바로 총생산, 한계생산, 평균생산이라는 3가지 개념이다. 기업이 자원을 효율적으로 잘 쓰고 있는지 알면, 이 회사가 돈을 얼마나 잘 벌 수 있을지, 또는 자원을 태우고만 있는지 예측할 수 있다.

삼성바이오로직스를 예로 생각해보자. 이 회사는 2016년 11월 상장하면서 공모가를 산정할 때 EV/Capacity라는 지표를 사용했다. 근데 여기서 Capacity(CAPA), 즉 '용량'이라는 것은 단순히 커피잔에 얼마나 많은 커피를 담을 수 있느냐가 아니라, 기업 입장에서는 '얼마나 생산할 수 있냐'는 중요한 의미가 있다. 삼성바이오로직스의 경쟁력은 한마디로, 생산할 수 있는 바이오 의약품의 양이 어마어마하다는 것이다. 생산 시설이 크면 클수록 시장에서의 힘도 그만큼 커진다. 즉 이 회사는 바이오 의약품 생산의 '버스'인 셈이다. 그런데 이 버스가 정말 큰 것이다!

상장 당시 매출이 약 912.7억 원이고, 영업손실이 2,036.4억 원이나 되는 상황에서, '아니 도대체 이 회사가 왜 이렇게 돈을 많이 번다고 생각하지?'라는 의문이 들 수 있다. 수익성만 보면 말 그대로 손실 천지인데, 이 회사의 미래는 다른 데 있었다. 바로 생산 역량이다. 상장 주간사들은 삼성바이오로직스가 돈을 벌어오는 '황금 거위'가 되리라는 점을 보고, 그 거위를 키울 수 있는 사료량(?), 즉 생산 역량을 보고 판단한 것이다.

그리고 몇 년 후, 삼성바이오로직스는 2023년에 매출 3.6조 원, 영업이익 1.1조 원을 찍어내며 '역시 대기업 클라스!'를 보여줬다. 이 정도라면 누구나 '이 회사는 진짜 뭔가 있구나'라고 생각할 수 있다.

〈자료 4〉SK바이오사이언스 공모가 산정 가치평가방식

(3) 공모 희망가액의 산정

상기 EV / Capacity 상대가치 산출 결과를 적용한 에스케이바이오사이언스(주)의 희망공모가액은 아래와 같습니다.

[에스케이바이오사이언스(주) 희망공모가액 산출 내역]

구분	내용
비교가치 주당 평가가액	82,267원
평가액 대비 할인율	40.44~20.99%
공모희망가액 밴드	49,000~65,000원
확정 공모가액[주)	65,000원

(주) 확정 공모가액은 수요예측 결과를 반영해 65,000원으로 확정되었습니다.

출처: 전자공시 시스템

바이오 의약품 업계의 '청바지'가 아니라 '양복'급 회사라는 것을 증명한 셈이다. 또 하나, SK바이오사이언스도 같은 패턴을 따랐다. 2021년 상장할 때, 이 회사도 삼성바이오로직스의 공모가 산정 방식을 참고했다. 즉 '너희도 CAPA가 있어? 그러면 공모가도 제대로 나올 수 있어!' 이런 느낌이었던 것이다.

결국 바이오나 제조업처럼 생산 능력이 기업 가치를 결정하는 산업에서는 단순한 수익성만 보지 말고, '이 회사, 생산 잘 하고 있나?'를 먼저 따져보는 것이 매우 중요하다. 그러니 앞으로는 회사의 총생산, 한계생산, 평균생산을 제대로 살펴보자. 생산 잘하는 회사는 돈도 잘 번다. 그리고 그 돈이 여러분의 투자 수익이 될 수도 있다.

1부 투자자를 위한 경제 개념

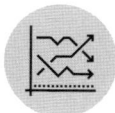

총비용, 한계비용, 평균비용:
비용구조를 통한 기업운영 효율성 이해하기

이제 생산 개념을 바탕으로 비용 측면에서 기업의 운영 효율성을 평가하는 중요한 개념들을 살펴보자. 기업이 자원을 어떻게 투입해서 상품이나 서비스를 생산하는지 파악하는 것만큼이나, 비용이 어떻게 발생하고 변화하는지 이해하는 것도 중요하다. 총비용(TC), 한계비용(MC), 평균비용(AC)은 이러한 비용의 흐름을 설명해주는 핵심 개념으로, 기업의 비용 구조와 수익성을 평가하는 데 있어 필수적이다. 투자자라면 기업의 비용 구조를 면밀히 살펴봐야 올바른 투자 결정을 내릴 수 있다.

먼저 총비용(Total Cost, TC)은 기업이 생산 과정에서 투입한 모든 비용의 합을 의미한다. 이 총비용은 고정비용(Fixed Cost, FC)과 변동비용(Variable Cost, VC)으로 구성된다. 고정비용은 생산량과 무관하게 항상 일정하게 발생하는 비용이다. 대표적인 예로는 공장의 임대료, 기계의 감가상각비, 본사 인력의 급여가 있다. 즉 생산을 전혀 하지 않더라도 기업이 계속해서 부담해야 하는 비용이다.

변동비용은 생산량에 따라 달라지는 비용이다. 예를 들어 청바지를 생산하는 기업이 있다고 가정해보자. 이 기업이 청바지를 한 벌 생산할 때 드는 원단, 실, 단추 같은 원자재 비용은 생산량에 따라 늘어나거나 줄어들 수 있다. 생산량이 많아지면 원자재 비용도 그에 비례해 증가하게 된다. 즉 총비용은 고정비용과 변동비용을 합친 값이며, 생산량이 늘어나면 총비용도 당연히 증가하게 된다.

이처럼 고정비용과 변동비용을 이해하는 것은 기업의 비용 구조를 파악하는 데 매우 중요하다. 공장의 임대료나 기계의 감가상각비는 생산을 하지 않더라도 꾸준히 발생하는 고정비용인 반면, 원자재 비용이나 생산직 근로자의 임금은 생산량이 증가할 때마다 변동되는 비용이라는 점을 고려해 이를 잘 관리하는 것이 기업의 수익성을 높이는 핵심이다.

다음으로 한계비용(Marginal Cost, MC)을 살펴보자. 한계비용이란 추가로 한 단위의 상품을 생산할 때 발생하는 추가적인 비용을 의미한다. 쉽게 말해, 100벌의 청바지를 생산하는 데 1억 원이 들었다고 가정하고, 101번째 청바지를 생산하는 데 추가로 10만 원이 들었다면, 이 10만 원이 바로 한계비용이다.

한계비용은 기업이 추가로 자원을 투입할 때 생기는 추가 비용의 변화를 측정하는 중요한 지표다. 초기에는 자원을 추가로 투입할 때의 한계비용이 낮을 수 있지만, 생산량이 일정 수준을 넘어서면 자원의 효율성이 감소하면서 한계비용이 점점 더 커진다. 이를 '한계

생산 체감의 법칙'이라고 하며, 추가로 투입되는 자원이 비효율적으로 사용되기 시작하는 현상을 설명한다. 예를 들어 공장에 너무 많은 노동자를 고용하거나 자원을 과도하게 투입하면, 오히려 생산성은 떨어지고 비용은 더 많이 발생하게 되는 것이다.

이러한 한계비용의 변화는 투자자들에게 기업의 생산 효율성이 언제부터 떨어지기 시작하는지를 판단할 수 있게 해준다. 한계비용이 낮을 때는 추가적인 생산이 효율적이지만, 어느 순간 한계비용이 급격히 상승하면 더 이상 추가적인 생산이 수익성을 보장하지 않는다는 신호일 수 있다.

마지막으로 평균비용(Average Cost, AC)을 살펴보자. 평균비용은 총비용을 생산된 상품의 총량으로 나눈 값으로, 상품 하나를 생산하는 데 드는 평균 비용을 나타낸다. 이 값은 고정비용이 생산량으로 나눠지기 때문에 처음에는 감소하지만, 이후에는 한계비용이 커지면서 값이 다시 상승한다.

예를 들어 한 의류 제조업체가 처음 10벌의 청바지를 생산할 때는 공장 임대료와 같은 고정비용이 청바지 10벌에 모두 반영되기 때문에 한 벌당 비용이 높을 수밖에 없다. 하지만 1천 벌을 생산하면 동일한 임대료가 1천 벌에 나눠지므로, 한 벌당 비용은 크게 낮아진다. 그러나 어느 순간부터 한계비용이 커지기 시작하면 추가적인 생산은 오히려 비효율적으로 변하고, 평균비용도 다시 상승하게 된다. 그러니 생산이 늘어난다고 해서 무조건 효율이 좋아지는 것은 아니라는 점을 기억해야 한다.

이 과정을 그래프로 보면 더욱 명확하다. 총비용은 생산량이 증가함에 따라 자연스럽게 증가하며, 우상향 곡선을 그린다. 한계비용은 처음에는 감소하다가, 일정 생산량을 넘어가면 다시 상승하는 패턴을 보인다. 평균비용은 고정비용이 분산되기 때문에 처음에는 감소하다가, 이후에는 다시 상승하는 U자형 곡선을 그린다.

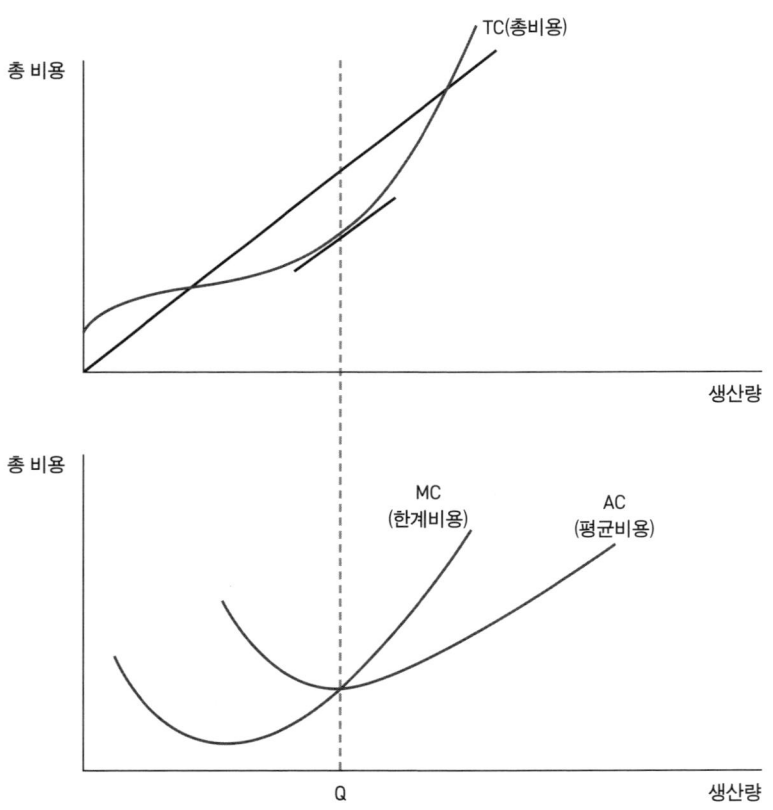

〈자료 5〉 총비용(TC), 한계비용(MC), 평균비용(AC)

　　　　　　　　　　　　　　　1부 투자자를 위한 경제 개념

그래프를 통해 보면, 평균비용이 감소하는 구간에서는 한계비용이 평균비용보다 낮고, 평균비용이 다시 증가하는 구간에서는 한계비용이 평균비용을 초과하게 된다. 평균비용이 가장 낮은 지점에서는 한계비용과 평균비용이 일치하며, 이 지점이 바로 기업의 최적 생산량을 나타낸다. 이때가 바로 기업이 가장 효율적으로 생산을 하고 있는 상태이기에 투자자는 이 지점을 주목할 필요가 있다. 한계비용이 급격히 상승하는 구간에서는 추가적인 생산이 오히려 비효율적일 수 있기 때문이다.

이처럼 총비용, 한계비용, 평균비용의 개념을 통해 기업의 비용 구조와 운영 효율성을 파악할 수 있으며, 이는 투자자가 기업의 장기적인 수익성을 판단하는 중요한 기준이 된다. 특히 기업이 언제부터 비용 효율성이 떨어지는지, 어느 시점에서 추가적인 생산이 비효율적으로 변하는지를 파악하는 것이 중요하다. 이러한 분석을 통해 현명한 투자 결정을 내릴 수 있을 것이다.

─────── 투자자 관점에서 비용 개념 이해하기

테슬라가 처음 전기차 시장에 발을 들였을 때, '이거 정말 돈 많이 들겠는데?'라는 생각이 절로 들었을 것이다. 공장 건설 비용, 기계 설비 비용, 연구개발 비용 등 온갖 고정비용이 테슬라 앞에 가로막고 있었다. 이 초기 비용들은 생산량이 적을 때 차 한 대당 평균비용을 하늘 높이 치솟게 만들었을 것이다. 전기차 한 대를 만들 때마다,

'과연 이거 팔아서 돈이 남을까?'라는 의문이 들 수밖에 없는 상황이었을 테니 말이다.

그런데 상황이 달라지기 시작했다. 전기차에 대한 수요가 늘어나고, 테슬라의 생산량이 쭉쭉 증가하면서 고정비용이 더 많은 차량에 나누어지기 시작했다. 간단히 말해, 처음에는 차 한 대에 반영되던 고정비용이 이제는 수천, 수만 대에 나눠지면서 평균비용이 점차 줄어들게 된 것이다. 고정비용이 이렇게 분산되면, 비로소 '이제 차를 팔면 돈이 좀 남겠구나' 하는 안도감이 찾아온다.

테슬라는 여기서 멈추지 않았다. 기가팩토리를 설립하면서 자동화, 데이터 분석, 인공지능(AI)까지 총동원해 생산 과정을 최적화했다. 이제는 '사람이 하는 일이 맞나?' 싶을 정도로 공정 효율성을 높였으며 한계비용까지 확 줄였다. 즉 생산량이 늘어날수록 한 대 더 만들 때 드는 비용이 점점 낮아진 것이다. 덕분에 테슬라는 규모의 경제를 제대로 실현했고, 수익성도 꾸준히 개선되었다.

투자자 입장에서 이런 산업의 비용 구조를 이해하는 것은 매우 중요하다. 특히 테슬라처럼 초기에 고정비용이 큰 기업이라면, 그 시장이 얼마나 성장할 수 있는지, 그리고 생산량이 늘어날 때 한계비용이 얼마나 줄어들 수 있을지를 면밀히 살펴봐야 한다. 테슬라가 바로 그런 비용 구조를 잘 관리했기 때문에, 초기 투자자들은 지금쯤 미소를 짓고 있을 것이다. 초기 투자가 어렵다고들 하지만 테슬라를 보면 그 말이 무색해진다.

생산 효율성과 투자 기회:
합리적 생산과 공급곡선 분석

경제학의 원리를 통해 기업이 어떻게 생산을 최적화하고, 시장에 제품을 공급하는지 살펴보자. 특히 기업이 생산량을 결정하는 방식이 어떻게 공급곡선에 영향을 미치는지 이해하면, 시장에서 가격이 어떻게 형성되는지 더 명확히 알 수 있다. 이 장에서는 앞서 다룬 한계생산과 한계비용 개념을 바탕으로, 기업이 어떻게 효율적인 생산 결정을 내리고, 그 과정이 공급곡선에 어떻게 반영되는지 알아보고자 한다.

기업이 생산에 있어 고심하는 부분은 마치 우리가 월급을 받았을 때 그 돈을 어떻게 효율적으로 사용할지 고민하는 것과 비슷하다. 예를 들면 생활비로 다 써버릴지, 아니면 자기계발에 투자할지 고민하는 것처럼, 기업도 주어진 자원을 가장 효율적으로 사용해 이익을 극대화할 방법을 찾으려 한다.

합리적 생산이란 단순히 비용을 줄이기만 하는 것이 아니라, 최적의 자원 활용을 통해 최대의 산출물을 얻으려는 전략이다. 이 개념은 공급곡선의 형태를 결정하는 중요한 요소 중 하나다. 앞서 설명했듯, 한계 생산이란 추가적인 자원을 투입했을 때 생산량이 얼마나 더 늘어나는지를 의미한다. 기업은 이 한계 생산을 고려해, 한계비용이 증가하는 구간에서 생산량을 조정하려 한다. 결국 이 결정이 공급곡선을 형성하게 된다.

예를 들어 한계비용(MC)보다 상품 가격(P)이 높다면, 기업은 더 많은 이익을 위해 생산량을 늘리려 한다. 하지만 한계비용이 높아져 상품 가격과 같아지면, 기업은 더 이상 생산량을 늘릴 이유가 없어진다. 이때 기업이 생산을 멈추거나 조정하게 된다. 이 과정에서 공급곡선이 형성된다.

이런 현상은 마치 '돈을 더 벌고 싶은데 일할 때마다 드는 피로가 더 커지면, 과연 이 일을 계속해야 할까?'라고 고민하는 것과 비슷하다. 이익이 나는 구간에서는 열심히 일하지만, 이익이 줄어드는 지점에서는 생산량을 조절하는 것이다.

이런 과정을 거쳐 기업은 상품의 가격과 생산량 사이에서 균형을 찾고, 결국 공급곡선이 만들어진다. 가격이 오르면 더 많은 이익을 위해 생산량을 늘리고, 가격이 내리면 생산량을 줄이는 방식이다. 공급법칙이란 바로 이 가격과 공급량의 관계를 의미한다.

그리고 이런 개별 기업의 공급곡선이 시장의 공급곡선으로 모아진다. 마치 작은 강물이 모여서 큰 강이 되듯, 여러 기업의 공급이 더해져 시장 전체의 공급곡선이 만들어진다.

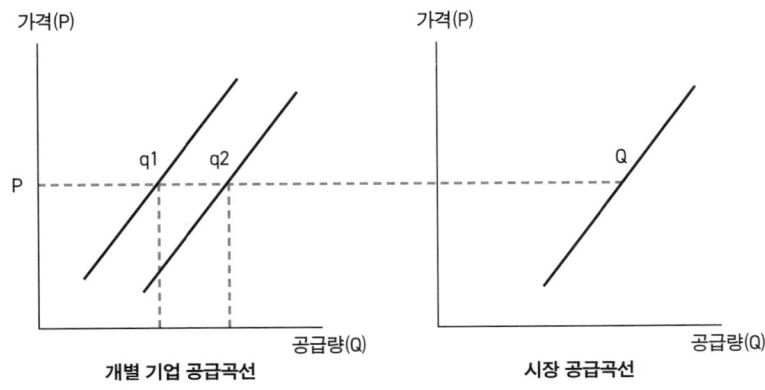

〈자료 6〉 개별 기업 공급곡선과 시장 공급곡선

개별 기업 공급곡선

시장 공급곡선

기술 혁신이 일어나면 공급곡선은 어떻게 될까? 공급곡선은 단순히 기업의 내부생산 결정만이 아니라, 시장 전체의 상황에도 크게 영향을 받는다. 테슬라의 기가팩토리를 다시 떠올려보자. 테슬라는 공정 자동화와 인공지능을 통해 생산 효율성을 높였고, 이를 통해 한계비용을 줄였다.

그 결과, 동일한 가격에서 더 많은 전기차를 생산할 수 있게 되어 공급곡선이 오른쪽으로 이동했다. 반대로, 원자재 가격이 급등하거나 노동비용이 상승하면, 한계비용이 증가해 공급곡선이 왼쪽으로 이동할 수 있다.

반대로, 원자재 가격이 급등하거나 노동비용이 상승하는 등의 외부요인이 발생하면, 기업의 한계비용이 증가해 공급곡선이 왼쪽으로 이동할 수 있다. 이럴 때 합리적 생산을 추구하는 기업은 더 이상

이익이 나지 않는 생산을 줄이게 되어 공급량이 감소하게 된다. 생산량 결정은 단순히 원자재가격과 노동비용만으로 이루어지지는 않지만, 이 원리를 염두해두고 원자재 가격에 민감하거나 사람들의 노동에 대한 의존도가 높은 산업을 분석할 때 참고할 수 있다.

다시 말해, 기술 혁신이나 외부 변수는 기업의 비용 구조를 변화시키고, 그에 따라 공급곡선도 변한다. 예를 들어 반도체 산업을 생각해보자.

반도체 제조는 막대한 고정비용이 드는 산업이다. 하지만 대규모 투자가 이루어지거나 새로운 기술이 도입되면 생산비용이 줄어들어 생산량을 늘릴 수 있다. 이렇게 공급곡선이 오른쪽으로 이동하게 되면, 더 많은 반도체가 시장에 공급되고 가격이 안정화된다.

반면 농산물 시장에서는 기후 변화나 자연재해로 인해 공급이 부족해지는 경우도 자주 발생한다. 이런 경우 공급곡선이 왼쪽으로 이동하며 가격이 급등한다. 이런 상황에서 스마트 파밍(Smart Farming) 같은 기술이 도입된다면, 제한된 자원을 더 효율적으로 사용해 손실을 줄일 수 있을 것이다.

결국, 기업의 합리적인 생산 결정이 공급곡선을 형성하며, 이 과정에서 가격과 공급량이 결정된다. 투자자라면 이러한 공급곡선의 변화가 시장에 어떤 영향을 미치는지를 주의 깊게 살펴보는 것이 중요하다.

_____ 투자자 관점에서
합리적 생산과 공급곡선 이해하기

기업이 얼마나 효율적으로 제품을 생산하는지, 그리고 시장에서 공급이 얼마나 유연한지 파악하면 미래의 가격 변동을 예측하고, 이에 맞춘 투자전략을 세우는 데 큰 도움이 된다. 이때 중요한 요소가 바로 공급망(Supply Chain)이다. 공급망은 원자재가 기업 공장에 도착해 제품으로 변신하고, 최종적으로 우리 손에 들어오기까지의 전체 과정을 말한다.

공급망이 매끄럽게 돌아가면, 기업은 필요한 자원을 제때 확보해 생산을 늘릴 수 있다. 그 결과 더 많은 제품이 시장에 공급되고, 공급곡선이 오른쪽으로 이동하게 된다. 이는 같은 가격에서 더 많은 제품이 공급될 수 있다는 뜻으로, 가격 안정이나 가격 하락으로 이어질 가능성이 크다. 투자자 입장에서는 '시장에 제품이 잘 풀리는구나!'라고 생각하며 기회를 엿볼 수 있다.

반면, 공급망에 문제가 생기면 상황은 달라진다. 기업이 원자재를 제때 구하지 못하면 생산량을 줄여야 하고, 이로 인해 공급이 줄어들면 공급곡선은 왼쪽으로 이동하게 된다. 예를 들어 리튬을 생각해보자. 리튬은 전기차 배터리의 핵심 원자재인데, 만약 리튬 가격이 급등하거나 공급이 부족해지면, 전기차 배터리 생산비용이 높아지면서 생산량을 줄일 수밖에 없다. 그 결과 배터리 공급이 줄어들고 전기차 가격은 오르게 될 것이다. 전기차 가격에서 배터리가 차지하는 비중이 40% 정도이니, 이 부분이 불안정해지면 전기차 대중화도 어려워질 수 있다.

이처럼 리튬 가격 같은 원자재 비용이 전기차 생산에 직접적인 영향을 미치고, 결국 공급곡선에 변화를 일으킨다. 투자자는 이런 공급망의 변동이 기업의 생산과 공급에 어떤 영향을 미치는지 깊이 이해할 필요가 있다. 이는 기업의 생산 역량과 경쟁력을 평가하는 데 필요한 통찰력을 제공하고, 더 나은 투자 결정을 내리는 데도 큰 도움이 된다.

결국 공급망의 변화를 예측하고 공급곡선의 움직임을 분석하는 능력은 시장 흐름을 정확히 읽는 열쇠라고 할 수 있다. 공급이 원활할 때는 '어디에 투자해야 할까?'를 고민하고, 공급이 차질을 빚으면 '이걸 어떻게 풀어야 하나?'라는 문제 해결이 먼저 떠오르게 된다. 공급망과 공급곡선의 변화는 투자자가 시장을 이해하는 데 있어 중요한 역할을 하며, 이를 잘 파악하는 투자자는 언제나 한 발 앞서 나갈 수 있다.

수요, 시장 균형을 읽는 법:
수요, 공급, 그리고 가격 결정의 역할

앞서 우리는 소비자 선택과 수요곡선 그리고 합리적 생산과 공급곡선을 통해 시장이 어떻게 움직이는지 살펴봤다. 이제 이 두 힘이 맞붙는 진짜 싸움터에서, 수요와 공급이 만나 시장 가격과 거래량이 어떻게 결정되는지를 알아보자.

사실 이 개념은 마치 복잡한 퍼즐을 풀 때 가장 중요한 조각부터 맞추는 것과 같다. 그래서 경제학의 기본 원리는 시장을 예측하고 분석하는 데 강력한 도구로 작용한다.

먼저 수요부터 살펴보자. 수요는 우리가 어떤 상품을 구매하려는 의지다. 예를 들어 '오늘 커피 한 잔 마실까?'라는 생각처럼 말이다. 그런데 수요는 가격뿐만 아니라 소득 수준과 기호 등 다양한 요인에 따라 변동한다. 커피 가격이 내려가면 자연스럽게 사람들이 더 많이 마시고 싶어 하겠지만, 커피 가격이 올라가면 '그냥 물이나 마실까?' 라고 생각할지도 모른다. 수요곡선은 이처럼 가격과 수요량의 관계를 보여주는 그래프다. 일반적으로 가격이 낮으면 수요가 늘어나고, 가격이 높으면 수요가 줄어드는 경향을 보인다. 그러나 소득이 늘거나 커피에 대한 선호가 높아지면 가격은 같더라도 수요곡선 자체가 오른쪽으로 이동할 수 있다.

반대로 공급은 생산자가 '얼마나 많이 팔아볼까?' 하고 계획하는 것과 같다. 가격이 높으면 생산자는 '더 만들어야지!'라고 생각하고, 가격이 낮으면 '어, 이건 남는 게 없네?' 하며 생산을 줄이게 된다. 공급곡선은 가격이 오를수록 더 많은 양을 공급하려는 경향을 보인다. 하지만 기술혁신이나 원가절감 등의 요인이 발생하면 공급곡선이 오른쪽으로 이동해 생산량이 더 늘어날 수 있다.

이제 수요와 공급이 한 무대에서 만나 균형을 이루는 모습을 보자. 시장에서 수요와 공급이 딱 맞아떨어지는 지점을 균형점이라고 하는데, 이곳에서 가격과 거래량이 결정된다. 예를 들어 커피 한 잔의 가격이 너무 높다면 사람들은 더 적게 사려고 하고, 가게 주인은 커피를 팔지 못해 남는 상황이 발생한다.

반대로 커피 가격이 너무 낮으면 사람들이 잔뜩 사려 하지만, 가게 주인은 이 가격으로 팔면 적자라며 생산을 줄이게 될 것이다. 결국 시장은 가격과 공급량을 자연스럽게 조정해 수요와 공급이 일치하는 균형점으로 움직인다.

균형가격은 말 그대로 모두가 만족할 수 있는 가격이다. 이 가격에서 거래량은 실제로 이루어지는 거래의 양을 뜻한다. 이 상태에선 더 이상 추가적인 조정이 필요 없고, 시장의 자원이 효율적으로 배

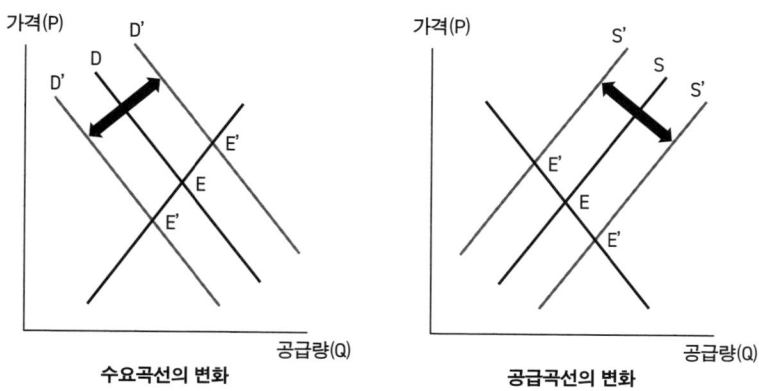

〈자료 7〉 수요 및 공급곡선의 변화

수요곡선의 변화

공급곡선의 변화

분된다. 마치 모두가 '아, 이 정도면 딱 좋아!'라고 말하는 상태다. 균형가격은 수요곡선과 공급곡선이 만나는 교차점에서 결정되며, 이 지점에서는 수요량과 공급량이 일치해 초과 수요나 초과 공급이 발생하지 않는다.

하지만 시장은 늘 변동한다. 기술 발전이 일어나거나 원자재 가격이 오르면 균형도 달라진다. 예를 들어 새로운 기술이 도입되면 생산비용이 줄어들어 공급곡선이 오른쪽으로 이동하게 된다. 이 경우, 더 많은 제품이 시장에 공급될 수 있어 가격은 하락하고, 균형 거래량은 증가하게 된다. 반대로, 원자재 가격이 오르면 공급곡선이 왼쪽으로 이동하면서 가격은 상승하고, 균형 거래량은 감소한다.

수요의 변화도 마찬가지다. 소비자들의 소득이 늘어나거나, 특정 제품에 대한 선호도가 높아지면 수요곡선이 오른쪽으로 이동한다.

이로 인해 가격이 상승하고 균형 거래량도 늘어난다. 반대로 경기침체나 소비자의 선호 변화로 수요가 줄어들면 수요곡선이 왼쪽으로 이동하면서 가격과 거래량이 모두 하락하게 된다.

결국 이 모든 과정은 시장의 역동성을 보여준다. 균형은 끊임없이 변하며, 그 안에서 새로운 기회가 생기기도 한다. 투자자들은 변화하는 균형을 파악하고, 그에 맞춰 전략을 조정해야 한다. 마치 퍼즐의 조각을 하나씩 맞춰가는 것처럼 말이다. 시장의 균형이 어떻게 변할지 예측하는 능력은 투자에서 큰 차이를 만들어낼 수 있다.

———— 투자자 관점에서
균형가격 결정과 변화 이해하기

투자자는 시장의 균형이 어떻게 변화할지 예측함으로써 투자의 기회를 포착할 수 있다. 예를 들어 2020년 이후 반도체 시장을 살펴보

2021년 11월 11일 미 상무장관과 한국 산업통상자원부 장관은 기술과 투자 우선순위를 포함해 반도체 생산량의 수급 불일치 위험을 줄이는 데 있어 정보를 공유하기로 했다. 또한 공급망 위기를 해결하고 병목현상을 줄이기 위해 공급망을 배치하는 노력을 조율하는 데 협력하기로 했다. 삼성과 SK 하이닉스가 11월 8일 미국이 요구한 반도체 공급망 관련 자료를 제출한 이후 한미 사이에 반도체 공급망 관련 협약이 강화되는 분위기다.

국가안보전략연구원, 2021년 11월 26일[2]

〈자료 8〉 2020년~2021년 필라델피아 반도체 지수

미국 필라델피아 반도체 지수(SOX), 일, 나스닥 시 5154.6 고 5158.8 저 5158.8 종 5158.8

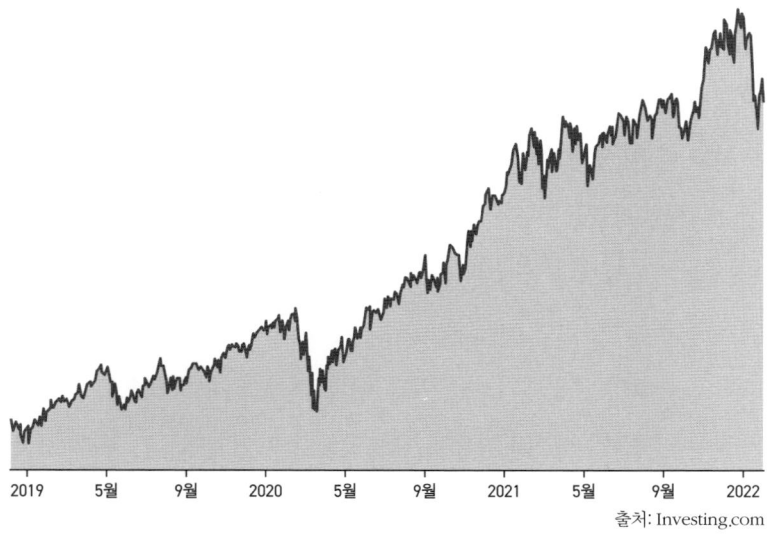

출처: Investing.com

자. 팬데믹으로 인해 비대면 활동이 급증하면서 PC, 스마트폰, 게임기 등의 수요가 폭발적으로 증가했다. 이도 인해 반도체 수요가 급격히 늘었고, 수요곡선이 오른쪽으로 이동했다.

하지만 공급 측면에서는 팬데믹으로 인해 반도체 제조업체들의 공장 가동이 차질을 빚었고, 특히 차량용 반도체의 경우 제조 공정이 복잡해 단기간 내 공급을 크게 늘릴 수 없었다. 이로 인해 공급곡선은 오른쪽으로 충분히 이동하지 못했다. 결국 반도체 수요는 급증했지만, 공급이 그 수요를 따라가지 못하는 상황이 벌어졌고, 시장은 수요와 공급의 불균형을 겪었다.

이로 인해 균형가격이 크게 상승했다. 반도체 공급 부족으로 인해 가격이 급등했고, 이는 반도체를 사용하는 다양한 산업에서 비용이 증가하는 결과로 이어졌다. 이 반도체 제조의 공급 이슈는 미중 반도체 중심의 기술패권전쟁으로까지 발전했다.

이와 같은 균형가격의 변화는 투자자에게 기회와 리스크를 동시에 제공했다. 공급부족이 장기화될 것이라고 예측했던 투자자들은 반도체 제조업체나 공급망 관련 기업들에 대해 투자함으로써 큰 수익을 올릴 수 있었다. 반도체 수급 불균형으로 인해 관련 주식이나 ETF의 가격이 상승했기 때문이다. 반대로, 반도체 부족으로 생산에 차질이 있을 수 있었던 자동차 제조업체나 가전기업들은 주가 하락 리스크가 있었고, 이에 대한 대비가 필요한 상황이었다. 반도체 산업에서 발생한 균형가격의 변화는 시장의 수요와 공급이 어떻게 역동적으로 작용하는지를 보여주는 좋은 사례다.

탄력성:
가격 변화에 대한 시장의 반응

앞서 수요와 공급이 어떻게 시장에서 가격을 결정하는지 살펴보았지만, 중요한 질문이 하나 남아 있다. 가격이 변할 때 시장은 얼마나 빠르게, 얼마나 크게 반응하는가이다. 바로 여기서 필요한 개념이 탄력성이다. 탄력성은 가격 변화가 수요나 공급에 얼마나 큰 영향을 미치는지를 측정하는 개념이다.

예를 들어 커피 한 잔의 가격이 오른다고 당장 사람들이 커피를 끊지는 않는다. 커피 중독자들에게 커피는 거의 생필품에 가깝기 때문이다. 그러나 아이폰 가격이 크게 오르면 상황이 달라질 수 있다. 이때는 사람들이 구매를 미루고 갤럭시 구매를 고민하는 날이 올지도 모른다. 또 하나의 필수재인 전기는 어떨까? 전기료가 올랐다고 해서 집에 있는 냉장고를 끌 수는 없는 일이다. 전기료 인상 때마다 한국전력의 주가가 크게 변동하는 이유가 바로 여기에 있다. 가격은 오르거나 내릴 수 있지만, 상품에 따라 시장의 반응은 다르다. 어떤 상품은 가격 변화에 민감하고, 어떤 상품은 그렇지 않다. 이를 이해하는 것이 탄력성의 핵심이다.

탄력성은 투자자에게도 매우 중요한 개념이다. 가격 변화가 기업의 매출에 얼마나 영향을 미치는지 예측할 수 있기 때문이다. 탄력성이 큰 시장에서는 가격이 조금만 변해도 수요나 공급이 크게 움직이고, 이는 곧바로 기업의 수익성에 영향을 미친다. 반면, 탄력성이 낮은 시장에서는 가격 변동에도 수요나 공급의 변화가 적고, 기업의 수익 변화도 그만큼 크지 않다.

이 장에서는 수요와 공급의 가격 탄력성, 소득 탄력성, 그리고 교차 탄력성 등 다양한 탄력성 개념을 다루며, 이를 투자에 어떻게 적용할 수 있는지 살펴보자.

─────── 탄력성의 주요 개념

수요의 가격 탄력성

수요의 가격 탄력성은 가격이 변할 때 수요량이 얼마나 민감하게 반응하는지를 보여준다. 명품과 같은 사치재는 가격이 조금만 올라가도 수요가 급격히 변할 수 있다. 반면, 라면 같은 필수재는 가격이 오르더라도 수요가 크게 변하지 않는다. 이 차이가 바로 수요의 가격 탄력성이 높거나 낮은 경우를 설명하는 좋은 예다.

수요의 가격 탄력성은 탄력적인 수요와 비탄력적인 수요로 나눌 수 있다. 탄력적인 수요는 가격 변화에 매우 민감하게 반응하는 경

$$수요의\ 가격\ 탄력성 = \frac{수요량의\ 변화율}{가격의\ 변화율}$$

우다. 가격이 조금만 올라가도 소비자들이 지갑을 닫고, 대체제로 쉽게 옮겨가는 특징이 있다. 예를 들어 커피숍의 음료 가격이 오르면, 사람들은 스타벅스 대신 집에서 커피를 내려 마시는 대체재를 선택할 수 있다. 반대로 비탄력적인 수요는 가격 변화에 둔감하게 반응하는 경우다. 가격이 올라도 소비자들이 꾸준히 구매하는 상품들이 여기에 해당한다. 대표적으로 전기, 의료 서비스, 생필품 등이 있다. 가격이 올랐다고 해서 당장 전기를 아예 안 쓸 수는 없는 일이다. 좋은 브랜드를 구축한 기업의 상품도 비슷한 경향을 보인다.

수요의 가격 탄력성은 여러 요인에 의해 결정된다. 가장 먼저, 상품의 대체 가능성이 중요한 요소다. 대체재가 많으면, 소비자들은 가격이 오를 때 다른 상품으로 쉽게 갈아탄다. 그래서 수요가 가격 변화에 민감하게 반응하게 된다. 반면, 대체재가 거의 없거나 필수적인 상품이라면, 가격이 오르더라도 소비자들은 계속 구매할 수밖에 없기 때문에 덜 탄력적이다.

소비자의 소득에서 그 상품이 차지하는 비중도 중요하다. 고가의 제품은 가격이 오르면 지출을 줄이려는 경향이 크다. 하지만 상대적으로 저렴한 상품은 가격인상에도 수요에 큰 영향을 미치지 않는다.

예를 들어 자동차는 가격이 오르면 소비자가 구매를 미루지만, 빵의 가격이 조금 오른다고 해서 아침을 굶을 사람은 많지 않다. 사치재는 선택의 여지가 많아 가격에 민감한 반면, 필수재는 가격이 올라도 여전히 소비된다.

마지막으로, 시간도 중요한 역할을 한다. 단기적으로는 소비자들이 가격인상에 즉각적으로 대응하지 못해 수요가 비탄력적일 수 있다. 하지만 장기적으로는 대체재를 찾거나 소비습관을 바꾸면서 수요가 탄력적으로 변할 수 있다. 예를 들어 유가가 오르면 처음에는 어쩔 수 없이 기름을 사겠지만, 시간이 지나면 대중교통을 이용하거나 전기차로 바꿀 수도 있다.

공급의 가격 탄력성

공급의 가격 탄력성은 상품이나 서비스의 가격이 변할 때, 공급량이 얼마나 민감하게 반응하는지를 나타내는 개념이다. 쉽게 말해, 가격이 오르거나 내릴 때 기업들이 생산량을 얼마나 빠르게 늘리거나 줄일 수 있는지를 보여준다. 이때 공급 탄력성은 산업의 특성, 생산 과정의 복잡성, 자원의 가용성 등에 따라 크게 달라진다.

$$공급의\ 가격\ 탄력성 = \frac{공급량의\ 변화율}{가격의\ 변화율}$$

생산 과정의 복잡성과 시간은 공급 탄력성에 가장 큰 영향을 미치는 요인 중 하나다. 예를 들어 농업과 같은 산업은 작물을 재배하는 데 시간이 걸리고, 기후나 계절에 의존하기 때문에 공급량을 단기간에 늘리기가 어렵다. 그래서 농업의 공급 탄력성은 매우 낮다. 반면, 소형 가전제품처럼 기계가 주로 생산하고 자동화된 산업은 생산량을 빠르게 조절할 수 있다. 이런 경우에는 공급의 가격 탄력성이 높다.

기업이 생산시설에 여유가 있거나, 가동률을 쉽게 조정할 수 있는지 여부도 공급 탄력성에 영향을 준다. 예를 들어 석유 정제 산업은 기존 시설의 가동률을 조정해 단기간에 공급량을 늘릴 수 있어 가격 탄력성이 높은 산업에 속한다. 반면, 반도체나 항공기 산업은 고정 비용이 크고, 생산을 늘리려면 공장 설비를 확장해야 하므로 가격이 올라도 공급량을 쉽게 늘릴 수 없다. 이런 경우 공급 탄력성은 낮다.

원자재나 자원의 가용성도 공급 탄력성에 중요한 영향을 미친다. 충분히 구할 수 있는 자원이면 가격이 오를 때 공급을 빠르게 늘릴 수 있다. 그러나 자원이 제한적이거나 특정 지역에서만 생산되는 경우라면 이야기는 달라진다. 대표적인 예가 리튬이다. 리튬은 하얀 석유라 불릴 만큼 중요한 자원이지만, 공급이 제한적이어서 아무리 수요가 증가하더라도 공급을 쉽게 늘릴 수 없는 상황이 자주 발생한다.

교차 탄력성

교차 탄력성은 서로 다른 2가지의 상품 간에 가격 변화가 수요에 미치는 영향을 측정하는 개념이다. 이는 대체재와 보완재라는 2가지 관계를 통해 상품들이 서로 어떻게 연결되어 있는지를 설명한다. 투자자들이 상품 간 상호작용을 파악하고 소비 패턴 변화를 예측하는 데 교차 탄력성은 매우 유용하다.

$$\text{교차 탄력성} = \frac{\text{A 상품의 수요량 변화율}}{\text{B 상품의 가격 변화율}}$$

먼저, 대체재와 보완재의 개념을 살펴보자. 교차 탄력성은 이 2가지 관계에서 다르게 작용한다. 대체재는 한 상품을 대신할 수 있는 다른 상품을 의미한다. 두 상품이 대체재일 경우, 한 상품의 가격이 상승하면 소비자는 다른 상품을 더 많이 소비하게 된다. 이때 교차 탄력성은 양의 값을 가지며, 두 상품이 대체재임을 보여준다. 예를 들어 전기차와 내연기관 자동차는 서로 대체재 관계다. 전기차의 가격이 오르면, 소비자들은 내연기관 자동차를 선택할 가능성이 커지고, 내연기관 자동차의 수요가 증가하게 된다.

반대로, 보완재는 함께 사용하면 더 가치가 커지는 상품을 말한다. 두 상품이 보완재 관계에 있을 경우, 한 상품의 가격이 오르면 다른 상품의 수요도 줄어든다. 교차 탄력성 값은 음의 값을 가지며, 두 상품이 보완재임을 나타낸다. 예를 들어 스마트폰과 앱은 서로 보완재 관계에 있다. 스마트폰 보급률이 높아지면, 앱 다운로드나 유료 서비스 이용도 함께 증가한다. 반대로 스마트폰 가격이 크게 오르면, 앱 사용률도 줄어들 수 있다. 이처럼 보완재는 가격 변동에 따라 서로의 수요에 큰 영향을 미치게 된다.

교차 탄력성은 투자자에게 상품 간 상호작용을 파악할 수 있는 중요한 도구다. 대체재 관계에서는 한 상품의 가격 변화가 경쟁사의 수익에 직접적인 영향을 미친다. 보완재 관계에서는 한 상품의 가격이 오르거나 내릴 때, 해당 보완재의 수요도 변동할 수 있다. 예를 들어 자동차와 타이어는 보완재 관계에 있다. 자동차 가격이 오르면 타이어 판매량도 줄어들 가능성이 있다.

교차 탄력성은 투자자에게 상품 간의 상호작용을 파악할 수 있는 중요한 도구다. 대체재 관계에서는 한 상품의 가격 변화가 경쟁사의 수익에 직접적인 영향을 미칠 수 있으며, 보완재 관계에서는 한 상품의 가격이 상승 또는 하락할 때 해당 보완재의 수요도 변동할 수 있다. 이를 통해 투자자는 특정 산업 내에서 상품 간의 가격 변동과 수요 변화의 상관관계를 분석해 가격 변동이 시장에 미치는 영향을 더 정확하게 예측할 수 있다. 가장 먼저 내가 분석하고자 하는 기업 제품의 원재료 가격부터 파악해볼 수 있겠다.

결론적으로, 교차탄력성은 단순히 상품 간의 상호작용을 설명하는 경제학 개념을 넘어서, 투자자가 산업 간 연관성과 경쟁 구도를 파악하고, 시장에서 발생하는 가격 변화에 맞춘 전략을 세우는 데 유용한 도구가 된다.

─────── 투자자 관점에서 탄력성 이해하기

'냉동 김밥' 해외서 인기 폭발하더니…놀라운 일이 벌어졌다
올해 들어 4월까지 농식품 수출액이 1년 전보다 6.2% 증가하며 사상 최대를 기록했다. 한류에 대한 관심이 커지면서 김밥, 라면, 김치 등 주력 품목의 수출이 급증한 결과다. 냉동 김밥을 포함한 쌀 가공식품 수출액이 8,800만 달러로 42.1% 급증했다.

한국경제, 2024년 5월 2일[3]

지난달 김 물가 17.8% 올라…6년 4개월 만의 최고
지난 달 김 물가가 6년 4개월 만에 가장 큰 폭으로 오른 것으로 나타났다. 5일 통계청 국가통계포털에 따르면 지난 달 김 물가는 지난해 같은 달보다 17.8% 올라 2018년 1월(19.3%) 이후 상승률이 6년 4개월 만에 가장 높았다.

연합뉴스, 2024년 6월 5일[4]

　최근 한국의 김 산업은 해외에서 K-푸드 열풍을 타고 활황을 누리고 있다. 특히 김밥의 폭발적인 수요 증가로 한국산 김의 수출량이 급증하면서, 국내 김 가격이 빠르게 상승하고 있다. 이는 국내 소비자뿐만 아니라 김 관련 업체와 투자자에게도 큰 영향을 미치고 있다.

　먼저 김은 특정 시장에서 상대적으로 대체재가 적기 때문에 수요의 가격 탄력성이 낮은 상품으로 볼 수 있다. 김은 김밥의 핵심 재료

로, 김 가격이 오르더라도 김밥을 만들기 위해서는 반드시 김이 필요하다. 즉 김 가격이 오를 때 다른 재료로 대체하기 어려워 수요가 쉽게 줄지 않는다. 이는 비탄력적인 수요를 가진 상품의 전형적인 특성이다. 김 가격이 오르더라도, 김밥의 수요가 크게 감소하지 않아 국내외 소비자들 사이에서 여전히 높은 수요를 유지하고 있다.

공급 측면에서 보면, 김의 가격 탄력성은 상대적으로 낮다. 김 생산은 해양 조건에 크게 의존하는데, 최근 기후변화로 인해 해수 온도가 상승하면서 한국, 일본, 중국 등 주요 김 생산국에서 작황이 나빠졌다. 이로 인해 생산량을 단기간에 크게 늘리기 어렵고, 공급의 탄력성도 떨어지게 되었다. 이런 상황은 김 생산업체의 수익성에 긍정적인 영향을 미쳤다. 김 가격이 오르고 있지만, 수요가 여전히 강세를 보이기 때문이다. 특히 김밥용 김을 비롯해 마른김 수출이 폭발적으로 증가했다.

이러한 김 산업의 변동성은 투자자에게 중요한 기회를 제공한다. 김의 비탄력적인 수요와 공급 제한성을 잘 활용하면, 가격상승에 따른 수익을 기대할 수 있다. 김 가격상승이 계속된다면, 김을 수출하는 기업이나 김을 사용하는 식품업체는 수익성을 더 강화할 수 있다. 그러나 장기적으로는 김밥 가격상승에 따른 소비 위축 가능성도 고려해야 한다. 실제로 김 제조업체에 대한 사모펀드들의 투자도 늘어나고 있다.[5] 투자자들은 김 산업의 현 상황을 보면서 대체재의 부족, 높은 해외 수요, 그리고 공급의 비탄력성을 고려해 관련 주식이나 상품에 대한 투자전략을 수립할 수 있을 것이다.

최고가격제와 최저가격제:
시장에 개입하는 2가지 방법

시장경제는 기본적으로 수요와 공급에 따라 가격이 자연스럽게 결정되는 메커니즘을 따른다. 그러나 가끔 이 자율적인 시장에도 '흐름의 균열'이 생길 때가 있다. 가격이 너무 높게 치솟거나 반대로 너무 낮아져 문제가 생길 때, 정부는 시장의 '자연스러운 흐름'을 잠시 멈추고 가격을 인위적으로 조정하려고 나선다. 바로 이때 등장하는 것이 최고가격제와 최저가격제다.

최고가격제는 가격이 하늘을 뚫고 올라갈 때 소비자들의 지갑 부담을 덜어주기 위해 정부가 설정하는 가격 상한선이다. 반면, 최저가격제는 가격이 너무 낮아져 생산자의 수익이 위협받을 때, 하한선을 설정해 생산자의 생계를 보호하는 제도다. 이 두 제도는 시장에 대한 정부 개입의 대표적인 사례로, 때로는 소비자와 생산자에게 든든한 안전망이 되어주기도 하지만, 동시에 시장 흐름을 억누르는 부작용을 낳기도 한다.

정부의 가격 통제는 마치 강물의 흐름을 막는 댐과도 같다. 필요할 때는 물을 공급할 수 있지만, 지나치면 홍수나 가뭄을 초래할 수 있다. 여기서는 이러한 최고가격제와 최저가격제가 시장에 어떤 영향을 미치는지, 그로 인해 어떤 경제적 결과가 나타나는지 알아보자.

─── 최고가격제

최고가격제는 특정 상품이나 서비스의 가격이 지나치게 비싸지 않도록 정부가 상한선을 설정하는 제도다. 주로 소비자 보호를 목적으로 시행되며, 임대료, 식품, 의약품 등 필수재의 가격을 안정시키는데 사용된다. 특히 가격상승으로 인해 저소득층이나 취약 계층이 생필품을 구매할 수 없는 상황을 막기 위한 수단으로 도입된다.

정부는 때로 사회적 불평등을 완화하고 경제적으로 어려운 계층을 지원하기 위해 시장에 강하게 개입해야 할 때가 있다. 이상적으로는 시장이 자율적으로 돌아가는 게 맞지만, 모든 소비자가 그 혜택을 공평하게 받는 것은 아니다. 이럴 때 정부는 소비자의 구매력을 보호하기 위해 가격 상한선을 설정해 과도한 가격인상을 막는다.

임대료 상한제가 그 대표적인 사례다. 대도시에서 주택가격과 임대료가 급등하면, 저소득층과 중산층이 살 집을 찾는 것이 어려워질 수 있다. 이때 정부는 임대료 상한선을 설정해 주택가격을 일정 수준 이하로 유지해 사회적 안정성을 도모한다. 계약갱신청구권제와 전월세 상한제 같은 정책은 세입자들로 하여금 임대료 인상폭을 5%

로 제한해 최대 4년(2+2년) 동안 안정적으로 거주할 수 있게 해준다.

최고가격제의 긍정적인 효과는 소비자를 보호한다는 데 있다. 필수재의 가격이 폭등하는 상황에서 상한선이 있으면, 취약 계층도 적정한 가격에 필수품을 구매할 기회를 가질 수 있다. 하지만 모든 일이 그렇듯 이런 규제가 좋은 점만 있는 것은 아니다. 임대료가 너무 낮아지면, 집주인들이 주택을 제공할 인센티브가 줄어들어 주택 공급 부족이 발생할 수 있다. 결국 임대 주택의 품질이 떨어지거나, 불법 거래가 생길 수도 있는 것이다.

─────── 최저가격제

최저가격제는 가격이 너무 낮아지지 않도록 정부가 하한선을 설정하는 제도다. 이는 주로 공급자의 보호를 목적으로 도입되며, 농산물 가격 보호나 최저임금제가 대표적인 예시다. 최저가격제는 생산자들이 너무 낮은 가격으로 손해를 보지 않도록 하고, 최소한의 수익을 보장하는 역할을 한다. 특히 농산물 가격 보장제는 많은 나라에서 사용하는 최저가격제의 대표적인 사례다. 농산물 가격이 너무 낮아지면, 정부가 농산물을 특정 가격 이상에서 구매해 농민들의 생계를 보호하는 방식이다. 이로 인해 초과 공급된 농산물은 정부가 매입하게 되며, 공급자들은 안정적인 수익을 보장받을 수 있다.

최저임금제도 중요한 최저가격제의 사례다. 최저임금제는 노동자의 기본 생계를 보장하기 위해 정부가 임금 하한선을 설정하는 것이

농업문제 해결이 국가·사회적 과제로 떠오른 프랑스에서 '농산물 최저가격 보장 제도'가 급물살을 타고 있다. 거리에 쏟아진 농민들을 농촌으로 되돌려 보내야만 하는 입장에 처한 프랑스 대통령이 직접 최저가격(prix planchers)을 정책으로 보장하겠다고 발언했는데, 이를 두고 각계에서 활발한 토론이 이어졌다.

한국농정신문, 2024년 2월 27일[6]

다. 이는 저소득층의 생활을 보장하고 소득 불평등을 줄이는 역할을 한다. 하지만 최저임금이 너무 높으면 고용주들이 인력을 줄이거나, 일자리 자체가 줄어들 위험도 있다. 그러므로 최저임금이 적정 수준에서 설정되는 것이 매우 중요하다.

——— 정부 개입의 영향

최고가격제와 최저가격제는 정부의 시장 개입을 통해 사회적 형평성을 증진시키려는 의도로 도입된다. 그러나 이러한 개입이 언제나 순조로운 결과만을 가져오는 것은 아니다. 최고가격제는 공급부족을, 최저가격제는 공급과잉을 초래할 수 있다. 즉 시장 균형을 맞추려다 보니 새로운 문제가 생길 수 있는 것이다.

결국 정부의 가격 규제는 사회적 안정을 도모하지만, 시장의 역동성에 부정적인 영향을 미칠 수도 있다. 투자자나 정책 입안자들은 이런 규제가 시장에 미치는 영향을 면밀히 분석해야 할 필요가 있다. 적절한 균형을 찾지 못하면, 정부가 의도한 결과와는 전혀 다른 부작용이 생길 수도 있기 때문이다.

_____ 투자자 관점에서 최고가격제와 최저가격제 이해하기

최고가격제와 최저가격제는 정부가 시장의 가격을 인위적으로 조정하는 대표적인 정책이다. 두 제도 모두 소비자나 공급자를 보호하기 위해 도입되었지만, 시장에 미치는 부작용과 투자자에게 주는 시사점은 상당히 다르다.

먼저, 최고가격제는 초과수요라는 문제를 일으킬 수 있다. 정부가 특정 상품이나 서비스의 가격을 인위적으로 낮추면, 더 많은 소비자가 그 상품을 원하게 되지만, 문제는 생산자들이다. 생산자들은 낮은 가격에 수익이 줄어들기 때문에 공급을 줄이려는 경향이 강하다. 결과적으로 물건이 부족해지면서 소비자들은 원하는 만큼 상품을 얻지 못하고, 오히려 대체재의 가격이 치솟는 상황이 발생할 수 있다. 주택 임대료 상한제가 그 대표적인 예다. 집을 구하기는 점점 더 어려워지지만, 주변 대체 주거 시설의 가격은 하늘로 치솟을 수 있다.

반대로, 최저가격제는 초과공급이라는 반대 문제를 일으킬 수 있다. 정부가 상품의 가격을 인위적으로 높게 설정하면, 공급자들은 더 많은 양을 생산하고 싶어하지만, 소비자들은 그 비싼 가격 때문에 구매를 꺼리게 된다. 그 결과 시장에 과잉 공급이 생기고, 상품

계약갱신청구권제와 전월세상한제 덕분에 그동안 세입자들은 인상폭이 5%로 제한된 임대료로 최대 4년(2+2년)간 거주할 수 있었다.

하지만 4년 동안 전세가 묶이면서 매물 자체가 줄었고, 한 번의 계약으로 가격 인상률은 5% 이내로 제한된다는 불안감에 집주인들이 4년 치 인상분을 미리 올려 받으려는 움직임을 보이며 전셋값이 치솟았다. KB부동산에 따르면 2020년 서울 아파트 전셋값은 임대차 2법 시행이 예고된 7월부터 매월 1%대 상승을 보이기 시작해 연간 12.25% 올랐고, 2021년에도 11.86% 뛰었다. 전국 기준으로도 2020년 7.52%, 2021년은 12.01%씩 뛰었다.

매경이코노미, 2024년 3월 29일[7]

이 팔리지 않거나 자원이 낭비되는 상황이 벌어질 수 있다. 농산물의 경우, 정부가 남는 농산물을 사들여야 하는 상황이나, 심지어 잉여 농산물을 폐기하는 일이 생길 수 있다. 이런 상황에서 투자자들은 농산물 가격 보장 정책과 관련된 기업에 기회를 찾을 수 있지만, 잉여 공급으로 인한 시장 리스크 역시 간과해서는 안 된다.

투자자의 입장에서 보면, 최고가격제와 최저가격제는 모두 기회와 리스크를 동시에 제공한다. 최저가격제가 시행되는 산업에서는 안정적인 수익을 기대할 수 있지만, 공급 과잉으로 인한 시장 혼란에 주의해야 한다. 반면, 최고가격제가 적용되는 시장에서는 공급 부족으로 인해 장기적인 가격상승 가능성을 염두에 두어야 한다. 한마디로, "이게 다 가격 조정의 묘미다."

2장

나무만 아니라
숲도 보는 법: 거시경제

GDP와 GNP:
국가경제의 전체 그림

거시경제를 이해하려면 경제의 규모와 그 흐름을 정확히 파악하는 것이 중요하다. 개인이 소비나 저축 습관을 분석하듯, 국가 경제에도 그 상태를 보여주는 여러 지표가 존재한다. 그중에서도 GDP(국내총생산)와 GNP(국민총생산)는 경제를 이해하는 데 필수적이다. 이두 지표는 단순한 숫자가 아니라, 국가가 어디서 돈을 벌고, 어디서 경제활동이 이루어지는지를 알려주는 중요한 기준이다.

예를 들어 GDP는 국가 내에서 발생하는 모든 경제활동을 반영하지만, GNP는 그 나라 국민과 기업이 해외에서 벌어들인 소득까지 포함한다. 이것은 한 국가가 얼마나 글로벌하게 움직이고 있는지, 그리고 그 나라 기업들이 국내와 해외에서 어떤 성과를 내고 있는지를 분석하는 데 중요한 정보를 제공한다.

이 두 지표를 이해하면 경제성장을 단순한 수치로만 보는 것이 아니라, 어떤 방향으로 흘러가고 있는지를 파악할 수 있다. 경제가 얼마나 빠르게 성장하고 있으며, 그 성장의 질은 어떤지 평가할 수 있다. 특히 미국처럼 글로벌 시장에 영향을 미치는 경제 대국의 경우, GDP와 GNP는 세계 경제의 흐름을 읽는 데 필수적이다. 투자자들이 앞으로의 변화와 기회를 포착하기 위해서도 이 두 지표는 중요한 단서가 된다.

여기서는 GDP와 GNP의 차이점을 자세히 살펴보고, 이들이 어떻게 국가 경제와 투자에 영향을 미치는지를 설명할 것이다. 또한 투자자들이 이 두 지표를 통해 무엇을 보고, 어떤 전략을 세울 수 있을지에 대해 알아볼 것이다.

─────── GDP (Gross Domestic Product: 국내총생산)

GDP는 특정 기간 동안 한 나라 안에서 생산된 모든 재화와 서비스의 총 가치를 의미한다. 이 지표는 한 국가의 경제 규모를 직접적으로 보여주며, 국가 경제가 얼마나 활발하게 돌아가고 있는지를 나타낸다. 중요한 것은 단순히 GDP가 크고 작음을 보는 것이 아니라, 성장률과 나라 간 비교를 통해 GDP를 어떻게 더 깊이 분석하느냐다.

GDP 성장률은 한 나라의 경제가 얼마나 빨리 성장하고 있는지를 보여주는 중요한 지표다. 단순히 GDP의 크기만으로는 그 나라 경제의 현재 상태를 정확히 파악하기 어려울 수 있기 때문에 성장률을 통해 그 경제가 시간이 지나면서 얼마나 빠르게 변하고 있는지 판단하는 것이 중요하다. GDP 성장률이 높다면 그 나라는 경제적으로

1부 투자자를 위한 경제 개념

활발한 성장을 이루고 있는 것이며, 이는 기업의 이익 증가와 주식시장의 긍정적인 움직임으로 이어질 수 있다.

예를 들어 미국의 GDP 성장률이 꾸준히 상승하고 있다면, 이는 미국 경제가 빠르게 확장하고 있다는 신호다. 이는 투자자들이 미국 내 기업에 더 많은 관심을 가질 수 있음을 의미한다. 반면, GDP 성장률이 낮거나 마이너스 성장을 기록한다면, 경기침체의 가능성을 염두에 두고 투자전략을 조정해야 할 필요가 있다.

그리고 유의해야 할 점은 명목 GDP는 물가변동을 고려하지 않고 산출된 GDP로, 실제 경제성장을 반영하지 않을 수 있다. 반면, 실질 GDP는 물가상승을 조정한 값으로, 경제성장의 '실제' 변화를 나타낸다. 즉 명목 GDP는 실질 GDP에 물가상승분을 더한 값이 된다. 예를 들어 명목 GDP가 성장했다고 해서 반드시 경제가 더 좋아졌다고 볼 수는 없다. 물가가 크게 상승한 경우, 명목 GDP는 단지 물가상승분을 반영한 것일 수 있기 때문이다. 따라서 투자자는 실질 GDP 성장률을 통해 경제의 순수한 성장을 파악해볼 수 있다.

GDP는 전체 경제 규모를 나타내지만, 그 나라 국민들의 경제활동에 대한 직접적인 지표는 아니다. 이때 1인당 GDP를 통해 보다 정확하게 국민의 생활 수준을 파악할 수 있다. 1인당 GDP는 한 나라의 GDP를 인구로 나눈 값으로, 그 나라의 경제활동이 국민 한 사람당 어느 정도의 부를 창출하고 있는지를 보여준다. 인구가 많은 국가에서 GDP가 커 보여도, 1인당 GDP가 낮다면 국민 개개인의 부유함은 상대적으로 떨어질 수 있다. 투자자는 1인당 GDP를 분석해 그 나라 소비자들의 구매력을 파악할 수 있다. 예를 들어 1인당 GDP가 높은 나라의 경우, 소비재나 고급 제품에 대한 수요가 더 강할 가능성이 높다.

다른 국가들의 GDP와 비교하는 것도 중요한 분석 방법이다. 글로벌 경제에서 한 나라의 경제가 얼마나 경쟁력 있는지를 파악하려면, 비슷한 경제 규모를 가진 국가들과 비교하는 것이 유용하다. 예를 들어 미국과 중국의 GDP를 비교할 때 단순히 GDP 크기만 보는 것이 아니라, 성장률, 1인당 GDP, 그리고 실질 GDP 등을 종합적으로 분석하는 것이 필요하다.

〈자료 1〉 OECD 국가들의 GDP

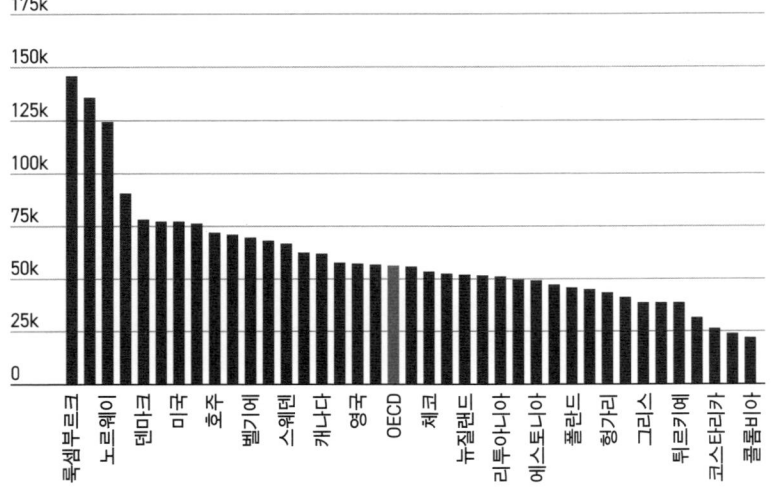

명목 국내총생산(Nominal GDP)
1인당 명목 GDP (미국 달러 기준), 2022

출처: oecd.org

1부 투자자를 위한 경제 개념

〈자료 1〉의 그래프는 OECD 국가들의 GDP를 보여주며, 각 국가의 경제 규모를 한눈에 파악할 수 있다. 그래프에서 보이는 것처럼, OECD 평균과 비교해 개별 국가의 경제성장이 어느 정도 수준에 있는지를 확인할 수 있다.

─────── GNP(Gross National Product: 국민총생산)

GNP는 한 나라의 국민과 기업이 1년 동안 국내와 해외에서 생산한 모든 재화와 서비스의 총 가치를 합산한 것이다. GNP는 경제활동이 어디에서 일어나느냐보다는 그 활동으로 인한 소득이 누구에게 돌아가는지를 중점적으로 본다는 의미다. 예를 들어 미국 기업이 해외에서 벌어들인 이익이나, 미국인이 해외에서 받은 이자와 배당금은 모두 GNP에 포함된다. 반면, 외국 기업이 미국에서 벌어들인 수익은 GNP 계산에서 제외된다.

GDP는 한 나라 국경 안에서 발생한 모든 경제활동을 측정하는 반면, GNP는 그 나라의 국민이 국내외에서 벌어들인 소득을 모두 포함한다. 즉 GDP는 지역적인 경제활동을, GNP는 국적에 기반한 경제활동을 기준으로 한다. 이 차이는 그 나라 국민과 기업이 해외에서 얼마나 활발하게 활동하고 있는지를 파악하는 데 매우 중요하다. 예를 들어 미국 같은 나라는 해외에 진출한 다국적 기업들이 많기 때문에 GNP가 GDP보다 클 수 있다. 반대로, 외국 자본이 많이 유입되는 나라의 경우 GDP가 GNP보다 더 높을 수 있다.

GNP 성장률은 한 나라의 국민과 기업이 국내와 해외에서 얼마나 많은 경제적 성과를 냈는지를 보여준다. GNP가 빠르게 성장한다면, 이는 국민과 기업이 해외에서 더 많은 수익을 창출하고 있다는 의미일 수 있다. 투자자들은 이 지표를 통해 그 나라 국민과 기업이 글로벌 경제에서 얼마나 경쟁력이 있는지를 평가할 수 있다.

─────── 투자자 관점에서 GDP와 GNP 이해하기

GDP는 한 나라의 국경 안에서 일어난 경제활동을 측정하는 지표로, 투자자가 국내 경제상황을 파악하는 데 유용한 '국내 성적표'라고 할 수 있다. 경제가 얼마나 활발한지 보여주는 바로미터인 셈이다. GDP 성장률이 높으면 그 나라 기업들이 열심히 뛰고 있다는 뜻이고, 이럴 때는 국내 소비재나 산업재에 투자할 좋은 시점이 될 수 있다.

예를 들어 미국의 GDP가 꾸준히 성장하고 있다고 해보자. 그럼 미국 시장에 집중하는 애플이나 스타벅스 같은 기업들은 더 많은 아이폰을 팔고, 커피도 더 많이 내릴 기회를 얻게 된다. 이럴 때 투자자들은 자연스럽게 '미국 시장에 무언가 좋은 일이 일어나고 있군' 하고 생각하게 될 것이다.

반면에 GDP 성장률이 둔화되기 시작하면 경제가 살짝 쉬어가겠다는 신호일 수 있다. 마치 경제가 "잠깐만, 너무 달렸어. 나도 좀 쉬자"라고 말하는 것 같은 상황이다. 이럴 때는 방어적인 투자전략을 고민해볼 만하다. 예를 들어 헬스케어나 필수소비재 같은 안정적인 산업에 눈을 돌리는 것이 그럴듯한 선택이 될 수 있다.

한편, GNP(국민총생산)은 우리나라 국경 밖에서 벌어들인 성적표다. 즉 나라 안팎에서 국민과 기업들이 벌어들이는 돈을 합친 지표다. GNP가 큰 나라일수록 그 나라의 경제는 해외 시장에 더 민감하게 반응할 가능성이 크다. 투자자 입장에서 이건 뭐냐 하면, 우리나라 경제가 글로벌 시장에서 얼마나 영향력을 발휘하고 있는지를 말해준다. 예를 들어 삼성전자가 전 세계 스마트폰 시장에서 돈을 쓸어 담고 있다면, 한국의 GNP는 이를 반영하게 된다. 투자자는 이런 정보를 보고 '글로벌 경제가 좋아지면 삼성이 더 잘할 것 같군'이라고 예상할 수 있다. 글로벌 경제가 잘나가면, 당연히 해외에서 열심히 활동하는 기업들의 성적표도 좋아지기 마련이다. 그러므로 해외 시장에서 벌어들이는 수익에 주목하는 것은 좋은 투자전략이 될 수 있다.

결국 GDP는 국내 경제의 성장을 읽는 데 도움을 주고, GNP는 해외 시장과 관련된 기회를 분석하는 데 중요한 지표가 된다. 투자자라면 이 두 지표를 잘 살펴보며, 시장의 흐름을 읽고, 어디서 돈을 벌고 어디서 쓸지를 전략적으로 판단해야 한다.

총수요와 총공급:
경제의 흐름을 읽다

경제라는 강물은 끊임없이 흐르며, 그 흐름을 읽기 위해서는 2가지 핵심 개념을 알아야 한다. 바로 총수요(AD)와 총공급(AS)이다. 이 둘은 마치 경제의 '심장 박동'과도 같다. 수요가 경제의 혈액이라면, 공급은 그 혈액을 돌게 하는 힘이랄까. 그럼 이 흐름을 어떻게 읽고 투자에 활용할 수 있을까?

거시경제에서 총수요와 총공급은 경제의 큰 그림을 이해하는 데 있어 핵심적인 개념이다. 개별 기업의 수요와 공급을 넘어서, 국가 전체의 경제활동을 설명하는 두 축이 바로 총수요와 총공급이다. 이 두 지표는 물가 수준과 생산량을 결정하는 중요한 동력이자, 경기변동과 경제성장의 방향타라고 할 수 있다.

투자자에게는 이 총수요와 총공급의 움직임이 그저 학문적인 개념에 그치지 않는다. 이것이 바로 자산가격의 변동을 예측하고, 경기 사이클에 맞춘 투자전략을 세우는 데 있어 중요한 역할을 한다.

예를 들어 총수요가 급격히 증가하면 기업의 매출이 늘어나고, 그 결과 주가가 상승할 가능성이 높아진다.

반면, 총공급이 줄어들면 생산비용이 오르고 인플레이션 압력이 커질 수 있다. 경제가 어떻게 돌아가는지 안다면, 투자도 한결 쉬워지는 법이다.

따라서 총수요와 총공급의 상호작용을 이해하는 것은 경제의 흐름을 읽고 투자 기회를 포착하는 데 있어 중요한 역할을 한다. 지금부터는 총수요와 총공급의 기본 개념을 살펴보고, 이들이 어떻게 경제균형을 찾아가는지, 그리고 투자자들이 이를 활용해 어떤 전략을 세울 수 있는지에 대해 알아보자.

──────── 총수요(Aggregate Demand)

총수요는 일정 기간 동안 경제 주체들이 구매하려고 하는 모든 상품과 서비스의 총합이다. 여기에는 가계의 소비, 기업의 투자, 정부 지출, 그리고 순수출(수출에서 수입을 뺀 값)이 포함된다. 즉 총수요는 소비자, 기업, 정부, 그리고 해외 시장이 어떻게 경제활동에 참여하고 있는지를 종합적으로 보여주는 지표다.

총수요는 물가 수준과 경제활동량을 결정하는 중요한 요인이며, 경제상황에 따라 크게 변동할 수 있다. 이는 한 나라에서 일정 기간 동안 경제 주체들이 구매하려고 하는 모든 재화와 서비스의 총합으로 볼 수 있으며, 소비자부터 기업, 정부, 그리고 해외 시장까지, 누가 얼마나 사고팔았는지를 종합적으로 보여주는 경제의 큰 그림이라고 할 수 있다.

총수요는 4가지 요소로 구성된다. 첫째, 소비(C)는 가계가 상품과 서비스에 지출하는 금액이다. 쉽게 말해, 소비가 많으면 '우리 집 경제상황 괜찮네!'라는 뜻이다. 소득이 오르거나 세금이 낮아지면 소비가 늘고, 경기 불황이 찾아오면 가계가 지갑을 닫게 된다.

둘째, 투자(I)는 기업들이 미래 생산 능력을 확장하기 위해 지출하는 금액이다. 새 공장을 짓거나 새로운 기계를 사는 등, 돈을 써서 더 많은 돈을 벌 준비를 하는 것이라고 보면 된다. 기업이 '앞으로는 장사 잘될 것 같다!'라고 생각하면 투자가 늘고, '요즘 영 불안한데?'라고 느끼면 투자가 줄어들게 된다.

셋째, 정부지출(G)은 말 그대로 정부가 공공 서비스 제공을 위해 지출하는 금액이다. 도로, 학교, 군사비용부터 사회복지 프로그램까지, 모든 공공재에 대한 지출이 여기 포함된다. 정부가 "이 나라 경제 좀 살려보자"라며 지출을 늘리면 총수요도 따라서 증가한다.

마지막으로 순수출(X-M)은 수출에서 수입을 뺀 값이다. 즉 우리가 팔아먹은 게 더 많은지, 사들인 게 더 많은지를 말해준다. 수출이 수입보다 많으면 총수요가 플러스를 찍고, 반대로 수입이 많으면 총수요에 마이너스 효과를 준다.

따라서 총수요는 다음과 같이 표현된다.

1부 투자자를 위한 경제 개념

$$총수요 = 소비(C) + 투자(I) + 정부지출(G) + 순수출(X-M)$$

총수요 곡선은 물가 수준이 올라가면 총수요가 줄어드는 경향을 나타낸다. 물가가 오르면 소비자들은 당연히 가격이 너무 비싸다며 구매를 줄이게 된다. 이때 중앙은행이 금리를 올리면 기업과 가계의 차입 비용이 커지면서 소비와 투자가 더 위축된다. 반대로 물가가 하락하면 모두가 더 많은 재화와 서비스를 살 수 있어 총수요가 늘어난다.

총수요의 변동과 경제 흐름

총수요는 경제 상태에 따라 크게 변동하며, 이는 곧 경기변동과 직결된다. 경기 확장기에는 소득이 증가하고 실업률이 낮아지면서 소비와 투자가 활발해져 총수요가 증가한다. 반대로 경기침체기에는 소득이 줄고 실업률이 증가해 총수요가 감소하게 된다.

총수요의 변화는 경제 전반에 걸쳐 물가와 생산량에 직접적인 영향을 미친다. 예를 들어 총수요가 증가하면 기업들은 '이거 물건 좀 더 만들어야겠는데?' 하며 생산을 늘리게 되고, 그 과정에서 물가도 상승할 가능성이 커진다. 반대로 총수요가 감소하면 생산이 줄고 물가도 하락하게 된다.

결국 총수요와 총공급의 상호작용을 이해하는 것은 경제 전반의 흐름을 읽는 데 매우 중요한 도구다. 투자자들은 이를 통해 이제 경제가 어디로 흐르고 있는지를 파악하고, 그 흐름에 맞춰 적절한 투자전략을 세울 수 있다.

──────── 총공급(Aggregate Supply)

총공급은 한 나라 경제에서 일정 기간 동안 기업들이 시장에 제공할 수 있는 모든 상품과 서비스의 총합을 의미한다. 쉽게 말해, 우리 경제가 얼마나 많이 생산할 수 있는지를 보여주는 지표라 할 수 있다. 총공급은 물가, 생산 요소의 효율성, 기술 발전 등 다양한 요소에 의해 결정되며, 결국 경제활동량과 물가변동에 큰 영향을 미친다. 총수요가 '얼마나 사고 싶은지'에 대한 이야기라면, 총공급은 '얼마나 만들어낼 수 있는지'를 말해주는 것이다.

총공급을 결정하는 주요 요소는 경제를 지탱하는 기둥과 같다. 먼저 노동력을 살펴보자. 숙련된 노동자가 많을수록 기업은 더 많은 제품을 만들 수 있다. 일꾼이 많으면 일을 더 빨리 끝낼 수 있는 것처럼 말이다. 반대로, 노동력이 줄어들거나 생산성이 떨어지면 기업은 생산량을 줄일 수밖에 없다. 이런 상황에서는 '우린 더 못 만들겠다'라는 말을 들을 확률이 높아진다.

자본도 중요한 요소다. 공장, 기계, 도로 등 생산 자산이 풍부할수록 기업은 더 많은 제품을 생산할 수 있다. 자본이 풍부하면 기업은

'더 큰 공장을 돌릴 준비가 되었어'라며 생산을 늘릴 것이다. 그러나 자본이 부족하면 '이만하면 됐지'라며 생산을 멈출 가능성이 크다.

다음은 기술 발전이다. 기술이 발전하면 같은 자원으로도 더 많은 물건을 생산할 수 있다. 예를 들어 AI나 자동화 기술이 도입되면 마치 경제에 새로운 '부스터'가 장착된 것처럼 생산성이 올라간다. 정보통신 기술이나 자동화 기술이 산업 전반의 생산성을 높여주는 예는 흔하다. 반면, 천연자원도 총공급에 큰 영향을 미친다. 자원이 풍부한 나라는 이를 활용해 더 많은 재화를 생산할 수 있지만, 자원이 부족한 국가는 생산이 제한될 수밖에 없다. 쉽게 말해, 자원이 부족하면 '우린 만들 재료도 없어요'라고 할 수 있는 상황이 벌어질 수 있다.

마지막으로, 정부의 정책도 총공급에 큰 영향을 미친다. 정부가 세금을 인하하거나 규제를 완화하면 기업들은 '이제 더 자유롭게 움직일 수 있겠군' 하고 생산량을 늘린다. 반대로 세금이 올라가고 규제가 많아지면 기업들은 '아, 이러면 일하기 어렵겠는데' 하며 생산을 줄이는 상황이 발생할 수 있다.

총공급의 단기와 장기

총공급은 단기와 장기로 나누어 볼 수 있다. 단기 총공급은 물가가 오를 때 기업들이 더 많은 이윤을 위해 생산을 늘리는 것을 의미한다. 물가가 상승하면 기업들은 '좋아, 지금이 기회야' 하며 생산량을 늘리지만, 이는 일시적인 현상일 수 있다. 자본을 확장하거나 새로운 노동자를 고용하는 데는 시간이 걸리기 때문이다.

단기적으로는 생산 요소가 완전히 고정되어 있지 않기 때문에 경제상황에 따라 생산량을 늘리거나 줄일 수 있다. 예를 들어 경기가 좋을 것 같으면 기업들은 '얼른 더 만들어야 해' 하며 생산을 늘리려고 하지만, 한계는 분명히 존재한다. 모든 생산 요소를 자유롭게 조정할 수는 없기 때문이다.

반면, 장기 총공급은 경제가 완전 고용 상태에서 최대한 생산할 수 있는 수준을 말한다. 장기적으로는 물가가 올라도 더 이상 생산량을 늘릴 수 없다. 노동력, 자본, 기술 등이 이미 완전히 활용되고 있는 상태이기 때문이다. 마치 '더는 못 늘려'라는 상황이다. 장기 총공급 곡선은 수직선으로 나타나며, 이는 물가가 올라도 생산량이 더 이상 늘어나지 않음을 의미한다. 경제의 생산 잠재력은 주로 기술발전, 인구증가, 자본축적 등 장기적인 요인들에 의해 결정된다.

총공급 곡선의 이동

총공급 곡선이 오른쪽으로 이동한다는 것은 경제의 생산 능력이 확장되었다는 뜻이다. 마치 '더 많이 만들어도 괜찮아'라고 할 수 있는 신호다. 기술 발전이나 자본 투자, 노동력 증가 등이 이루어지면 총공급 곡선은 오른쪽으로 이동해 물가가 상승하지 않고도 더 많은 생산이 가능해진다.

반대로, 자연재해나 전쟁, 원자재 부족 등으로 인해 경제의 생산 능력이 줄어들면 총공급 곡선은 왼쪽으로 이동해 '이젠 생산하기 힘들어'라는 신호가 될 수 있다. 이때 물가는 오르고, 생산량은 줄어드는 경제적 압박이 발생할 수 있다.

총공급의 변화는 경제의 흐름을 읽고, 투자전략을 세우는 데 중요한 역할을 한다. 기술혁신이 일어나면 더 많은 생산과 경제성장이 기대되며, 이는 투자기회로 이어질 수 있다. 반면, 공급 측면의 위험을 간과하면 예상치 못한 경제적 충격에 휘말릴 수 있다.

─────── 투자자 관점에서 총수요와 총공급 이해하기

총수요와 총공급의 변동은 투자자가 경기 상황과 경제 흐름을 판단하는 데 있어 필수적인 도구다. 특히 코로나19 팬데믹은 이 2가지에 큰 충격을 주었고, 그로 인해 발생한 경제적 변화는 투자전략에도 커다란 영향을 미쳤다. 팬데믹 초기에 일어난 수요와 공급의 변동을 이해하는 것은 경제위기 속에서도 투자기회를 포착하는 데 유용한 인사이트를 제공한다.

─────── 총수요 측면: 소비자들이 지갑을 닫은 날

팬데믹 초기에는 총수요의 급격한 감소가 가장 두드러진 현상이었다. 도시 봉쇄, 사회적 거리두기, 여행 제한 등으로 인해 소비자들의 지출이 확 줄어들었다. 특히 여행, 외식, 항공 같은 산업들이 가장 큰 타격을 받았다. 그 결과, 총수요 곡선은 왼쪽으로 한껏 밀려나며 경

제 전반에 걸쳐 수요 부족 현상이 발생했다. 이게 무슨 말인가 하면, 사람들은 돈을 안 쓰고, 기업들은 물건을 팔지 못해 울상을 지었다는 얘기다.

가장 큰 이유는 소득감소였다. 팬데믹 때문에 실직하거나 소득이 줄어든 사람들이 많아졌고, 그로 인해 생필품을 제외한 나머지 지출은 급격하게 줄어들었다. 소비(C)가 급감하면서 총수요도 함께 감소했다. 게다가 기업들도 불안한 경제상황 속에서 투자를 멈추거나 미뤘다. 한마디로 '앞으로 어떻게 될지 모르니 돈은 아껴둬야지'라는 심리가 팽배해진 것이다. 그 결과, 투자(I)도 크게 축소되면서 경제활동이 더욱 둔화되었다.

여기에 정부의 초기 대응 부족도 총수요 감소에 기여했다. 정부가 적극적으로 경기부양책을 펼치기 전에 이미 상황은 악화되었고, 그 사이 총수요는 계속 줄어들었다. 결국 소득감소, 투자위축, 정부의 초기 대응 부족이라는 복합적인 요인들로 인해 총수요가 급격히 줄어들면서 수요 곡선은 한참 왼쪽으로 이동해버렸다.

——— 총공급 측면: 멈춰버린 공장들

팬데믹으로 인한 충격은 공급 측면에서도 뚜렷하게 나타났다. 공장들이 멈추고, 글로벌 공급망이 망가진 탓에 총공급도 큰 타격을 입었다. 특히 반도체, 자동차, 의료용품 같은 주요 산업에서 생산부족이 발생하며, 총공급 곡선이 왼쪽으로 이동했다. 즉 수요만 줄어든 게 아

1부 투자자를 위한 경제 개념

니라 공급도 '이제 생산 못 해요'라는 신호를 보내기 시작한 것이다.

이렇게 총공급이 감소한 이유는 다음과 같다. 첫째, 사회적 거리두기와 봉쇄 조치로 많은 공장이 문을 닫거나 생산을 크게 줄였다. 이로 인해 다수의 기업들이 생산 차질을 겪었고, 정상적인 공급 유지가 어려워졌다.

둘째, 물류 차질이 심각했다. 항공과 해상 물류가 멈추면서 원자재와 부품이 제때 공급되지 않았다. 특히 글로벌 공급망에 의존하는 산업들이 큰 타격을 입었는데, 이건 마치 '이젠 만들 재료도 못 받는구나'라는 말과 같다.

셋째, 공급 부족으로 인해 원자재 가격이 급등하면서 기업들의 생산비용이 크게 증가했다. 이로 인해 인플레이션 압력이 커졌고, 기업들은 고심 끝에 가격인상을 단행해야 했다. 결과적으로 공장 가동 중단, 물류 차질, 원자재 가격상승 등이 복합적으로 작용하면서 총공급은 감소했고, 공급 측면에서의 문제는 경제 전반으로 퍼져나갔다.

이러한 총공급 충격은 스태그플레이션(경기침체 속 물가상승)의 위험을 증가시켰다. 투자자들은 이를 반영해 에너지나 원자재와 같은 방어적인 자산에 대한 투자를 늘렸다. 공급망이 무너질 때는 안정적인 자산에 투자하는 것이 하나의 방패 역할을 한다는 걸 배운 것이다.

─────── 정부의 대응과 총수요의 회복

팬데믹 이후 각국 정부와 중앙은행은 신속하게 확장적 재정정책과 통화정책을 시행하며 총수요를 끌어올렸다. 미국의 경우, 대규모 경기부양책과 저금리 정책으로 소비와 투자가 촉진되었고, 그 결과 총수요 곡선이 다시 오른쪽으로 이동했다. 특히 정부가 현금을 지급하고 소비 촉진 정책을 펼치면서 가계 소비가 빠르게 회복되었다. 사람들은 다시 지갑을 열기 시작했고, 그 결과 소비지출이 급격히 증가했다. 동시에, 중앙은행의 저금리 정책과 정부의 지원을 받은 기업들이 다시 투자를 재개하면서 경제활동이 서서히 회복되기 시작했다. 그러나 이 급격한 총수요 증가는 인플레이션 압력을 키우는 결과를 가져왔다. 소비와 투자가 빠르게 늘어나는 바람에 물가가 오르고, 이에 따라 중앙은행은 금리인상을 고려하게 되었다. 급속히 성장한 총수요는 투자자들에게도 새로운 도전을 안겨준 셈이다.

총수요와 총공급의 변화는 단순한 경제이론을 넘어서, 실제로 투자전략에 중요한 영향을 미친다. 특히 코로나19와 같은 경제적 충격 상황에서 이 2가지를 이해하는 것은 투자자에게 위기 속의 기회를 찾게 해주는 중요한 도구다.

저축의 역설:
더 많이 저축하면 경제가 위축될 수 있다?

저축은 언제나 좋은 습관으로 여겨진다. 미래의 불확실성에 대비해 소득의 일부를 모아두는 것은 합리적인 재정관리 방법이다. 갑작스러운 지출을 준비하거나 안정적인 노후를 꿈꿀 때 저축은 우리의 든든한 동반자가 된다. 그러나 여기서 나타나는 흥미로운 경제적 모순이 있다. 개개인이 더 많이 저축하는 것은 좋은 일이지만, 만약 모두가 동시에 저축을 늘린다면 어떻게 될까? 경제 전체는 오히려 어려워질 수 있다. 이것이 바로 '저축의 역설'이다.

경제학에서는 이처럼 개인의 행동이 집단적으로는 반대의 결과를 초래할 수 있는 상황을 종종 목격하게 된다. 저축의 역설이 바로 그 대표적인 예다. 모두가 미래에 대비해 저축을 늘리면 현재의 소비는 줄어들고, 결국 기업들은 판매가 줄어 생산도 축소하게 된다. 그 결과 경제는 오히려 둔화되고, 경기침체의 길로 접어들 수 있다는 얘기다.

─────── 저축의 역설: 불안할 때 저축이 경제에 미치는 영향

저축의 역설은 경제학자 존 메이너드 케인스가 처음 제시한 개념으로, 우리가 미래에 대비해 저축을 늘리는 것이 단기적으로는 개인에게 좋은 선택이지만, 경제 전체적으로는 수요를 줄이고 성장률을 둔화시키는 역효과를 가져올 수 있음을 설명한다. 소비가 줄어들면 기업의 매출이 떨어지고, 결국 고용이 줄어들며 소득도 감소하게 된다. 이 악순환이 반복되면서 경제는 더 큰 침체로 빠져들게 된다.

비유하자면, 하나의 빵을 놓고 모두가 조금씩 아껴 먹으려다 보니, 결국 빵이 상해버리는 상황과도 비슷하다. 나 혼자 아끼는 것은 현명하지만, 모두가 동시에 아끼려 하면 전체 경제에 필요한 순환이 멈춰버리게 되는 것이다.

저축이 증가하면, 그만큼 소비는 줄어든다. 소비는 경제의 중요한 축이기 때문에, 소비가 줄면 총수요도 함께 감소한다. 특히 경기침체가 예상되거나 불확실성이 커질 때 사람들은 소비를 줄이고 저축을 늘리려는 경향이 있다. 문제는 이 상황이 계속되면 기업들의 매출이 줄고, 생산도 감소하면서 고용이 축소된다는 것이다.

결국 저축을 많이 할수록 경제는 위축되고, 이 과정에서 소득감소와 실업률 증가는 필연적인 결과로 나타날 수 있다. 즉 저축은 재정적으로 안정된 미래를 준비하는 데 중요한 역할을 하지만, 경제 전체적으로는 '소비감소 → 기업 매출감소 → 고용 축소 → 소득감소'라는 악순환을 초래할 수 있다.

────── 투자자 관점에서 저축의 역설 이해하기

저축은 80년대 우리나라 경제성장에 큰 역할을 했다. 1988년에 우리나라 가계순저축률이 23.9%[8]까지 높았고, 가계의 저축이 기업의 투자로 연결되어 경제성장을 도왔다. 중요한 것은 경제성장기 우리나라는 소비와 투자도 활발했다는 것이다.

 개인적으로는 저축을 늘리는 것이 합리적인 선택처럼 보일 수 있지만, 경제 전체로는 소비가 줄어들면서 총수요가 감소하고, 결과적으로 경제성장이 둔화될 수 있다. 이는 특히 2008년 글로벌 금융위기 이후 두드러진 현상이다. 금융위기 이후 많은 사람들이 미래에 대한 불안감 속에서 소비를 줄이고 저축을 늘렸는데, 이는 총수요의 급격한 감소를 가져왔다. 미국 가계의 저축률은 위기 직후 급등했

최근까지 미국 소비자 지출을 늘렸던 2가지 요인, 가계 부채 증가와 저축률 감소가 역전되었다. 2008년 후반, 가계가 부채를 줄이고 저축을 늘리면서 소비가 급락했다.

McKinsey Global Institute의 연구에 따르면, 미국 경제 회복에 있어 소비자 부채 해소의 영향은 소득 증가 여부에 크게 좌우된다. 소득이 증가하지 않을 경우, 저축률이 1%p 상승할 때마다 소비지출이 1천억 달러 이상 감소해 회복 속도에 심각한 장애가 될 수 있다. 반면, 소득이 안정적으로 증가한다면, 가계는 소비를 크게 줄이지 않으면서도 부채 부담을 줄일 수 있어 경제회복에 긍정적인 기여를 할 수 있다.

McKinsey, 2009년 3월 1일[9]

고, 소비는 크게 위축되었다. 당시 글로벌 컨설팅 회사 맥킨지의 보고서를 통해서도 이런 상황을 확인할 수 있다.

이러한 변화는 투자자에게 중요한 시사점을 제공한다. 소비가 동반되지 않은 저축률의 급격한 상승은 경기침체의 신호일 수 있으며, 이때 투자자들은 경기회복을 기다리기보다 방어적인 투자전략을 통해 대응해야 한다. 실제로 2008년 금융위기 직후 많은 기업들이 소비감소로 어려움을 겪었지만, 필수 소비재나 경기 방어 산업들의 주식은 상대적으로 하락폭이 적었었다.

반면, 정부가 확장적 재정정책과 통화정책을 통해 경기를 부양하기 시작할 때는 기회를 잡을 수 있는 시기다. 예를 들어 정부의 현금지급이나 세금인하 정책은 가계소비를 빠르게 회복시킬 수 있다. 이때, 소비재나 기술주에 대한 투자는 경기회복의 초기 국면에서 높은 성과를 낼 수 있는 좋은 전략이 될 수 있다. 저축의 역설을 이해하고, 저축률 및 소비변화와 경제정책의 방향에 따라 적절한 투자 포지션을 취하는 것이 중요하다. 결론적으로, 저축의 역설은 투자자가 경기침체의 신호를 읽고, 회복 국면에 맞춰 투자 포트폴리오를 재조정하는 데 중요한 역할을 할 수 있다.

반면, 통신(-14.5%), 전기가스(-22.8%), 의약(-30.1%), 음식료(-31.9%) 등 이른바 경기방어 업종과 원화약세 수혜주인 전기전자 업종은 상대적으로 적은 낙폭을 기록하며 약세장에서 방어주의 면모를 톡톡히 해낸 것으로 나타났다.[10]

결론적으로, 저축의 역설은 경제가 침체에 빠질 가능성을 예고하는 신호일 수 있으며, 투자자들은 이러한 신호를 통해 포트폴리오를 조정하는 것이 중요하다. 모두가 아낄 때는 나도 아껴야 한다는 생각을 조금 내려놓고, 반대로 정부의 지원과 소비회복 신호가 보일 때는 기회를 잡을 준비를 하는 것이 현명한 투자전략이 될 수 있다.

인플레이션:
돈의 가치가 하락할 때

인플레이션은 우리가 일상적으로 접하는 경제 뉴스에서 빠지지 않고 등장하는 중요한 개념이다. 물가가 오르면서 돈의 가치가 떨어지는 현상인 인플레이션은 개인의 소비습관에서부터 기업의 투자 결정, 그리고 정부의 정책 방향에 이르기까지 경제 전반에 걸쳐 광범위한 영향을 미친다. 적정 수준의 인플레이션은 경제성장과 함께 발생하는 자연스러운 현상일 수 있다. 하지만 인플레이션이 과도해지면 소비자들의 구매력이 약화되고, 기업의 비용 부담이 커지며, 경제 전반이 불안정해질 수 있다.

중앙은행과 정부는 물가안정을 위해 인플레이션 관리에 민감하게 반응하는데, 이는 인플레이션이 적절히 통제되지 않으면 경제에 미칠 충격이 크기 때문이다. 특히 최근 몇 년 동안 전 세계는 팬데믹과 에너지 위기를 겪으며 인플레이션의 직접적인 충격을 경험했다.

이러한 물가상승의 원인은 크게 2가지로 나눌 수 있다. 수요견인

1부 투자자를 위한 경제 개념

인플레이션은 경제가 활발해지며 수요가 증가할 때 발생하는 반면, 공급견인 인플레이션은 공급 측면에서의 문제가 발생할 때 물가가 오르는 현상이다. 이 2가지 형태의 인플레이션은 서로 다른 원인에서 비롯되지만, 그 결과는 모두 물가상승이라는 동일한 문제로 이어진다. 따라서 여기서는 인플레이션의 2가지 주요 유형인 수요견인 인플레이션과 공급견인 인플레이션에 대해 살펴보고, 그 원인과 경제에 미치는 영향을 분석한다. 투자자들에게도 인플레이션은 자산가격과 금리, 투자전략과 직결되는 중요한 변수이므로, 이를 이해하고 적절히 대응하는 것이 필요하다.

——— 수요견인 인플레이션(Demand-Pull Inflation)

수요견인 인플레이션은 경제에서 총수요가 급격히 증가할 때 발생하는 인플레이션 유형이다. 사람들이 돈을 더 많이 쓰고 싶어 하지만 시장에서 이를 충분히 충족시킬 상품과 서비스가 부족할 때 물가가 오르는 현상이다. 이는 과잉수요가 가격상승을 이끄는 전형적인 인플레이션 형태로, 경제가 성장하거나 소비와 투자가 급격히 늘어날 때 주로 나타난다. 그렇다면 수요견인 인플레이션은 어떻게 발생할까?

　수요견인 인플레이션은 여러 경제적 요인들이 동시에 작용해 발생한다. 경제가 호황이면 소비자들의 소득이 증가하고 고용 상황이 개선되면서 가계소비가 크게 늘어난다. 기업들은 미래에 대한 긍정적인 기대 속에서 투자를 확대하고, 정부는 경기부양을 위해 재정정책을 펼치게 된다. 이렇게 총수요가 급격히 증가하지만, 시장에서 이를 충족할 수 있는 상품과 서비스의 공급량은 한정되어 있어 수요가 공급을 초과하게 되고, 결국 물가가 상승하게 된다.

경기 확장기에는 가계의 소비와 기업의 투자가 증가하며, 이는 시장에서 상품과 서비스에 대한 수요를 급격히 증가시킨다. 하지만 공급이 이를 즉각적으로 따라가지 못하면 가격이 상승한다. 정부가 경기를 부양하기 위해 세금감면이나 재정지출 확대 같은 확장적 재정정책을 시행하면, 시장에 유입되는 자금이 늘어나면서 소비와 투자가 급격히 증가하고, 이 역시 수요견인 인플레이션을 유발할 수 있다.

마지막으로, 중앙은행이 저금리 정책을 통해 차입 비용을 낮추면

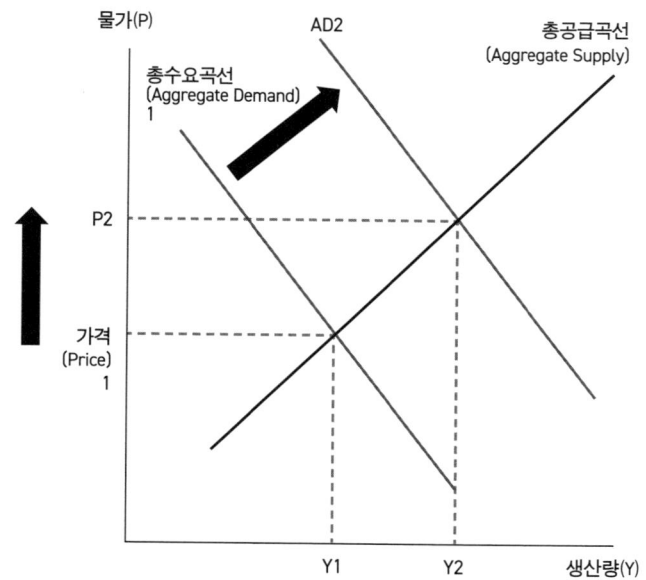

〈자료 2〉 수요견인 인플레이션

가계와 기업이 더 많은 자금을 소비와 투자에 사용할 수 있게 되며, 이는 총수요의 급증을 초래하고 물가상승으로 이어진다. 이러한 요인들이 동시에 작용하면서 시장에서 수요가 초과되고, 그 결과 인플레이션 압력이 발생하게 되는 것이다.

수요견인 인플레이션을 단계적 과정 측면에서 살펴보면, 〈자료 2〉와 같이 총수요곡선(AD)이 오른쪽으로 이동하면서 발생한다. 이때 물가(P)와 생산량(Y)은 모두 상승하지만, 공급이 제한되어 있기 때문에 물가상승률이 더 크게 나타난다. 즉 총수요 증가 → 초과수요 → 가격상승으로 요약될 수 있다.

──── ## 공급견인 인플레이션(Cost-Push Inflation)

공급견인 인플레이션은 상품과 서비스의 생산비용이 상승함으로써 발생하는 인플레이션이다. 즉 생산 측면에서의 비용증가가 기업들의 가격인상을 초래하고, 이는 소비자들이 구매하는 최종 상품과 서비스의 가격상승으로 이어지는 것이다. 공급부족 또는 생산비용의 급등이 주된 요인으로 작용하며, 이러한 상황에서는 수요와 상관없이 물가가 상승한다. 공급견인 인플레이션의 주요 원인은 다음과 같이 생각해볼 수 있다.

먼저, 원자재 가격의 상승이 대표적이다. 특히 에너지 가격의 급등은 거의 모든 산업에 영향을 미치기 때문에 전반적인 물가상승을 유발한다. 예를 들어 석유나 천연가스와 같은 에너지 원자재의 가격이 오르면, 이를 사용하는 운송비와 생산비가 모두 상승하게 된다.

임금상승도 주요 요인 중 하나다. 노동비용이 크게 증가할 경우 기업들은 이 부담을 소비자에게 전가하며 가격을 인상하게 된다. 이로 인해 서비스나 제조업에서 물가가 상승하게 된다.

마지막으로, 공급망 차질이나 자연재해 등의 외부 요인도 공급을 제한해 인플레이션을 유발할 수 있다. 팬데믹, 전쟁 또는 자연재해로 인해 글로벌 공급망이 붕괴되면 기업들은 원자재와 부품을 제때 확보하지 못하게 되어 생산을 줄이거나 가격을 올릴 수밖에 없다.

공급견인 인플레이션을 단계적 과정 측면에서 살펴보면 〈자료 3〉과 같이 총공급곡선(AS)이 왼쪽으로 이동하면서 발생한다. 이는 동

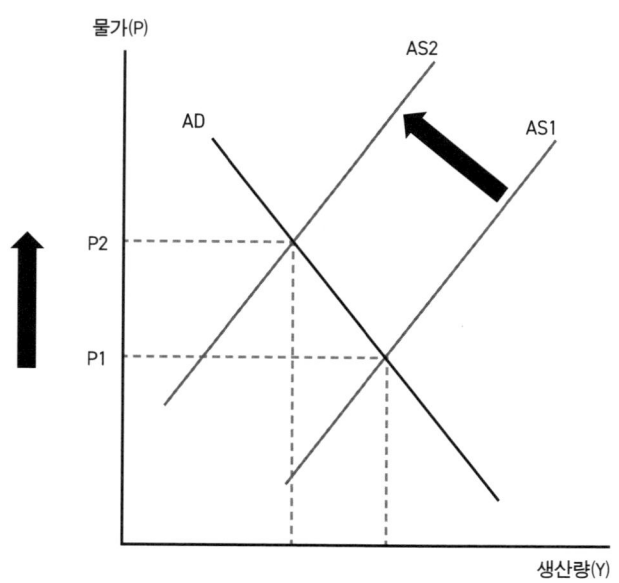

〈자료 3〉 공급견인 인플레이션

　　　　　　　　　　　　　　　　1부 투자자를 위한 경제 개념

일한 총수요(AD)하에서도 공급이 줄어들면서 가격이 상승하는 현상을 보여준다. 즉 생산비용 증가 → 공급감소 → 가격상승 순서로 인플레이션이 발생하게 된다.

──── 투자자 관점에서 인플레이션 이해하기

팬데믹 이후 전 세계적으로 인플레이션 압력이 크게 증가하면서, 그 원인과 특성을 명확히 구분하기는 어려운 상황이 되었다. 수요 측면과 공급 측면의 요인들이 복합적으로 작용해 물가상승을 주도했기 때문이다. 팬데믹 초기에는 수요와 공급의 충격이 동시에 나타났고, 경제회복 과정에서 각 요소가 상호작용하며 인플레이션을 더욱 가속화시켰다.

그럼에도 불구하고, 인플레이션의 메커니즘을 보다 쉽게 이해하기 위해 수요견인 인플레이션과 공급견인 인플레이션으로 나누어 설명해보겠다. 이를 통해 투자자들은 각 요인이 어떻게 작용하며 자산가격에 미치는 영향을 보다 명확하게 파악할 수 있을 것이다.

──── 수요견인 인플레이션: 팬데믹 이후 수요 폭발

팬데믹 초기, 전 세계 경제가 봉쇄조치와 소비위축으로 큰 타격을 입었지만, 각국 정부는 이를 극복하기 위해 대규모 경기부양책을 실시했다. 미국의 경우 가계에 직접 현금을 지급하고, 저금리 정책을 통해 소비와 투자를 장려했다. 이로 인해 억눌렸던 소비욕구가 폭발적으로 표출되었고, 특히 자동차, 전자제품, 가전 같은 내구재에 대한 수요가 급격히 증가했다.

그러나 생산과 공급망은 팬데믹 영향에서 완전히 회복되지 못한 상태였기 때문에 시장에서 수요를 충족시킬 수 있는 상품과 서비스의 공급이 부족했다. 마치 한정판 상품을 구매하려는 사람들이 몰리면서 재고가 빠르게 소진되고, 가격이 급등하는 것과 비슷한 상황이었다. 이렇게 총수요가 급증하는 상황에서 공급이 제한되어 물가가 상승하게 되었고, 이는 전형적인 수요견인 인플레이션 현상이다.

2021년 6월, 미국 소비자물가(CPI)가 예측치 4.7%를 넘어 실제로 5.0%를 기록하며 5%를 초과하기 시작했다. 특히 중고차와 전자제품 같은 내구재의 가격이 급등한 것은, 팬데믹 이후 소비수요가 폭

〈자료 4〉 미국 소비자물가지수(CPI) 전년 대비 증감

출처: Investing.com

발하면서 공급망이 이를 감당하지 못해 발생한 사례다.

투자자 관점에서 이러한 수요견인 인플레이션은 소비재와 내구재 관련 주식에 대한 투자기회로 이어질 수 있었다. 하지만 동시에, 중앙은행의 금리인상이 뒤따르면서 금리 민감 자산에 대한 리스크 관리가 필요했다. 인플레이션이 심화될수록 채권과 같은 자산은 매력도가 떨어졌기 때문이다.

——— 공급견인 인플레이션: 팬데믹 이후 공급망 붕괴

팬데믹이 한창일 때와는 달리, 이후 나타난 공급망 붕괴는 공급측 인플레이션의 주요 원인이 되었다. 글로벌 공급망이 팬데믹과 같은 외부 충격에서 완전히 회복되지 못하면서, 주요 산업들이 원자재와 부품을 충분히 확보하지 못했다. 특히 반도체, 자동차, 에너지와 같은 핵심 산업들이 큰 타격을 받았다.

2022년 에너지 위기는 그 대표적인 사례다. 러시아-우크라이나 전쟁으로 인해 유럽 전역의 천연가스와 석유가격이 폭등하면서, 전반적인 생산비용이 급증했고 이는 공급견인 인플레이션을 촉발시켰다. 기업들은 원자재 비용상승을 공급망 내에 있는 거래처들에 전가할 수밖에 없었고, 이로써 전반적인 물가가 상승하는 결과를 초래했다.

공급견인 인플레이션 상황에서 투자자들은 에너지, 원자재 관련 자산에 주목할 필요가 있었다. 공급부족이 예상되는 자산군은 가격상승 가능성이 크며, 이에 대한 투자전략을 고려하는 것이 유리했

컨테이너를 이용한 해상 무역은 전 세계 국제무역의 46%를 차지한다. 대형 컨테이너선은 고정된 항로로 운항되며, 작은 혼잡도 큰 지연과 비용증가, 그리고 연쇄적인 영향을 초래할 수 있다. 팬데믹 기간 동안 일부 항구의 대기 시간은 몇 시간에서 2~3일로 늘어났다.

연구에 따르면 팬데믹 초기에는 이동 제한으로 인해 총수요가 감소하면서 인플레이션이 하락했으나 이후 인플레이션 상승은 주로 공급망에 가해진 부정적 충격 때문이었다. 항만 혼잡은 팬데믹 초기에 코로나 관련 인플레이션을 유발했으나 팬데믹 후반에는 생산성 충격으로 인해 다른 형태의 영향을 받게 되었다.

NBER(National Bureau of Economic Research) Digest(전미경제연구소), 2024년 4월 1일[11]

다. 또한 공급망 회복과 관련된 기술 및 인프라 개선에 투자하는 것도 장기적으로 유망한 전략이 될 수 있다.

투자자는 인플레이션이 공급과 수요에서 모두 발생할 수 있다는 사실을 인지해야 한다. 팬데믹처럼 예측할 수 없는 외부 충격이 발생할 경우 수요와 공급의 변동성을 잘 이해해야 시장의 흐름을 예측할 수 있다. 수요견인 인플레이션 비중이 크다고 판단되는 상황에서는 금리인상 가능성을 고려해 주식과 같은 위험자산의 비중을 줄일 필요가 있으며, 반대로 공급망 붕괴로 인한 공급견인 인플레이션 시기에는 에너지, 원자재 관련 자산에 대한 투자를 고려할 수 있다.

1부 투자자를 위한 경제 개념

인플레이션의 사회적 비용:
모두가 겪는 고통

인플레이션은 단순히 물가가 상승하는 현상으로만 볼 수 없다. 그것은 경제 전반에 걸쳐 미묘하면서도 깊은 영향을 미치며, 사회 전반에 다양한 비용을 초래하는 복잡한 현상이다. 적절한 수준의 인플레이션은 경제성장과 함께 자연스럽게 발생하는 현상일 수 있지만, 지나치게 높은 인플레이션은 소비자와 기업, 그리고 정부의 경제적 의사결정에 불확실성을 가져오고, 궁극적으로는 경제 시스템의 효율성을 저해한다.

인플레이션이 일정 수준을 넘어서면, 모든 경제 주체들이 겪는 사회적 비용이 커진다. 우리 같은 소비자는 같은 소득으로 점점 더 적은 상품과 서비스를 구매하게 되며, 이는 결국 구매력 감소로 이어진다. 또한 기업은 미래 비용을 예측하기 어려워지면서 투자 의사결정이 늦어지고, 정부 역시 물가를 잡기 위한 다양한 정책을 고민해야 한다. 이러한 경제적 부담은 모든 계층에서 느껴지지만, 특히 저소득층과 고정소득자에게 더 큰 타격을 줄 수 있다.

인플레이션은 경제적 균형을 무너뜨리면서 불평등을 촉진하는 요소로 작용한다. 높은 물가상승은 자산을 보유한 사람들에게는 자산가치 상승의 기회를 주지만, 임금상승이 물가를 따라가지 못하는 사람들에게는 경제적 어려움이 가중된다. 이로 인해 사회적 갈등이 심화되고, 경제적 불안정성도 함께 커질 수 있다.

여기서는 인플레이션이 사회와 경제에 미치는 다양한 비용을 깊이 있게 살펴보고, 이러한 현상이 어떻게 경제 전반의 흐름을 왜곡시키는지를 분석하고자 한다.

——— 구매력 감소: 가계 경제의 압박

인플레이션이 가장 먼저 영향을 미치는 부분은 소비자의 구매력이다. 인플레이션이 발생하면 물가가 상승하면서 소비자들은 동일한 소득으로 이전보다 더 적은 상품과 서비스를 구매할 수밖에 없다. 이는 소비자들이 실질적으로 가난해진다는 의미로, 가계의 생활수준이 떨어지게 된다. 특히 고정소득자나 저소득층은 인플레이션의 영향을 더 크게 받는다. 예를 들어 연금이나 임금이 고정되어 있는 사람들은 물가상승에 대응할 수 있는 수단이 적기 때문에 인플레이션의 부담을 더욱 체감하게 된다.

이러한 구매력 감소는 소비의 위축으로 이어지며, 이는 다시 기업의 매출감소와 경제 전반의 둔화로 연결된다. 즉 지속적인 인플레이

션은 경제의 소비수요를 약화시키고, 이는 경기침체로 이어질 가능
성을 높인다.

_____ 경제적 불확실성 증가: 기업과 소비자의 신중한 선택

인플레이션이 장기화되거나 변동성이 커지면, 경제주체들은 불확실
성에 직면하게 된다. 기업은 미래의 생산비용과 이익을 예측하기 어
려워지면서 투자결정을 미루거나 축소하게 된다. 이는 기업의 성장
을 저해할 뿐만 아니라 일자리 창출을 감소시키는 결과로 이어진다.
기업이 투자에 신중해질수록 경제 전반의 생산성은 하락하게 되고,
이는 장기적인 경제성장에 부정적인 영향을 미친다.

　소비자 역시 미래의 물가상승에 대한 불확실성으로 인해 소비를
줄이거나 지연하게 된다. 사람들이 오늘 구매하는 상품의 가격이 내
일 더 오를 수 있다는 생각에 소비를 서두르기도 하지만, 반대로 큰
구매결정을 미루는 경우도 많다. 예를 들어 주택구입을 계획하던 가
계는 인플레이션 상황에서 금리인상과 물가상승을 고려해 구매를
연기하거나 취소할 수 있다.

　이러한 경제적 불확실성은 자산가격에도 큰 변동성을 유발하며,
주식, 부동산, 채권과 같은 주요 자산군에 직접적인 영향을 미친다.
투자자들은 인플레이션 시기에 포트폴리오를 재조정하거나, 보다
방어적인 투자전략을 구사하게 된다.

소득 불평등 심화:
자산 보유자의 이익과 노동자의 부담

인플레이션은 소득 불평등을 촉진시키는 주요 요인 중 하나다. 고소득층이나 자산을 많이 보유한 사람들은 인플레이션으로 인해 자산 가치가 상승하는 혜택을 누리게 된다. 특히 주식, 부동산 등의 자산 가격이 물가상승에 맞추어 오르기 때문에, 이들은 인플레이션 환경에서도 상대적으로 보호받는 경향이 있다.

반면, 저소득층은 임금상승 속도가 물가상승을 따라가지 못하기 때문에 체감하는 실질소득이 줄어들게 된다. 특히 생활필수품의 가격이 크게 오를 경우, 저소득층은 가계지출의 대부분을 필수품에 할당해야 하므로 경제적 부담이 더욱 가중된다. 이처럼 자산 보유자와 비보유자 간의 격차는 인플레이션 시기에 더욱 확대되며, 이로 인해 사회적 불만이 커지고, 경제적 격차가 쉽게 줄어들지 않게 될 수 있다.

채무자와 채권자 간의 불평등: 경제적 균형의 왜곡

인플레이션은 채무자와 채권자 간의 경제적 관계에도 큰 영향을 미친다. 고정금리 대출을 받은 채무자는 인플레이션으로 인해 실질부채 부담이 줄어들게 된다. 이는 대출을 받은 사람이 이득을 보는 반면, 돈을 빌려준 채권자는 인플레이션으로 인해 실질수익이 감소하게 되는 결과를 초래한다. 예를 들어 고정금리로 주택대출을 받은 경우 인플레이션이 발생하면 대출 원리금의 실질가치가 떨어져 상환 부담이 줄어든다. 그러나 변동금리 대출을 받은 경우에는 인플레이션 억제를 위해 중앙은행이 금리인상을 단행할 가능성이 높아진다. 이렇게 되면 대출을 받은 사람의 차입비용이 증가해 부채 부담이 가중된다. 이러한 상황은 금융시장에서 자산가치의 변동성을 증대시키며, 채권자와 채무자 간의 경제적 불균형을 심화시킬 수 있다.

_____ 투자자 관점에서 인플레이션의 사회적 비용 이해하기

인플레이션의 사회적 비용 측면을 쉽게 이해할 수 있는 사례 중 하나는 바로 주택가격 상승이다. 특히 팬데믹 이후 많은 나라에서 주택가격이 급격히 오르면서, 자산을 보유한 사람들과 그렇지 못한 사람들 사이의 경제적 격차가 더욱 벌어졌다.

먼저, 주택을 소유한 사람들의 경우를 보자. 이들은 집값 상승 덕분에 자산가치가 증가한다. 집이 자산이기 때문에 가격이 오르면 자연스럽게 그들의 부도 늘어난다. 게다가 자산을 팔거나 임대수익을 통해 더 많은 소득을 창출할 수 있는 기회도 생긴다. 결과적으로 자산을 가진 사람들은 인플레이션 시기에 더 부유해지는 경향이 있다.

반면, 주택을 소유하지 못한 사람들, 특히 저소득층은 인플레이션으로 인해 주거비 부담이 커진다. 집값이 오르면 임대료도 함께 오르기 때문에, 집을 살 여유가 없는 사람들은 높은 임대료를 감당해

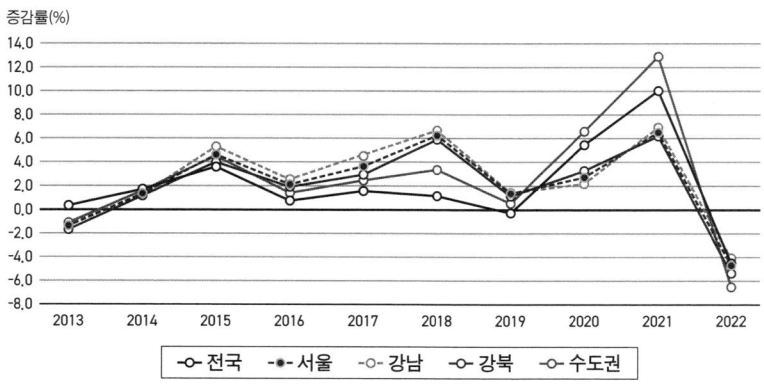

〈자료 5〉 한국의 주택매매 가격 증가율 추이

증감률(%)

출처: 한국부동산원, 전국주택가격동향조사

야 한다. 주택구입이 점점 더 어려워지면서 이들은 자산을 쌓을 기회를 점점 더 잃게 된다.

최근 한국의 주택매매 가격 변동률을 보면, 2020년과 2021년 사이 전국적으로 9.9% 상승해 최근 10년간 가장 높은 상승률을 기록했다. 특히 수도권은 12.8%로 높을 상승률을 보였다. 2022년 이후에는 주택 매매가가 하락세로 전환되었지만, 급등한 주택가격은 집을 가진 사람과 그렇지 못한 사람 사이의 경제적 차이를 더 크게 만들며, 소득 불평등을 악화시키는 원인이 되고 있다. 결국 인플레이션은 구매력 감소, 경제 불확실성 증가, 소득 불평등 심화 등 다양한 사회적 비용을 동반한다. 투자자들은 인플레이션이 경제에 미치는 이런 복합적인 영향을 고려해, 보다 방어적인 자산배분 전략을 구사하거나 인플레이션 방어자산에 대한 투자를 확대해야 한다.

1부 투자자를 위한 경제 개념

실업과 필립스 곡선:
경제활동과 고용의 관계

실업과 인플레이션은 경제가 어떻게 작동하는지 보여주는 중요한 두 축이다. 경제가 건강할 때는 실업률이 낮고 인플레이션도 적정 수준에서 유지되지만, 경제가 불안정해지면 이 두 지표는 크게 흔들린다. 특히 필립스 곡선은 실업률과 인플레이션 간의 관계를 설명하는 중요한 이론으로, 단기적으로 이 들이 상반된 움직임을 보인다고 주장한다. 경제 확장기에는 실업률이 낮아지며 인플레이션이 상승하고, 경기침체기에는 반대로 실업이 증가하고 물가가 안정되는 모습을 보인다.

그러나 필립스 곡선의 이론이 항상 성립하는 것은 아니다. 1970년대 스태그플레이션처럼 실업과 인플레이션이 동시에 높아지는 현상이 발생하며, 이로 인해 이 이론에 대한 비판이 제기되기도 했다.

현대 경제에서는 기술 발전과 글로벌화 같은 다양한 요인들이 인플레이션을 억제하면서도 실업률을 낮추는 상황이 자주 나타난다.

이러한 복잡한 상황 속에서 필립스 곡선은 여전히 실업과 인플레이션 간의 관계를 설명하는 데 유효하지만, 그 한계 역시 분명하다. 즉 필립스 곡선이 실업과 인플레이션의 관계를 잘 보여주지만, 오늘날 경제구조의 변화로 인해 더 복잡한 요인들이 개입한다는 점도 간과할 수 없다. 지금부터는 실업이 경제적으로 어떤 의미를 가지고 있는지 살펴보고, 필립스 곡선의 원리와 한계에 대해 알아보도록 하자.

──── 실업에 대한 경제학적 접근

실업은 경제활동을 할 의사와 능력을 갖추고 있음에도 불구하고 일자리를 찾지 못하는 상태를 말한다. 이는 단순한 일자리 부족을 넘어 경제 전반의 구조적 문제를 반영한다. 실업은 3가지 유형으로 나눌 수 있는데, 첫 번째는 마찰적 실업으로, 이는 사람들이 새로운 일자리를 찾거나 더 나은 조건을 위해 이직을 준비하는 과정에서 일시적으로 발생한다. 마찰적 실업은 어느 경제에서나 자연스럽게 발생하며, 오히려 경제의 유동성을 나타내는 지표로 볼 수 있다.

　두 번째는 구조적 실업이다. 이는 기술 발전이나 산업의 변화로 인해 특정 직업군이 사라지거나 필요로 하는 기술과 일자리가 일치하지 않는 경우에 발생한다. 예를 들어 자동화나 인공지능의 도입으로 인해 일부 전통적인 일자리가 사라지면서 해당 직종에 종사하던 사람들이 새로운 기술을 배우기 전까지 실업 상태에 놓일 수 있다.

구조적 실업은 장기적인 영향을 미치며, 경제의 산업구조나 교육 시스템과 밀접한 관련이 있다.

세 번째는 경기 순환적 실업으로, 경제 전반의 경기침체나 수요부족으로 인해 발생한다. 경기 불황기에 기업들은 생산을 축소하고 인력을 감축하게 되며, 이로 인해 대규모 실업이 발생할 수 있다. 경기적 실업은 경제회복과 함께 해소되기도 하지만, 불황이 길어질 경우 장기적인 사회적 문제로 이어질 수 있다. 이러한 실업 유형은 경제상황에 따라 상호작용하며, 각기 다른 원인과 해결방안을 요구한다.

실업은 개인에게는 큰 불행일 수 있지만, 경제적으로는 적정 수준의 실업을 유지하는 것이 중요하다는 점을 꼭 기억해두자. 예를 들어 서울에 빈집이 전혀 없고 사람들이 이사를 하지 않는다면, 주거지 이동이 제한되어 경제의 유연성이 떨어질 것이다. 마찬가지로, 완전 고용 상태에서는 기업이 필요한 인력을 제때 구하지 못해 생산성과 효율성이 저하될 수 있다. 적정한 실업률은 노동시장의 탄력성을 보장하고, 경제가 변화하는 환경에 더 빠르게 적응할 수 있도록 돕는다.

이와 같은 관점에서 실업은 노동시장의 조정과 재편을 가능하게 하며, 특정 산업에서의 기술발전이나 구조적 변화에도 빠르게 대응할 수 있는 기반을 마련한다. 즉 과도한 실업률은 경제에 부담을 주지만, 어느 정도의 실업은 경제성장을 뒷받침하는 필수적인 요소라고 할 수 있다.

─────── 필립스 곡선

필립스 곡선은 실업률과 인플레이션 사이의 반비례 관계를 나타내는 경제학 이론이다. 뉴질랜드 출신 경제학자 윌리엄 필립스(William D. Phillips)가 처음 제시한 이론으로, 실업률이 낮아질수록 물가상승률이 높아지고, 반대로 실업률이 높아지면 물가가 안정된다는 상충관계(trade-off)를 보여준다.

이는 경제정책을 선택할 때 매우 중요한 시사점을 제공한다. 국가들은 경기부양을 통해 실업률을 낮추면 물가상승 위험을 감수해야

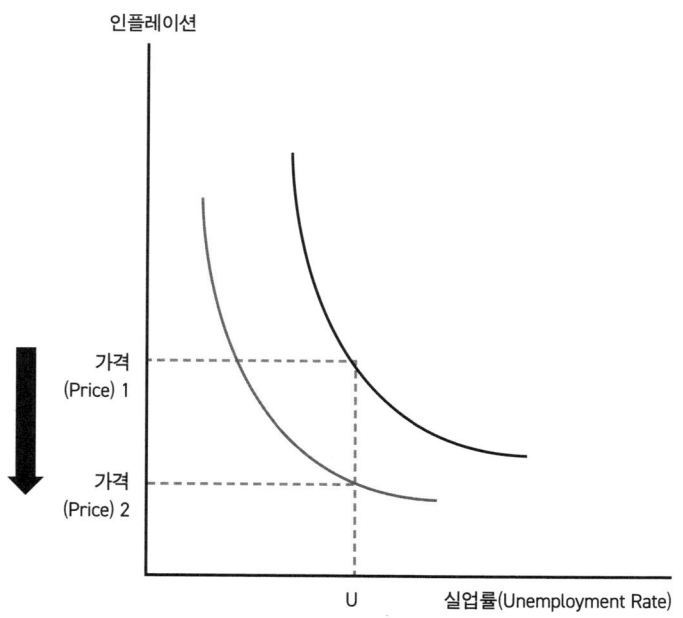

〈자료 6〉 필립스 곡선과 필립스 곡선의 이동

1부 투자자를 위한 경제 개념

하며, 인플레이션을 억제하려면 실업률 증가를 받아들여야 하는 딜레마에 직면하게 된다. 그래서 각국은 두 마리 토끼를 동시에 잡는 것이 어려워, 각자의 경제상황에 맞는 정책을 선택하게 된다.

필립스 곡선은 단기적으로 실업과 인플레이션 간의 관계를 설명하는 데 유용하지만, 1970년대 스태그플레이션(고실업과 고인플레이션 동시 발생) 이후 이 이론이 항상 성립하지는 않는다는 비판이 제기되었다. 스태그플레이션에 대해서는 다음 칼럼에서 상세하게 다뤄보도록 하겠다.

그리고 필립스 곡선은 고정된 것이 아니며, 경제의 구조적 변화에 따라 이동할 수 있다. 예를 들어 생산성 향상과 같은 요인으로 필립스 곡선이 왼쪽으로 이동하면, 이전보다 낮은 인플레이션으로도 낮은 실업률을 달성할 수 있다. 이는 고용창출과 물가안정이라는 2가지 목표를 동시에 이루는 길을 열어준다. 따라서 필립스 곡선은 정적인 이론이 아니라, 경제의 변화에 따라 움직이는 동적인 도구로 이해해야 한다.

필립스 곡선의 가로축은 실업률, 세로축은 인플레이션을 나타낸다. 필립스 곡선이 왼쪽으로 이동하면, 이전보다 낮은 인플레이션 수준(P1)에서 목표 실업률을 달성할 수 있게 된다. 즉 같은 실업률을 유지하면서도 더 낮은 인플레이션(P2)을 감수할 수 있다는 의미다.

스태그플레이션:
성장도 없고 물가만 오르는 위험

스태그플레이션(Stagflation)은 경기침체(Stagnation)와 인플레이션 (Inflation)이 결합된 상황을 의미하며, 2가지 경제적 문제가 동시에 발생하는 복합적인 현상을 설명하는 용어다. 전통적인 경제이론에 서는 실업률과 인플레이션이 반비례하는 경향이 있다고 보지만, 스 태그플레이션에서는 높은 실업률과 물가상승이 동시에 일어나면서 경제에 큰 혼란을 초래한다. 지금부터는 1970년대 석유 위기와 같 은 대표적인 사례를 중심으로, 스태그플레이션의 원인과 경제적 영 향을 구체적으로 살펴보겠다.

스태그플레이션의 원인은 주로 공급 측면의 충격과 정책적 오류 로 설명된다. 첫 번째로, 공급충격은 주로 원자재 가격의 급등이나 생산비용 상승으로 인해 발생한다. 주로 외부요인으로, 원자재 가격 이 급등하면서 공급부족으로 기업들은 생산비용이 증가하고, 이는 곧 물가상승으로 이어진다. 동시에 생산이 줄어들면서 실업률도 증

1부 투자자를 위한 경제 개념

가하게 된다.

두 번째로, 정책적 오류는 경제상황에 맞지 않는 잘못된 재정이나 통화정책이 경제를 더욱 악화시키는 경우다. 경기침체를 막기 위한 확장적 정책이 오히려 물가상승을 촉진시키는 경우가 이러한 예다. 이처럼 스태그플레이션은 수요와 공급의 불균형, 외부 충격, 그리고 잘못된 정책대응이 복합적으로 작용하면서 발생하는 경제적 난제다.

─────── 1970년대 석유위기

1970년대 석유위기는 스태그플레이션의 주요 원인 중 하나로, 전 세계 경제에 심각한 충격을 주었다. 1973년 중동에서 발생한 욤 키푸르 전쟁과 그에 따른 석유수출국기구(OPEC, Organization of Petroleum Exporting Countries)의 석유 금수 조치가 1차 오일쇼크의 핵심 배경이다. 당시 OPEC은 미국과 이스라엘을 지지한 미국을 비롯한 서방 국가들에 대한 석유공급을 중단하고, 전 세계적으로 석유생산을 대폭 줄였다. 이로 인해 원유가격이 1973년 말 3달러에서 13달러로 1개월 사이에 4배 이상 급등[12]하면서, 물가가 폭등하고 각국 경제는 큰 혼란을 겪었다.

석유가격 상승은 경제 전반에 걸쳐 인플레이션을 촉발했다. 원자재로서 석유는 제조, 운송, 에너지 생산 등에 필수적인 자원이었다. 따라서 석유가격이 오르면 기업들은 생산비 부담을 떠안게 되고, 이 비용은 최종 소비자에게 전가되면서 제품과 서비스의 가격이 전반

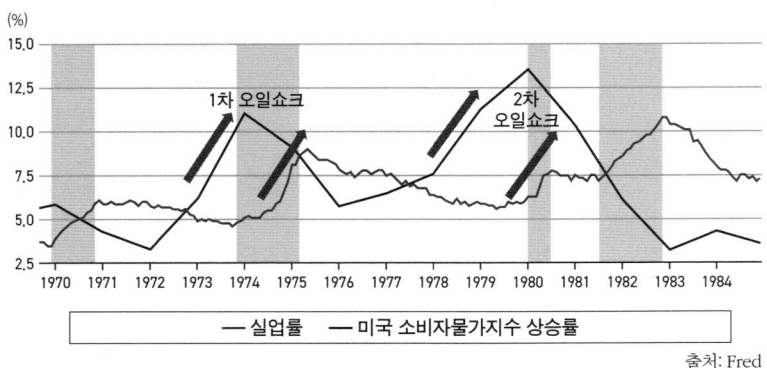

〈자료 7〉 1차 및 2차 오일쇼크의 영향

1차 오일쇼크

2차
오일쇼크

── 실업률 ── 미국 소비자물가지수 상승률

출처: Fred

적으로 상승하는 구조가 형성되었다. 특히 미국의 경우 석유가격이 급상승하며 가계와 기업 모두 타격을 받았다. 이에 따라 실업률도 급격히 상승했다. 기업들은 생산비 부담을 덜기 위해 고용을 줄였고, 소비가 감소하면서 경제 전반이 침체기에 빠졌다.

석유위기 후에도 고유가가 유지되면서 1979년 이란혁명으로 두 번째 석유위기, 2차 오일쇼크가 발생했다. 이란의 석유생산이 급감하면서 유가가 다시 급등했고, 세계 경제는 또다시 인플레이션과 경기침체를 겪게 되었다. 이러한 두 차례 석유위기는 인플레이션을 억제하려는 중앙은행의 통화정책과 맞물리며, 높은 실업률과 물가상승이 동시에 일어나는 스태그플레이션을 촉발했다. 〈자료 7〉에서 그래프의 검은색 그래프는 인플레이션, 회색 그래프는 실업률을 의미한다. 1, 2차 오일쇼크 기간 인플레이션과 실업률이 급격히 상승했음을 확인할 수 있다.

이처럼 1970년대 석유 위기는 공급 측면에서의 충격을 통해 전 세계적으로 인플레이션을 일으켰고, 이는 실업률 상승과 결합해 스태그플레이션이라는 복합적인 경제위기를 불러일으켰다.

─────── 투자자 관점에서 스태그플레이션의 이해

스태그플레이션은 단순히 1970년대 석유 파동 때만 나타난 경제현상이 아니다. 최근 글로벌 경제상황에서도 스태그플레이션 우려가 자주 제기되고 있다. 일례로 코로나19 팬데믹 이후 공급망 붕괴, 원자재 가격 급등, 그리고 2022년 러시아-우크라이나 전쟁 같은 복합적인 요인들이 맞물리면서, 2023-2024년 세계 경제는 다시 한 번 높은 인플레이션과 경기침체에 직면했었다. 투자자들은 스태그플레이션 시대에 적합한 투자전략을 고민해야 할 필요가 있다.

스태그플레이션 시기에는 인플레이션을 방어할 수 있는 자산에 대한 투자가 중요하다. 대표적으로 금과 같은 귀금속은 인플레이션이 심화될 때에도 그 가치를 유지하거나 상승하는 경향이 있어 안전자산으로 주목받는다. 또한 에너지 관련 자산은 에너지 가격이 상승할 때 기업들의 수익성을 높여줄 가능성이 크다.

이와 함께 방어적인 주식에 대한 투자를 고려해볼 만하다. 필수소비재나 공공재와 같은 산업은 경기침체기에도 안정적인 수요를 유지하며, 비교적 안전한 투자처로 평가받는다. 배당주 역시 스태그플레이션 시기에 매력적이다. 배당을 꾸준히 지급하는 기업들은 안정적인 현금 흐름을 제공하며, 주식가격의 변동성이 커져도 배당을 통해 일정한 수익을 확보할 수 있다.

결국 스태그플레이션은 복합적인 경제적 도전이지만, 그 속에서도 기회를 포착하는 것이 가능하다. 투자자들에게는 인플레이션을 방어할 수 있는 자산과 경기침체에도 견딜 수 있는 방어적인 산업에 대한 투자가 중요한 전략이 될 수 있다.

안정적인 배당 수익을 기대할 수 있는 주식에 주목하는 것도 현명한 선택이다. 경제가 불확실할수록 한 가지 자산에 집중하기보다는 여러 자산으로 분산 투자하고, 장기적인 관점에서 꾸준히 수익을 추구하는 것이 변동성이 큰 시장을 이겨내는 핵심전략이 될 것이다.

재정정책과 통화정책:
경제를 조정하는 2가지의 핵심 도구

현대 경제는 예측하기 어려운 많은 변수와 충격 속에서 끊임없이 변화하고 있다. 세계화, 기술혁신, 그리고 다양한 정치·경제적 사건들이 경제의 흐름을 좌우한다.

이러한 복잡한 경제 환경에서 정부와 중앙은행은 안정적인 성장을 유지하기 위해 끊임없이 경제를 조정해야 한다. 바로 이때 사용되는 도구가 재정정책과 통화정책이다. 이 2가지 정책은 경제의 엔진을 다시 점검하고, 필요할 때마다 방향을 조정하는 주요 수단이라할 수 있다.

재정정책과 통화정책은 서로 다른 메커니즘을 통해 경제에 영향을 미치지만, 궁극적인 목표는 같다. 바로 경제 안정화다. 경제가 침체에 빠지면 일자리가 줄고 소비가 위축되며, 이는 전체 경제에 부정적인 영향을 미친다.

이때 정부는 재정정책을 통해 지출을 늘리고 세금을 낮추며 경제를 활성화하려 한다. 반면, 중앙은행은 통화정책을 통해 금리를 낮추거나 통화량을 늘림으로써 가계와 기업이 돈을 더 쉽게 빌릴 수 있도록 지원한다. 이 2가지 정책은 경제 전반에 퍼져 있는 문제를 해결하기 위해 긴밀하게 작동하며, 그 결과는 금융시장, 고용, 소비 등 광범위한 분야에 걸쳐 영향을 미친다.

경제정책은 단순히 이론적 개념에 머무르지 않는다. 잘 느끼지 못할 수 있어도 실생활에서 우리는 재정정책과 통화정책에 실제로 영향을 받는다. 따라서 재정정책과 통화정책은 그 자체로 강력한 도구지만, 그 효과와 한계도 동시에 고려해야 한다. 정책의 시행 시점, 규모, 그리고 외부 요인들이 어떻게 맞물리는지에 따라 그 결과는 매우 다르게 나타날 수 있기 때문이다.

투자자는 이 2가지 정책이 경제와 금융시장에 미치는 영향을 파악하고, 그 판단을 투자전략에 반영하는 능력이 필요하다. 정부의 재정지출이 확대되면 특정 산업에 유리한 환경이 조성될 수 있으며, 중앙은행이 금리를 인상하거나 인하할 때 금융 자산의 가치가 변동될 수 있다. 재정정책과 통화정책의 작동원리를 이해하면, 경제의 방향성과 그에 따른 시장의 반응을 예측할 수 있다. 이는 투자자가 시장의 흐름을 읽고, 보다 전략적인 결정을 내리는 데 중요한 도구가 될 것이다.

──────── 재정정책

재정의 핵심은 정부지출과 세금을 조절해 경제 전반의 총수요를 관리하는 것이다. 경제가 침체에 빠졌을 때는 정부의 지출을 늘리거나 세금을 인하해 경기를 부양하는 확장적 재정정책이 사용되며, 반대로 경제가 과열되어 물가상승이 심화될 때는 지출을 줄이거나 세금을 인상하는 긴축적 재정정책이 시행된다. 이 2가지 정책은 경제상황에 맞추어 정부가 목표로 하는 경기 안정화와 경제성장을 달성하기 위해 사용된다.

──────── 확장적 재정정책

확장적 재정정책은 경기침체기에 정부가 총수요를 늘리기 위해 지출을 확대하거나 세금을 낮추는 정책이다. 코로나19 팬데믹 당시, 전 세계 많은 나라들은 경제가 급격히 위축되는 상황에서 확장적 재정정책을 통해 경제를 부양하려 했다. 가장 대표적인 사례가 바로 국민들에게 현금을 지급하는 보조금 정책이었다.

　팬데믹 시기 우리나라, 미국, 유럽 등 여러 나라들이 국민들에게 현금 보조금을 지급함으로써 소비를 장려하고 경제 붕괴를 막으려 했다. 이 보조금은 가계가 필수 생활비를 충당할 수 있도록 지원하는 동시에, 경제 전반의 소비를 촉진해 총수요를 증가시키는 역할을 했다. 예를 들어 미국은 수조 달러에 달하는 경기부양책을 통해 수

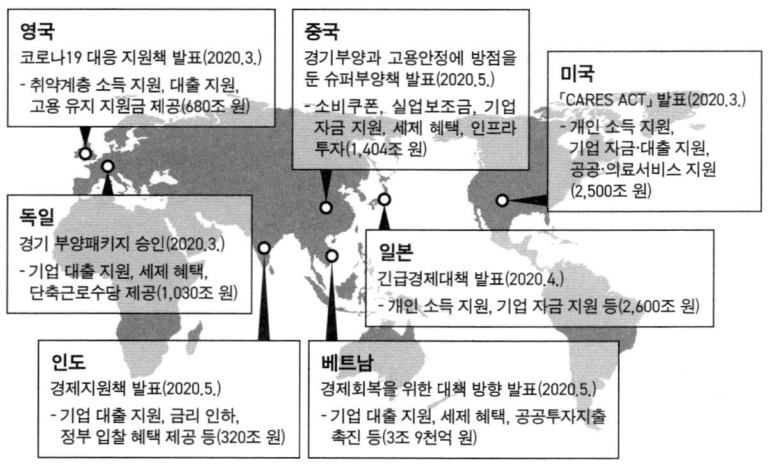

〈자료 8〉 국가별 코로나19 팬데믹 시기 재정정책

영국
코로나19 대응 지원책 발표(2020.3.)
- 취약계층 소득 지원, 대출 지원,
  고용 유지 지원금 제공(680조 원)

중국
경기부양과 고용안정에 방점을
둔 슈퍼부양책 발표(2020.5.)
- 소비쿠폰, 실업보조금, 기업
  자금 지원, 세제 혜택, 인프라
  투자(1,404조 원)

미국
「CARES ACT」 발표(2020.3.)
- 개인 소득 지원,
  기업 자금·대출 지원,
  공공·의료서비스 지원
  (2,500조 원)

독일
경기 부양패키지 승인(2020.3.)
- 기업 대출 지원, 세제 혜택,
  단축근로수당 제공(1,030조 원)

일본
긴급경제대책 발표(2020.4.)
- 개인 소득 지원, 기업 자금 지원 등(2,600조 원)

인도
경제지원책 발표(2020.5.)
- 기업 대출 지원, 금리 인하,
  정부 입찰 혜택 제공 등(320조 원)

베트남
경제회복을 위한 대책 방향 발표(2020.5.)
- 기업 대출 지원, 세제 혜택, 공공투자지출
  촉진 등(3조 9천억 원)

출처: KOTRA, KDI

차례에 걸쳐 국민들에게 현금을 지급했고, 우리나라도 재난지원금을 통해 국민들에게 현금을 제공했다. 이러한 정책은 경기침체를 완화하고, 가계와 기업의 경제적 부담을 덜어주는 데 중요한 역할을 했다.

재정정책의 핵심 원리 중 하나는 승수효과(Multiplier Effect)다. 승수효과란 정부의 지출이 경제 전반에 여러 차례 파급되어 경제성장을 촉진하는 과정을 의미한다. 예를 들어 팬데믹 시기 정부가 국민들에게 보조금을 지급하면, 가계는 그 돈을 생활필수품, 의료비, 주거비 등에 사용하게 된다. 이를 통해 기업들은 매출을 유지하고, 기업이 벌어들인 돈은 다시 임금과 투자로 이어진다. 이처럼 보조금 지급이 단순한 1차적인 효과를 넘어 경제 전반에 긍정적인 영향을 미치며 경제회복을 촉진하는 것이 바로 승수효과다.

이 승수효과는 특히 경기침체기에 더욱 강하게 작동한다. 가계와 기업 같은 민간 부문이 소비와 투자를 줄일 때 정부가 지출을 늘려 경제에 돈을 공급하면 그 돈이 경제활동을 촉진하며 여러 단계를 거쳐 순환하게 된다. 팬데믹 시기에 각국 정부가 보조금 지급을 통해 침체된 경제를 활성화하려 한 이유도 바로 이 승수효과를 극대화하기 위해서였다.

결과적으로, 이러한 확장적 재정정책은 급격한 경기침체를 막고 경제가 빠르게 회복할 수 있는 발판을 마련했다.

───── 긴축적 재정정책

반면, 경제가 과열되었을 때는 반대로 긴축적 재정정책이 사용된다. 긴축적 재정정책은 정부지출을 줄이거나 세금을 인상함으로써 총수요를 억제하는 정책이다. 경제가 너무 빠르게 성장하면서 물가가 급등하는 상황에서는 긴축적 재정정책이 필요하다. 예를 들어 인플레이션이 심화되면 정부는 지출을 줄이고 세금을 인상함으로써 가계와 기업의 소비를 억제하려 한다. 이는 과도한 수요를 억제해 물가 상승 압력을 완화하고, 경제가 지나치게 과열되지 않도록 조정하는 역할을 한다.

긴축적 재정정책은 경기침체기와 달리, 경제가 안정되거나 과열될 때 필요한 도구로서, 적절히 사용되지 않으면 경기둔화를 가져올 수 있다. 따라서 긴축적 재정정책은 세심한 판단이 필요하며, 물가와 고용 등의 다양한 경제지표를 종합적으로 고려한 후 시행되어야 한다.

재정정책에는 이처럼 경제를 부양하거나 억제하는 강력한 도구가 있지만, 그 효과에는 한계도 존재한다. 그중 하나가 바로 구축효과(Crowding-Out Effect)다. 구축효과는 정부가 대규모로 자금을 조달할 때 그 자금이 기업과 같은 민간 부문이 사용될 자금을 흡수해 민간투자가 위축되는 현상을 말한다. 예를 들어 정부가 경기부양을 위해 대규모로 채권을 발행하게 되면, 시장에서 자금이 정부로 흡수되면서 민간 기업들이 자금을 빌릴 수 있는 여력이 줄어들 수 있다. 이로 인해 대출금리가 상승하고, 기업들의 투자비용이 증가하며, 이는 결과적으로 민간 부문의 투자감소를 초래할 수 있다.

─── 통화정책

통화정책은 중앙은행이 금리와 통화량을 조절해 경제활동을 조정하는 정책 도구다. 정부가 세금과 지출을 통해 경제를 관리하는 재정정책과는 달리, 통화정책은 중앙은행이 금리와 통화 공급량을 직접적으로 조절함으로써 경제에 간접적인 영향을 미친다. 통화정책은 경제성장을 촉진하거나 억제하며, 물가와 고용을 안정시키는 핵심 역할을 한다.

중앙은행이 경제를 관리하는 방식은 크게 2가지로 나뉜다. 확장적 통화정책과 긴축적 통화정책이다. 확장적 통화정책은 경제가 침체에 빠졌을 때 경기부양을 위해 금리를 낮추고 통화량을 늘리는 정책이다. 반대로, 경제가 과열될 때는 금리를 인상하거나 통화공급을 줄여 경제성장을 억제하는 긴축적 통화정책이 사용된다.

──── 확장적 통화정책

확장적 통화정책은 금리인하와 통화량 확대를 통해 경제에 더 많은 자금을 공급하는 방식이다. 금리가 낮아지면 기업과 가계는 돈을 빌리는 비용이 줄어들어, 더 많은 자금을 대출받아 소비와 투자를 늘리게 된다. 예를 들어 기업이 낮은 금리로 자금을 빌려 새로운 사업에 투자할 수 있고, 가계는 주택을 구입하거나 신용카드 소비를 확대할 수 있다. 이는 결과적으로 경제 전반에 걸쳐 총수요를 증대시키는 역할을 한다.

팬데믹 시기에는 전 세계 중앙은행들이 확장적 통화정책을 적극적으로 사용했다. 코로나19 팬데믹으로 인해 경제가 급격히 침체되자 미국 연방준비제도(Fed), 유럽중앙은행(ECB), 한국은행 등은 일제히 금리를 거의 제로 수준까지 인하하고 대규모 유동성 공급을 통해 시장에 자금을 풀었다. 이러한 정책은 자금시장을 안정시키고, 금융시스템이 붕괴하는 것을 방지하는 동시에, 기업들이 자금을 쉽게 조달해 운영을 지속할 수 있도록 했다.

확장적 통화정책의 대표적인 사례로는 양적완화(Quantitative Easing, QE)가 있다. 양적완화는 중앙은행이 대규모로 국채 매입 등을 통해 시장에 유동성을 직접 공급하는 정책이다. 금리가 제로에 가까운 상황에서는 더 이상 금리인하만으로는 경기부양 효과를 얻기 어렵기 때문에 중앙은행은 양적완화를 통해 시중에 돈을 풀어 유동성을 확대한다.

팬데믹 시기 미국 연방준비제도는 수조 달러 규모의 국채와 모기지 채권을 매입함으로써 금융시장에 안정감을 주고, 기업들의 자금 조달을 원활하게 했다. 이는 기업과 가계의 자금 유동성을 높여 경기침체를 완화하는 데 크게 기여했다. 하지만 유동성이 과도하게 증가할 경우 장기적으로 인플레이션 압력을 가중시킬 수 있다는 점에서 양적완화의 사용은 신중해야 한다.

─────── 긴축적 통화정책

반면, 경제가 과열되고 인플레이션이 가속화되면 중앙은행은 긴축적 통화정책을 사용해 경제성장을 억제할 필요가 있다. 긴축적 통화정책은 금리인상과 통화공급 축소를 통해 경제 내 자금 흐름을 억제하는 정책이다. 금리를 인상하면 기업과 가계는 돈을 빌리는 비용이 증가하게 되고, 이는 소비와 투자를 줄이는 요인이 된다. 가령 금리가 상승하면 주택담보 대출 이자율이 올라가면서 가계는 주택구입을 미루거나 지출을 줄일 수 있다. 이는 경제 전반에서 총수요를 감소시켜 물가상승을 억제하는 효과를 낳는다.

긴축적 통화정책은 인플레이션 억제와 경제균형을 유지하는 데 중요한 역할을 한다. 인플레이션이 너무 빠르게 상승하면, 경제의 불균형을 초래하고 가계의 실질소득을 감소시킨다. 이러한 상황에서 중앙은행은 금리를 인상함으로써 물가상승 압력을 줄이고 경제를 안정시킬 수 있다.

통화정책에도 한계가 존재한다. 그중 하나가 바로 제로금리 하한선(Zero Lower Bound) 문제다. 금리가 제로에 가까워지면, 더 이상 금리를 낮추는 것만으로는 경기를 부양하기 어렵다. 팬데믹 시기에도 주요 국가들은 이미 금리가 낮았기 때문에 중앙은행들이 추가적인 금리인하 여력이 부족해졌다. 이럴 때는 금리를 조절하는 전통적인 통화정책 대신, 양적완화와 같은 수단이 필요하다.

또한 금리를 낮추는 것은 장기적으로 자산가격 버블을 초래할 위험이 있다. 금리가 지나치게 낮아지면 투자자들이 자산가격 상승에만 의존하는 투기적 성향이 강해지고, 이는 부동산이나 주식시장에서 거품을 형성할 수 있다. 이는 장기적으로 금융 불안정을 초래할 수 있는 요인이 된다.

─────── 투자자 관점에서 재정정책과 통화정책 이해하기

재정정책은 정부의 지출과 세금을 조정해 경제 전반의 총수요를 관리하는 정책이다. 확장적 재정정책이 시행되면, 정부가 대규모로 지

출을 늘리거나 세금을 낮춤으로써 경제를 부양하려 한다. 이때 투자자는 어떤 분야에 자금이 집중되는지를 주의 깊게 살펴야 한다.

예를 들어 정부가 경기부양을 위해 인프라 프로젝트에 막대한 자금을 투입한다고 발표하면, 건설업, 자재업, 기계 제조업과 같은 관련 산업에 큰 기회가 생긴다. 이러한 대규모 지출은 관련 기업들의 매출을 증가시키고, 그로 인해 주가가 상승할 가능성이 크다. 또한 세금인하 정책이 시행되면 소비가 촉진되며 소비재 관련 기업들이 혜택을 받을 수 있다. 이처럼 확장적 재정정책은 경기회복을 촉진하며, 관련 산업에 큰 투자기회를 제공한다.

반대로, 긴축적 재정정책이 시행될 때는 상황이 다르다. 정부가 지출을 줄이고, 세금을 인상해 경기를 냉각시키려 한다면, 소비와 투자활동이 둔화될 수 있다. 이는 경제 전반에 부담이 될 수 있으며, 특히 정부 지원에 의존하던 산업은 큰 타격을 받을 수 있다. 따라서 투자자는 긴축적 재정정책이 예상될 때는 관련 위험을 줄이는 전략이 필요하다. 예를 들어 소비재 기업이나 자본 집약적 기업들의 수익성이 감소할 수 있으므로 포트폴리오에서 해당 비중을 조정하는 것이 좋을 수 있다.

통화정책은 중앙은행이 금리와 통화 공급량을 조절해 경제를 관리하는 정책이다. 특히 금리변동은 금융시장에서 핵심변수로 작용한다. 확장적 통화정책이 시행되면 중앙은행은 금리를 낮추고 통화량을 늘리면서 자금을 시장에 공급한다. 이때 투자자는 금리인하로 인한 자산가격 상승 기회를 눈여겨봐야 한다.

반대로 긴축적 통화정책이 시행되던 상황은 달라진다. 중앙은행이 금리를 인상하고 통화량을 줄이면, 기업들의 자금조달 비용이 높아져 투자가 위축될 수 있다. 금리상승은 특히 채권시장에서 중요한 역할을 한다. 금리가 오르면 신규 채권의 수익률이 높아지면서, 기존 채권의 매력이 떨어지게 되고, 그 결과 채권가격이 하락할 수 있다. 금리인상은 주식시장에도 부담이 된다. 높은 금리는 기업들의 수익성을 악화시키고, 소비자들의 대출 부담을 증가시켜 소비를 감소시키기 때문이다.

이처럼 긴축적 통화정책이 시행될 때는 금리에 민감한 산업이나 자산에 대해 신중한 접근이 필요하다. 예를 들어 부동산이나 주택 시장은 금리인상기에 가장 먼저 영향을 받을 수 있는 영역이다. 금리가 오르면 주택담보대출 이자율이 올라가면서, 주택수요가 줄어들고 부동산 가격이 하락할 수 있다. 따라서 투자자는 통화정책의 변화가 예상될 때는 금리에 민감한 자산에 대한 리스크 관리가 필수적이다.

재정정책과 통화정책은 때로는 독립적으로 작동하지만, 많은 경우 서로 긴밀하게 연결되어 있다. 예를 들어 정부가 대규모로 재정지출을 확대하면, 그로 인한 인플레이션 압력을 억제하기 위해 중앙은행은 금리를 인상하는 긴축적 통화정책을 시행할 수 있다. 이처럼 두 정책이 서로 상호작용하면서 시장에 미치는 영향은 더욱 복합적이 된다.

재정정책과 통화정책은 경제와 금융 시장에서 거대한 변화를 일으키는 힘이다. 투자자는 이러한 복합적인 정책 환경을 이해하고, 정책 변화에 민감하게 대응할 필요가 있다. 정부의 지출이 특정 산업에 유리하게 작용하더라도, 금리상승으로 자본비용이 증가하면 해당 기업의 주가는 기대만큼 상승하지 않을 수 있다. 반대로, 통화정책이 완화되더라도 재정정책이 긴축적인 방향으로 가면, 소비와 투자 활동이 둔화될 수 있다. 이처럼 두 정책이 동시에 작동할 때는 균형 잡힌 투자전략이 중요하다.

3장

금융경제를 모르고 투자를 알 수는 없다: 금융경제

금융기관과 신용창조의 메커니즘:
돈은 어떻게 만들어지는가?

매일 우리는 '돈'이라는 단어를 수도 없이 듣는다. 지갑 속의 지폐, 은행 앱에 찍힌 숫자, 커피 한 잔을 사기 위해 사용하는 모바일 결제까지, 돈은 우리 삶에서 마치 공기나 와이파이처럼 없어서는 안 될 필수요소다. 그런데 잠시 생각해보자. 이 '돈'은 정말 단순히 종이 조각이나 화면에 찍힌 숫자에 불과한 걸까? 많은 사람들은 은행을 단순히 돈을 보관하고 찾아가는 곳으로 생각하지만, 사실 은행은 우리가 흔히 생각하는 것보다 훨씬 더 다양한 역할을 한다. 단순히 돈을 '보관'하는 것이 아니라 새로운 돈을 '창조'하는 일을 하고 있다. 그렇다면 은행은 어떻게 돈을 만들어내는 걸까?

지금부터는 은행과 금융기관이 어떻게 신용창조의 메커니즘을 통해 경제에 유동성을 공급하는지 알아보고, 이 과정이 투자자들에게 어떤 의미를 가지는지 살펴보자. 이 내용을 이해하면, 은행의 역할과 금융 시스템의 작동 방식에 대해 새로운 통찰을 얻을 수 있을 것이다.

——— 은행의 마술: 신용창조의 메커니즘

은행의 핵심 역할 중 하나는 예금 받은 돈을 대출해주는 과정에서 새로운 신용을 만들어내는 데 있다. 쉽게 말해, 은행은 돈을 '복사'하는 것이 아니라 '생성'하고 있는 것이다. 이를 신용창조(Credit Creation)라고 부른다.

예를 들어보자. 고객 A가 은행에 1천만 원을 예금했다고 가정해보자. 은행은 이 돈을 금고 깊숙이 숨겨두고 잊어버리는 것이 아니다. 대신 그중 일부만 준비금으로 남겨두고(예를 들어 10%인 100만 원), 나머지 900만 원은 고객 B에게 대출해준다. 고객 B는 그 돈으로 자동차를 사거나, 사업을 시작하거나, 어쩌면 비트코인에 투자할지도 모른다. 어쨌든 그 돈은 시장에 풀리게 되고, 결국 다른 사람의 예금으로 다시 은행에 들어오게 된다. 그러면 은행은 그 예금을 바탕으로 또 다른 대출을 해준다.

이렇게 반복되면서 돈의 양은 눈덩이처럼 불어난다. 마치 한 조각의 피자를 계속 나눠 먹는데, 피자가 줄어들기는커녕 더 커지는 마법 같은 일이다.

은행이 실제로 보유하고 있는 돈보다 더 많은 금액을 유통시키는 것은 생소하게 들릴 수 있다. 하지만 이로 인해 경제 전반에 유동성이 공급되며, 이는 기업이 투자할 자금을 확보하거나 소비자들이 소비할 수 있는 자금을 마련하는 데 큰 역할을 한다.

─────── **신용승수와 통화승수: 돈은 어떻게 불어나는가?**

신용창조의 비밀 레시피에는 2가지 핵심 재료가 있다. 신용승수 (Credit Multiplier)와 통화승수(Money Multiplier)다. 이 2가지는 어떻게 작은 예금이 거대한 경제 파도를 일으키는지 보여주는 중요한 개념이다. 작은 돌멩이를 호수에 던졌는데 거대한 파도가 일어나는 것과 비슷하다.

먼저 신용승수를 살펴보자.

$$신용승수 = \frac{1}{준비율}$$

도입부의 예시를 이어가보자. 만약 은행의 준비율이 10%라고 하면, 고객 A의 예금 1천만 원 중 900만 원을 고객 B에게 대출해주고 100만 원을 예비로 남겨놓는다. 이 경우 신용승수는 10이 된다. 대출받은 고객 B가 다시 그 돈을 은행에 넣으면, 은행은 다시 그중 10%인 90만 원만 준비금으로 남기고 810만 원을 대출할 수 있다. 이런 방식으로 돈이 계속 회전하게 되고, 신용의 총액은 최초 예금액보다 늘어나게 된다.

통화승수(Money Multiplier)라는 개념은 신용승수와 깊이 연결되어 있으며, 경제에서 돈이 어떻게 만들어지고 흐르는지 이해하는 데 핵심적인 역할을 한다. 통화승수는 중앙은행이 공급한 기본 통화가 어떻게 경제 전체에서 더 많은 총 통화량을 만들어내는지를 보여주는 개념이다.

신용승수는 은행이 예금을 바탕으로 대출을 통해 신용을 창출하는 과정을 설명하는 반면, 통화승수는 이러한 신용창조가 경제 전체의 통화량에 어떤 영향을 미치는지를 보여준다. 예를 들어 은행의 준비율이 10%라고 가정해보자. 이 경우 신용승수는 10이 되고, 고객 A가 처음에 예금한 1천만 원은 여러 번의 대출과정을 거치면서 최종적으로 1억 원 수준의 통화량을 만들어낼 수 있게 된다.

쉽게 말해, 신용승수는 은행 시스템 내부에서 돈이 어떻게 불어나고 유통되는지를 보여주는 지표라면, 통화승수는 이러한 과정이 경제 전체의 돈의 흐름에 어떤 파급효과를 가져오는지 나타내는 것이다. 결국 신용승수와 통화승수는 함께 작용하며 경제에 유동성을 공급하고, 기업의 투자와 소비자들의 소비를 촉진하는 데 핵심적인 역할을 한다. 이 2가지 개념을 이해하는 것은 금융기관이 어떻게 경제에 돈을 만들어내고, 시장에 활력을 불어넣는지 파악하는 데 필수적이다.

─────── 신용승수의 증가와 가계부채의 그림자

신용승수가 높아지면 은행은 더 많은 대출을 실행할 수 있고, 시중에는 돈이 넘쳐나게 된다. 소비자들은 마치 '쇼핑 천국'에 온 것처럼

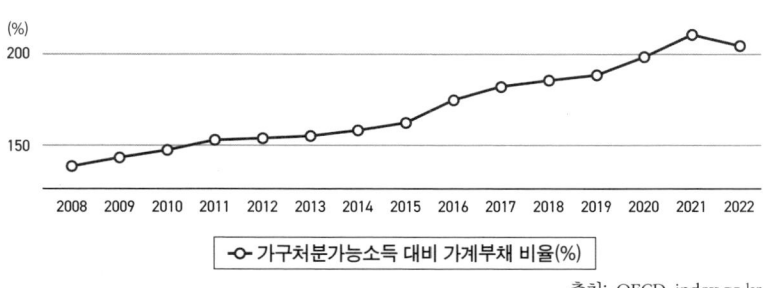

〈자료 1〉 한국의 소득 대비 가계부채 비율

출처: OECD, index.go.kr

대출을 받아 집도 사고 차도 사고, 최신 스마트폰도 할부로 지른다. 하지만 문제는 이러한 대출이 가계부채를 눈덩이처럼 불어나게 만든다는 점이다. 가계는 주택구입, 자동차 구매, 교육비 등 다양한 목적으로 대출을 받게 되고, 이로 인해 전체 가계부채가 증가한다.

한국 가계의 소득 대비 가계부채 비율은 2008년 138.5%에서 2022년 203.7%로 꾸준히 상승해왔다. 이는 가계의 소득 중 상당 부분이 부채를 갚는 데 쓰이고 있다는 의미다. 즉 열심히 번 돈의 상당 부분이 빚 갚는 데 빠져나가고 있다는 것이다. 특히 2022년 기준 한국은 OECD 주요 국가들 중에서도 소득 대비 가계부채 비율이 높은 편에 속한다. 스페인(96.2%), 프랑스(126.1%), 영국(146.2%) 등은 150%를 넘지 않는다는 점을 고려하면, 특히 한국은 OECD 주요 국가 중에서도 부채비율이 높은 편인데, 이는 우리가 '빚의 춤'을 추고 있다는 신호일 수 있다.

이렇게 가계부채가 증가하면 단기적으로는 소비가 늘어나고 경제가 활기를 띠지만, 장기적으로는 부채상환 부담이 커지게 된다. 만약 금리가 인상되거나 경제상황이 악화되면, 가계는 대출상환에 어려움을 겪게 되고 이는 소비위축으로 이어져 경제 전반에 부정적인 영향을 미치게 된다.

——— 투자자에게 주는 시사점: 파티의 끝을 준비하라

투자자 입장에서 신용승수가 높아지고 가계부채가 늘어나는 것은 마치 눈앞에 돈다발이 쌓여 있는 축제 현장과 같다. 투자할 돈이 넘쳐나니 어디에 투자해도 돈이 될 것 같은 기분이 든다. 하지만 동시에 이 축제가 끝나면 청구서가 날아올지도 모른다는 점을 잊지 말아야 한다.

금리가 낮을 때는 부채를 활용해 이익을 내기 쉽다. 마치 백화점 세일 기간에 카드로 이것저것 사들이는 것처럼 말이다. 하지만 금리 인상기가 찾아오면 상황은 반전된다. 이제는 매달 카드값 갚느라 허덕이고, 소비는 줄어들고, 기업의 실적도 부진해진다. 주식시장도 덩달아 흔들리니 투자자들은 좌불안석이다. 그러므로 금리변동이 가져올 파장을 이해하는 것은 투자자의 필수 생존기술이다.

신용승수가 늘어나면 경제는 활기를 띤다. 하지만 그 뒤에 숨겨진 부채의 그림자를 놓쳐선 안 된다. 돈을 빌릴 때는 마치 파티에 초대받은 것처럼 신나지만, 파티가 끝나면 치워야 할 설거지가 남기 마련이다. 그러므로 신용승수가 지나치게 커진다면 이 파티가 언제 끝날지, 그리고 그 후폭풍은 어떨지를 항상 염두에 두어야 한다.

진정한 투자자는 이 사이클을 꿰뚫어보고, 신용의 팽창과 수축을 예측하는 능력을 가져야 한다. 그래야 변동성 가득한 시장에서 살아남고, 남들이 파티 후유증에 시달릴 때 홀로 미소 지을 수 있을 것이다.

금융시장의 구조와 기능:
돈의 무대 뒤에서 벌어지는 이야기

금융시장은 마치 거대한 연극 무대와도 같다. 여기서 수많은 주인공과 조연이 등장하고 퇴장하며, 각자의 역할을 수행하면서 '돈'이라는 거대한 흐름을 만들어낸다. 그런데 이 무대가 어떻게 구성되어 있고, 어떤 규칙에 따라 움직이는지 제대로 이해하지 못하면, 그 흐름에 휩쓸려 어디로 가는지도 모르게 될 수 있다.

여기서는 금융시장의 구조와 기능을 살펴보고, 투자자가 이 무대에서 어떻게 춤추는지 파악할 수 있도록 안내하고자 한다.

＿＿＿＿ 금융시장의 주요 구성 요소:
각기 다른 무대의 조명 아래에서

금융시장은 크게 자금시장, 자본시장, 외환시장, 그리고 파생상품시장이라는 4가지 무대로 이루어져 있다. 각 무대는 서로 다른 스토리와 역할을 수행하지만, 모두가 '돈'이라는 주제를 중심으로 긴밀하게 연결되어 있다.

먼저, 자금시장(Money Market)은 주로 단기적으로 돈이 오가는 곳으로, 기업과 금융기관이 일시적으로 필요한 자금을 조달하거나 운용하는 무대다. 여기에서는 만기가 1년 이내인 단기 금융상품들이 거래되는데, 대표적인 예로 기업어음(CP)이나 양도성예금증서(CD)가 있다. 자금시장은 경제에 유동성을 공급하고 금리를 조절하는 데 중요한 역할을 한다.

반면, 자본시장(Capital Market)은 좀 더 장기적인 자금의 조달과 투자가 이루어지는 곳이다. 이 무대에서는 주식과 채권이 주인공으로 활약한다. 기업들은 자본시장을 통해 미래의 성장을 위한 자금을 조달하고, 투자자들은 이를 통해 장기적인 수익을 추구한다. 주식시장은 기업의 미래가치와 성장 가능성을 반영하며, 채권시장은 안정적인 이자수익을 제공한다는 점에서 자본시장은 투자자들에게 '미래를 살 수 있는' 무대라 할 수 있다.

그리고 외환시장(Foreign Exchange Market)은 나라 간의 통화가 거래되는 국제적인 무대다. 이곳에서는 환율이라는 조명을 통해 달러, 유로, 엔화와 같은 통화들이 서로의 가치를 교환한다. 외환시장은 세계 경제의 흐름과 무역 동향을 반영하는데, 특히 해외투자나 수출입 기업에 투자하는 투자자에게는 이 시장의 움직임을 파악하는 것이 매우 중요하다.

마지막으로, 파생상품시장(Derivative Market)은 다양한 자산의 가격변동에 따른 위험을 관리하거나 수익을 창출하는 무대다. 선물, 옵션, 스왑 같은 파생상품들이 이곳에서 거래되며, 이 시장은 그 자체로 복잡하고 변동성이 크지만, 잘 활용하면 투자 리스크를 관리하고 수익을 극대화할 수 있는 기회를 제공한다.

결국 이 4가지 금융시장은 각기 다른 특징과 역할을 가지고 있지만, 모두가 돈이라는 큰 흐름 속에서 유기적으로 움직이고 있다. 투자자 입장에서 금융시장을 이해하는 것은 이 다양한 무대 위에서 벌어지는 이야기들을 하나로 통합해보는 능력을 기르는 것과 같다.

_____ 금융시장의 기능: 돈의 흐름을 조정하는 지휘자

금융시장은 경제 전체에서 자금의 흐름을 조절하고, 가격을 결정하며, 위험을 분산하는 핵심적인 역할을 수행한다. 이 3가지 기능은 마치 금융시장이 경제의 지휘자처럼 돈이 필요한 곳에 자금을 공급하고, 자산의 가치를 평가하며, 투자자들이 위험을 관리할 수 있도록 돕는 역할을 한다.

먼저, 금융시장은 자금조달과 배분의 장이다. 기업이나 개인이 자금이 필요할 때 금융시장은 이들을 자금 공급자와 연결해준다. 예를 들어 기업이 새로운 사업에 투자하기 위해 자금을 필요로 할 때 금융시장은 이들이 주식이나 채권을 발행해 사모펀드 같은 투자자들로부터 자금을 조달할 수 있도록 돕는다. 이는 곧 금융시장이 경제의 피를 돌게 하는 혈관 역할을 한다는 의미다. 이를 통해 돈이 필요한 곳에 효율적으로 이동해 경제 전반에 활력을 불어넣는다.

두 번째로, 금융시장은 가격을 발견하는 기능을 수행한다. 수많은 투자자들이 금융시장에 참여하면서, 수요와 공급의 힘에 의해 주식, 채권, 통화, 파생상품 등의 가격이 결정된다. 이처럼 금융시장은 자산의 가치를 평가하고, 그에 따른 가격을 결정하는 '돈의 경매장' 역할을 한다. 이를 통해 투자자들은 자산의 가치를 판단하고, 합리적인 투자 의사결정을 내릴 수 있다.

마지막으로, 금융시장은 위험을 분산하는 공간이다. 투자자들은 금융시장을 통해 다양한 자산에 투자함으로써 자신의 자산을 분산하고, 위험을 관리할 수 있다. 예를 들어 주식시장의 변동성에 대비해 채권에 투자하거나, 파생상품을 활용해 가격변동에 따른 위험을 방어하는 등의 전략을 펼칠 수 있다. 이러한 위험분산 기능 덕분에 금융시장은 투자자들이 더 안전하고 효율적으로 자산을 운용할 수 있는 환경을 제공한다.

결국 금융시장은 자금조달과 배분, 가격결정, 위험분산이라는 3가지 핵심 기능을 통해 경제를 움직이는 중요한 지휘자로서의 역할을 수행한다. 이 기능을 제대로 이해하는 것은 투자자에게 있어 시장의 흐름을 파악하고, 더 현명한 투자결정을 내리는 데 필수적인 요소다.

——— 투자자 관점에서 금융시장의 구조와 기능의 이해

투자자가 금융시장에서 성공하려면 이 무대에서 벌어지는 일들을 제대로 파악할 수 있어야 한다. 즉 무대를 장악하는 방법을 알아가는 것이다. 처음 쉽게 접근할 수 있는 주식시장만 바라보는 것이 아니라 직접 투자를 하지 않더라도 채권시장과 외환시장의 움직임을 읽고, 그 흐름이 전체 시장에 어떻게 영향을 미치는지 연결하는 큰 그림을 그릴 줄 아는 안목을 기르는 것이 핵심이다.

금융시장은 각 자산들이 저마다의 역할을 맡고 무대 위에서 함께 연기하는 배우들처럼 다양한 요소들이 상호작용하며 움직인다. 어떤 자산이 주목받고, 어떤 자산이 배경으로 물러나고 있는지 파악하는 건 투자자에게 가장 중요한 분석력이다. 따라서 이 무대의 구조와 기능을 제대로 이해한다면, 언제 빛나는 스타 자산을 잡아야 할지, 언제 그 무대에서 조용히 퇴장해야 할지를 판단할 수 있게 된다.

특히 금융시장은 언제나 변동성이 존재하고, 시장의 흐름은 갑작스럽게 바뀌곤 한다. 이때 중요한 것은 단순히 정보를 추종하는 것이 아니라 무대 뒤에 숨겨진 이야기와 흐름을 파악하는 능력이다. 이 능력을 갖추게 되면 당신은 단순히 관객이 아닌, 이 무대 위에서 주인공처럼 움직일 수 있는 투자자가 될 것이다. 금융시장의 구조와 기능을 이해하는 것은 무대의 관람객이 아닌, 그 무대를 지배하는 현명한 투자자로 스포트라이트를 받을 준비를 마친 것이다.

환율과 국제금융시장:
세계 경제의 언어를 읽는 법

'환율이 올랐다' '환율이 하락했다'라는 말을 우리는 매일같이 뉴스에서 듣는다. 하지만 이 숫자가 실제로 어떤 의미를 지니는지, 그리고 우리의 투자에 어떻게 영향을 미치는지 정확히 이해하는 투자자는 많지 않다. 환율은 단순히 한 나라의 화폐가 다른 나라의 화폐로 교환되는 비율이 아니라 세계 경제의 언어이자 돈의 흐름을 나타내는 지표다.

환율을 제대로 이해하면 글로벌 경제의 흐름을 읽어내고, 이를 통해 새로운 투자기회를 포착할 수 있다. 지금부터 환율이 어떻게 결정되고 변동하며, 국제금융시장에서 어떻게 작동하는지 심도 있게 살펴보자.

환율의 본질과 결정요인: 국가 간 돈의 가치가 결정되는 방식

환율은 한 나라의 화폐가 다른 나라의 화폐와 교환될 때의 비율로, 국가 간 경제력의 상대적 차이를 보여주는 일종의 거울이라 할 수 있다. 쉽게 말해, 1달러를 얻기 위해 얼마나 많은 원화를 내야 하는지, 혹은 1유로를 얻기 위해 얼마나 많은 달러를 내야 하는지를 나타내는 지표가 바로 환율이다. 하지만 이 단순한 숫자 뒤에는 복잡한 경제적 요인들이 얽혀 있으며, 그 변화는 세계 경제에 파급력을 미친다.

환율은 수요와 공급의 원리에 따라 결정된다. 만약 해외에서 한국의 반도체나 자동차에 대한 수요가 높아져 수출이 증가하면, 해외에서 원화를 사려는 움직임이 커지면서 원화에 대한 수요가 상승한다. 이렇게 원화에 대한 수요가 높아지면 원화 가치가 올라가고, 환율은 하락하게 된다. 반대로, 한국에서 수입품을 많이 사들이게 되면 원화를 팔고 외화를 사야 하기 때문에 원화 가치가 떨어지고, 환율은 상승하는 식이다.

금리 차이도 환율 변동에 큰 영향을 미친다. 예를 들어 한국의 금리가 미국보다 높아진다면 외국인 투자자들이 더 높은 수익을 얻기 위해 한국에 투자하려는 움직임이 커지게 되고, 이에 따라 원화의 수요가 증가하면서 원화 가치가 상승한다. 반대로, 금리가 낮아지면 해당 통화에 대한 매력도가 떨어져 그 통화의 가치가 하락하는 결과를 가져온다.

더불어 경제지표와 정치적 요인도 환율의 중요한 결정 요인이다. 한 국가의 GDP 성장률, 인플레이션, 실업률 같은 거시경제 지표는 그 나라의 경제 건전성을 나타내기 때문에 해당 국가의 통화 가치에도 영향을 준다. 예를 들어 한국의 경제성장률이 높아진다면 이는 한국의 경제가 건강하고 활발하다는 신호로 받아들여져 원화 가치가 상승할 가능성이 크다. 하지만 정치적 불안정성, 선거 결과, 혹은 국제 분쟁과 같은 변수는 투자자들의 불안감을 키우고 안전자산으로의 자금 이동을 촉진시켜 통화의 가치에 큰 변동을 일으킬 수 있다.

결국 환율은 단순히 두 나라의 화폐가 맞바뀌는 비율이 아니라, 수요와 공급의 힘, 금리의 매력도, 경제상황, 그리고 정치적 변수들이 얽혀 만들어지는 복잡한 결과물이다. 투자자 입장에서 환율은 국내외 경제의 힘과 방향을 보여주는 중요한 신호이기 때문에, 이를 이해하고 분석하는 것은 글로벌 투자에 있어 필수적인 능력이다. 환율을 단순한 숫자가 아닌 세계 경제를 읽는 언어로 바라볼 때, 비로소 진정한 투자자로서의 안목을 키울 수 있을 것이다.

환율을 움직이는 숨은 힘: 달러의 춤사위에 따른 세계 경제의 리듬

환율 변동은 여러 지표에 의해 좌우되며, 그중에서도 미국 달러의 움직임은 세계 경제에 가장 큰 영향을 미친다. 미국은 세계 경제에

〈자료 2〉 명목 달러 인덱스 추이

— 명목 달러 인덱스

출처: fred

서 '기축통화국'으로서 달러의 역할이 중요하므로 미국 달러의 환율 변동은 다른 통화의 움직임을 예측하는 거대한 나침반과도 같다.

먼저, 세계 경제가 불안정해지거나 금융위기가 발생하면 투자자들은 마치 폭풍우가 몰아치는 바다에서 구명보트를 찾듯이 안전한 자산을 찾아 나선다. 이때 가장 선호되는 구명보트가 바로 미국 달러다.

위 그래프는 2006년 인덱스를 100으로 잡고, 이를 기준으로 달러 인덱스의 변화를 보여준다. 달러 인덱스는 2008년 금융위기와 2020년 팬데믹 시기에 음영으로 표시된 부분에서 크게 변동했는데, 이는 경제적 불확실성이 높아진 시기에 달러 가치가 급등했음을 나타낸다. 특히 금융위기와 팬데믹 시기에 달러는 안전자산으로서 투자자들에게 영원한 1등석 같은 안정감을 선사했을 것이다.

투자자 입장에서는 이런 안전자산 선호 현상이 나타날 때 환율 변

1부 투자자를 위한 경제 개념

동에 눈을 크게 떠야 한다. 달러 가치가 상승하면 미국 주식 투자자에게는 '달콤한 소식'일 수 있지만, 해외에 달러 부채를 가진 기업이나 개인에게는 '쓴맛'을 안겨주는 뉴스일지도 모른다.

경상수지 역시 환율 변동에 중요한 영향을 미치는 지표다. 한 나라의 경상수지는 해외와의 무역, 서비스 거래, 투자 수익 등을 통해 벌어들이거나 지출한 돈의 총합을 보여준다. 쉽게 말해, 돈을 얼마나 벌고, 얼마나 썼는지를 나타내는 국가 차원의 가계부 같은 것이다.

경상수지가 흑자라는 건 수출이 수입보다 많아 돈을 많이 벌고 있다는 뜻이니 해당 통화에 대한 수요가 증가해 가치가 상승한다. 예를 들어 한국이 세계로 반도체를 수출해 돈을 벌면 원화 수요가 늘어나 원화 가치가 오르는 것이다. 반대로, 경상수지가 적자라면 수입이 더 많아 돈을 지출하고 있다는 의미로, 그 나라의 통화 가치가 떨어지게 된다. 다만, 미국처럼 '기축통화의 왕좌'에 앉아 있는 경우에는 경상수지 적자가 있어도 달러 수요가 여전히 많기 때문에 통화 가치가 크게 흔들리지 않는다.

환율에 영향을 미치는 다른 지표들도 투자자라면 꼭 알아둬야 한다. 물가상승률(Inflation Rate)이 높아지면 통화의 구매력이 떨어져 환율이 오르는 경향이 있다. 마치 돈의 가치가 점점 다이어트중인 체중처럼 빠져나가버리는 것과 같다. 이럴 때 투자자들은 인플레이션에 대비해 어떤 자산을 선택해야 할지 진지하게 고민해야 한다.

금리는 환율의 흐름을 결정하는 또 하나의 중요한 요인이다. 금리가 오르면 해당 통화의 매력이 상승해 투자자들이 몰려들지만, 금리가 내려가면 투자자들은 다른 곳으로 옮겨간다. 그래서 각국의 금리 변동은 환율에 직접적인 영향을 미치며, 투자자들은 이를 주시하며 투자전략을 세워야 한다.

또한 외환보유액은 한 나라가 외환시장에서 통화가치를 안정적으로 유지할 수 있는 능력을 보여준다. 마치 우리에게는 비상금 통장 같은 존재인 셈이다. 이 통장이 두둑하면 국가 경제도 믿음직스러워 보이고, 그 통화의 가치도 안정적으로 유지되는 경향이 있다.

마지막으로 경제성장률도 환율에 큰 영향을 미친다. 한 나라의 경제가 빠르게 성장하면 그 통화에 대한 수요도 늘어나면서 가치가 상승한다. 성장률이 높은 나라의 자산에 투자할 때는 이 성장률이 환율에 어떻게 영향을 미칠지 고려하는 것이 중요하다.

결국 외환시장은 단순한 숫자가 아니라 국가 간 경제력, 정책, 심리, 그리고 글로벌 이슈가 어우러진 역동적인 무대인 것이다. 이 무대의 흐름을 정확히 파악하고 움직일 수 있는 투자자만이 세계 시장에서 진정한 플레이어로 거듭날 수 있다.

──── 국제금융시장: 돈이 움직이는 거대한 무대

환율은 국제금융시장에서 거래되는 수많은 통화의 가치로 결정된다. 여기서 투자자들은 각국 통화의 매매를 통해 수익을 추구하며, 국제금융시장은 단순히 통화만 거래되는 곳이 아니라, 채권, 주식, 파생상품 등이 모두 뒤섞여 흐르는 거대한 무대다.

이 중 외환시장(Foreign Exchange Market)은 일일 거래량이 수조 달러에 달하는 세계에서 가장 큰 시장으로, 각국의 통화가 끊임없이 교환되며 환율이 결정된다. 투자자들은 환율 변동을 예측하고 통화를 사고파는 과정에서 수익을 얻으며, 기업들은 수출입 거래에서 발생하는 환율 변동 위험을 헤지하기 위해 이 시장을 활용한다.

국제 채권시장은 국가나 기업이 자금을 조달하기 위해 발행하는 채권들이 거래되는 곳으로, 다양한 통화로 발행된 채권들이 서로 경쟁하는 무대다. 미국 국채는 가장 안전한 자산으로 여겨지며 전 세계 투자자들에게 인기가 높다. 이 시장에서 투자자들은 금리 변동과 환율 변화를 고려해 투자 결정을 내리는데, 예를 들어 미국 금리가 인상되면 미국 채권의 매력이 높아지고, 달러 가치가 상승하는 현상이 나타난다.

유로달러 시장(Eurodollar Market)은 미국 밖에서 거래되는 달러 예금으로 이루어진 시장으로, 글로벌 자금 조달과 운용에 핵심적인 역할을 한다. 이 시장을 통해 유럽 은행이 미국 기업에 대출하거나 각국 정부와 기업이 자금을 조달하는 등 달러 유동성이 확대된다.

국제금융시장은 다양한 통화와 자산이 얽혀 있어 복잡한 구조를 이루고 있지만, 이를 제대로 이해하면 투자 기회를 발견할 수 있는 무한한 가능성을 제공한다. 특히 환율과 국제금융시장의 움직임을 잘 파악하는 투자자는 해외 자산의 수익률과 리스크를 효과적으로 관리하게 되며 더 현명한 투자를 이끌어낼 수 있다.

———— 투자자 입장에서 환율과 국제금융시장 이해하기

투자자에게 환율은 단순한 숫자가 아니라, 글로벌 자산에 투자할 때 수익률을 좌우하는 핵심 요소다. 환율의 변동은 국내외 자산의 가치에 직접적인 영향을 미친다. 예를 들어 해외 주식이나 채권에 투자할 때, 미국 주식이 올랐더라도 원화 대비 달러 환율이 하락하면 실제로 원화 기준 수익률은 예상보다 낮아질 수 있다. 반대로, 달러가 강세를 보이면 해외 투자 수익률을 높일 수 있는 기회가 된다.

또한 환율은 기업의 수익성에도 직접적인 영향을 준다. 수출 중심 기업들은 원화가치가 하락할 때 해외에서 더 많은 수익을 올릴 수 있지만, 수입 중심 기업들은 환율 상승으로 원자재 비용이 늘어나면서 수익성이 악화될 수 있다.

결국, 현명한 투자자는 환율 변동의 트렌드와 주요 지표에 대한 이해를 바탕으로 글로벌 시장에서 새로운 기회를 찾아내야 한다. 환율은 그저 경제 지표가 아닌, 세계 경제를 움직이는 핵심 동력임을 항상 염두에 두어야 한다.

금융시스템과 규제:
시장을 지키는 보이지 않는 손

금융시장은 자본이 필요한 곳에 자금을 연결해주고, 투자 기회를 제공하는 역할을 맡고 있다. 그야말로 경제의 혈액순환 시스템인 셈이다. 그런데 생각해보자. 이 혈액순환이 너무 빨라지면 혹은 막혀버리면 어떻게 될까? 우리 몸에 문제가 생기듯, 금융시스템도 위험에 처하게 된다. 2008년 금융위기는 이런 상황의 대표적인 예다.

당시 은행들은 서브프라임 모기지(신용도가 낮은 대출자들에게 제공된 주택담보대출)를 담보로 만든 복잡한 금융상품들을 대량 판매했고, 이를 통해 엄청난 수익을 올리며 위험관리를 잘 하지 않았다. 결국, 부실한 대출이 연체되기 시작하면서 연쇄적으로 이 상품들의 가치가 폭락했고, 대형 금융기관들이 줄줄이 무너지며 세계 경제를 흔드는 대참사가 벌어진 것이다. 바로 이런 상황이 발생하지 않도록 하기 위해서 금융시스템에는 규제라는 안전벨트가 반드시 필요하다.

──── 금융 규제의 역할: 왜 안전장치가 필요할까?

금융 규제의 첫 번째 역할은 투자자 보호다. 금융기관들이 과도한 리스크를 감수하거나, 투자자들을 호도하는 일이 발생하지 않도록 지켜보는 역할을 한다. 마치 파티에서 친구들이 적당한 음주를 하는지 감시하는 '현명한 바텐더' 같이 볼 수도 있겠다. 두 번째 역할은 시스템 리스크 방지다. 하나의 은행이 무너졌을 때 그 충격이 다른 은행들로 번져 도미노처럼 금융시스템 전체가 무너지는 사태를 막아야 한다. 마지막으로, 금융시장의 안정성을 유지하는 것인데, 이는 곧 우리 경제 전체가 건강하게 유지되도록 돕는 보험 역할을 한다고 보면 된다.

이 법은 자본시장에서의 금융혁신과 공정한 경쟁을 촉진하고 **투자자를 보호**하며 **금융투자업을 건전하게 육성함**으로써 자본시장의 공정성·신뢰성 및 효율성을 높여 국민경제의 발전에 이바지함을 목적으로 한다.

자본시장과 금융투자업에 관한 법률 제1조 목적

──── 금융시장의 안전망을 책임지는 주요 규제 기관들

금융시장은 그 자체로 복잡하고 역동적인 환경이다. 다양한 참여자들이 끊임없이 움직이며 이익을 추구하는 과정에서, 때로는 불필요한 위험을 감수하거나 시장의 안정성을 위협하는 일도 생겨난다. 이처럼 금융시장이 혼란에 빠지지 않도록 균형을 잡고 질서를 유지하는 기관들이 바로 금융 규제 기관이다.

이 기관들은 금융시장이 건전하고 투명하게 운영될 수 있도록 관리하고 때로는 직접적인 규제를 통해, 때로는 간접적인 영향력으로 시장의 안전을 보장한다. 이제 금융시장의 안전망을 책임지고 있는 주요 기관들을 살펴보자.

금융감독원(Financial Supervisory Service, FSS)

금융감독원은 우리나라에서 직접적인 금융 규제를 담당하는 대표적인 기관이다. 은행, 증권사, 보험사 등 다양한 금융기관을 대상으로 감독과 검사를 수행하며, 불법적인 행위를 감시하고 금융시장의 건전성을 유지한다. 이를 통해 금융기관들이 위험한 행동을 하지 않도록 엄격한 관리와 감독을 수행한다.

한국은행(Bank of Korea)

한국은행은 중앙은행으로서 금융시장의 안정과 유동성 관리를 담당한다. 비록 직접적인 규제를 행사하지는 않지만, 금리 조절, 우리가 앞서 살펴봤던 지급준비율 설정, 유동성 공급 등을 통해 금융시장에 간접적으로 영향을 미친다. 위기 상황에서는 '최종 대부자'로서 시장의 충격을 완화하고 금융 시스템의 안전망을 구축하는 핵심적인 역할을 한다. 다시 말해 한국은행은 직접적인 규제기관은 아니지만,

금융시장의 안정성을 유지하는 데 간접적인 규제기관의 역할을 수행한다.

공정거래위원회(Fair Trade Commission)

공정거래위원회는 주로 시장의 공정한 경쟁을 촉진하고 유지하는 역할을 수행한다. 특히 금융기관 간의 독과점 행위나 불공정 거래를 감시하고 규제함으로써, 금융시장에서 투명하고 공정한 경쟁 환경을 조성한다. 직접적으로 금융기관을 규제하진 않지만, 금융시장의 공정성을 지켜내는 데 있어 간접적인 규제기관으로서 중요한 기능을 한다.

각 기관의 역할을 정리해보면, 금융감독원은 직접적인 규제기관으로서 금융시장의 건전성을 확보하고, 한국은행과 공정거래위원회는 금융시장의 안정성과 공정성을 유지하는 데 간접적인 영향력을 행사하고 있다. 세 기관은 각자의 방식으로 금융시장에 질서와 안정을 부여하며, 투자자들이 안심하고 참여할 수 있는 환경을 만들어주고 있는 것이다.

_____ 금융 규제의 핵심 정책들: 시장을 안정시키는 안전장치들

금융시장이 안정적으로 운영되도록 하기 위해 다양한 금융 규제 정책들이 존재한다. 이 규제들은 마치 안전벨트처럼 금융기관들이 지나치게 속도를 내거나 위험한 방향으로 가지 않도록 잡아주고, 전체 시스템이 무너지는 걸 막는 역할을 한다.

먼저, 자본 적정성 규제(Basel III)를 살펴보자. 이 규제는 국제결제은행(BIS)이 제정한 것으로, 은행들이 충분한 자본을 쌓아두도록 요구하는 제도다. 쉽게 말해, '혹시 비가 올지 모르니 우산을 챙겨 가라'는 얘기다. 은행들이 갑작스러운 시장 충격에도 견딜 수 있게 최소한의 자본을 준비하게 함으로써 안정성을 확보하려는 것이다. 사실 이 규제는 2008년 금융위기 이후에 더 강화되었는데, 당시 은행들이 자본을 너무 적게 쌓아둔 탓에 위기가 터지자마자 도미노처럼 무너졌던 것이 큰 교훈이 되었다. 그래서 지금은 각 은행들이 자본을 충분히 쌓아두도록 엄격히 관리되고 있어, 금융시스템이 조금 더 튼튼해졌다고 할 수 있다.

다음으로 예금자 보호 제도를 알아보자. 은행이 갑자기 문을 닫으면, 그동안 열심히 모은 내 예금은 어떻게 될까? 이런 상황을 대비해 만들어진 제도가 바로 예금자 보호 제도다. 이 제도는 마치 '은행이 갑자기 망해도 여러분의 돈은 안전합니다!'라고 안심시켜주는 보호망과도 같다. 우리나라에서는 예금보험공사(KDIC)가 이 역할을 맡고 있는데, 예금자들은 은행이 파산하더라도 최대 5천만 원까지는 보장받을 수 있다. 이를 통해 예금자들의 불안감을 덜어주고, 금융시장의 신뢰를 지키는 중요한 역할을 한다.

마지막으로 대출 규제와 유동성 규제가 있다. 은행들이 무분별하게 대출을 늘려서 위험을 키우지 않도록 대출 한도나 유동성 비율을 관리하는 것인데, 예를 들어 주택담보대출비율(LTV)이나 총부채상환비율(DTI) 같은 규제가 바로 이 부분을 관리하는 대표적인 장치다. 이는 마치 '돈을 빌려줄 때는 조심해서 빌려줘야 해'라는 부모님의 훈계처럼, 금융기관들이 지나치게 위험성이 높은 대출을 하지 않도록 막아주는 역할을 한다.

한 가지 흥미로운 사례로는 2008년 금융위기 이후 미국에서 도입된 '도드-프랭크법(Dodd-Frank Act)'이 있다. 이 법은 금융시스템의 안정성을 높이고 소비자를 보호하기 위해 2010년 7월 제정된 포괄적인 규제 법안이다. 당시 미국의 대형 은행들이 서브프라임 모기지(주택담보대출) 관련 파생상품에 지나치게 투자하면서 위기를 불러왔는데, 도드-프랭크법은 이런 문제가 다신 일어나지 않도록 하기 위해 은행들이 고위험 투자에 손을 너무 깊게 담그지 못하도록 제한하는 규칙을 만들었다. 마치 은행들이 '이젠 무모한 모험은 하지 말자'라고 다짐하게 한 셈이다. 특히 금융시스템에 중대한 영향을 미칠 수 있는 대형 금융기관에 대한 규제를 강화해 이들이 파산하거나 문제가 생겼을 때 전체 금융시스템에 미치는 영향을 최소화하려는 목적이 있다.

이런 다양한 규제 정책들은 금융기관들이 각자의 리스크를 제대로 관리하고, 전체 금융시스템이 무너지지 않도록 하는 안전장치 역할을 하고 있다.

결국 이 모든 규제는 우리 모두가 믿고 투자할 수 있는 안정적이고 투명한 시장을 만드는 데 기여하고 있는 셈이다. 이러한 규제들이 없었다면, 금융시장은 언제 터질지 모르는 불안한 풍선처럼 위험에 노출되었을 것이다.

──────── 투자자 관점에서 금융시스템 규제 이해하기

금융시장에서 성공하려는 투자자라면, 금융 규제기관의 주요 규제와 정책 방향을 면밀히 모니터링할 필요가 있다. 왜냐하면 규제의 변화는 시장의 판도를 뒤흔들 수 있는 강력한 변수이기 때문이다. 이를 무시한다면 큰 기회를 놓치거나 예상치 못한 위험에 직면할 수 있다. 즉 '규제'도 투자전략의 한 부분이다.

실제로 2016년 SK텔레콤의 CJ헬로비전 인수 시도가 실패로 돌아간 사례는 규제기관의 역할이 얼마나 중요한지를 잘 보여준다. 당시 SK텔레콤은 CJ헬로비전을 인수함으로써 국내 최대의 케이블 방송사를 손에 넣고, CJ헬로비전의 이동통신 사업을 자사 브랜드로 통합하려는 야심 찬 계획을 세웠다. 투자자들은 SK텔레콤이 통신과 방송 시장의 주도권을 더욱 강화할 것으로 기대하며 이를 주목했다.

하지만 공정거래위원회는 이 인수가 통신 및 방송 시장의 경쟁을 심각하게 제한할 우려가 있다고 판단했다. 만약 인수가 승인되었다면 SK텔레콤은 해당 시장에서 더욱 막강한 지배력을 가질 수 있었겠지만, 이는 소비자 선택권을 제한하고 시장 경쟁을 저해할 수 있다는 우려를 불러일으킨 것이다. 결국 공정거래위원회는 인수를 허락하지 않았고, SK텔레콤은 CJ헬로비전 인수를 포기할 수밖에 없었다. 이 결정은 국내 통신 및 방송 산업의 판도를 크게 바꾸는 결과로 이어졌다. 그 이후 CJ헬로비전은 2019년 LG유플러스에 인수되면서 새로운 국면을 맞이하게 되었다.

이 사례는 금융 규제기관의 결정이 단순한 규제 이상의 영향력을 가지고 있으며, 기업의 성장 전략이나 산업의 구조 자체를 변화시킬 수 있음을 보여준다. 투자자 입장에서 이런 굵직한 M&A 시도는 투자 기회로 보일 수 있지만, 그 배후에서 움직이는 규제기관의 역할을 간과한다면 큰 손실로 이어질 수 있다.

따라서 현명한 투자자는 공정거래위원회를 비롯한 규제기관의 정책 방향과 주요 결정사항을 주의 깊게 모니터링해야 한다. 규제가 강화되면 특정 산업의 수익성이 악화될 수 있고, 반대로 규제가 완화되면 새로운 성장의 기회가 열릴 수 있다. 결국, 금융 규제는 투자자에게 있어 리스크 관리이자, 새로운 기회를 포착하는 나침반과도 같은 존재인 것이다.

4장

기업에 투자하려면
기업을 알아야 한다:
산업구조론

기업의 이윤극대화:
단기와 장기 목표의 조화

단기적으로 현금을 쓸어 담을 것인가, 아니면 장기적으로 시장을 지배할 것인가? 기업의 고민은 언제나 그 사이에 있다. 기업이 돈을 벌겠다고 마음먹는 건 간단하지만, 실제로 얼마나 생산하고, 얼마에 팔아야 가장 이윤을 많이 남길 수 있을지는 언제나 큰 고민거리다.

　1장의 합리적 생산 내용에서 한계비용(Marginal Cost)과 가격(P)에 대해 다루며, 기업이 생산량을 결정할 때 이 둘이 일치하는 지점이 가장 이윤이 높아지는 지점이라고 배웠다. 하지만 세상은 그렇게 단순하지 않다. 마치 무대 위에서 저글링을 하듯이, 기업은 단기적으로 수익을 극대화하면서도, 장기적으로는 더 큰 수익을 바라보며 움직여야 한다.

　그러니까 기업은 '오늘 많이 벌 것인가, 내일을 위해 오늘은 조금만 벌어둘 것인가?'라는 질문을 끊임없이 스스로에게 던지고 있다. 이 과정에서 한계비용과 한계수익의 개념이 단순한 생산량의 결정뿐 아니라, 단기 및 장기 전략의 균형을 찾는 데까지 이어진다.

이 장에서는 단기 및 장기 이윤 극대화 전략이 어떻게 기업의 의사결정에 영향을 미치는지, 그리고 한계비용과 한계수익의 개념이 이 과정에서 어떻게 적용되는지를 더 깊이 있게 탐구해보려고 한다. 그리고 이 과정이 어떻게 '오늘의 피자를 먹을까, 아니면 내일을 위해 참을까' 같은 고민에서 시작해 결국에는 '브랜드를 키우고 시장을 지배하는 전략'으로 이어지는지 함께 알아보자.

─────── 단기 이윤 극대화: 지금 당장 최대한 벌어라

기업이 단기적으로 이윤을 극대화하고자 할 때 가장 중요한 것은 한계수익(MR, Marginal Revenue)과 한계비용(MC, Marginal Cost)이다. 이 2가지 개념은 기업이 '한 번 더 생산해도 괜찮을까? 아니면 이쯤에서 멈춰야 할까?'라는 고민을 하는 순간에 핵심적인 역할을 한다. 이것이 단기 이윤 극대화의 기본 원리다.

먼저, 기업은 한계수익(MR)이 한계비용(MC)보다 크다면 '한 개 더 만들어! 이익이 난다!'라고 생각한다. 마치 편의점에서 1+1 행사를 할 때 하나 더 사면 왠지 이득인 것처럼 말이다. 하지만 한계수익(MR)이 한계비용(MC)보다 작아지는 순간, 기업은 '이제 그만 만드는 게 낫겠어. 더 만들면 손해잖아!'라고 판단하게 된다. 그래서 경제학적으로 기업의 이윤 극대화의 조건은 한계수익(MR)이 한계비용(MC)과 같아지는 지점이 된다(MR=MC).

그렇다면 기업이 실제로 이 단기 전략을 어떻게 적용하는지 구체적인 사례로 살펴보자.

자라(ZARA)의 시즌 마감 세일

자라(ZARA)같은 패스트패션 브랜드들은 단기 이윤 극대화의 진정한 장인들이다. 이들 기업은 유행이 바뀌는 속도에 맞춰 신상품을 쏟아내고, 그 상품이 시장에서 팔릴 수 있을 때 최대한 많은 이익을 남긴다. 예를 들어 '지금은 레오파드 무늬가 대세!'라는 소문이 돌면 패스트패션 브랜드들은 재빨리 레오파드 무늬 옷을 생산해 내놓는다. 그리고 그 순간에 소비자들이 몰려들어 구매하도록 저렴한 가격에 대량으로 판매한다.

여기서 이들이 MR=MC를 끊임없이 계산하는 모습을 볼 수 있다. 생산을 계속 늘리면서 '한 단위 더 생산하는 게 이익인가?'를 분석한다. 패스트패션 브랜드는 시즌이 끝날 때쯤 재고가 쌓이기 시작하면 즉시 세일을 시작해 빨리 재고를 소진하고, 새로운 유행에 맞춰 다음 상품을 준비한다. 이 과정에서 가장 중요한 건 '빠른 생산과 빠른 판매'다.

즉 이들은 단기적으로 이윤을 극대화하기 위해 유행의 흐름에 따라 수익을 최대한 빨리 실현하는 것에 집중한다. MR=MC를 기준으로 한계를 최대한 이용하며, 필요하다면 바로 세일이나 프로모션을 통해 재고를 정리한다. 이렇게 하는 이유는 다음 시즌을 대비하기 위해서다.

세일을 통해 판매가격이 낮아지면 기존보다 한계수익이 낮아지지만, 세일로 인한 판매량 증가로 전체 한계수익이 증가할 수 있다. 이렇게 새롭게 MR=MC가 이뤄지는 지점까지 판매를 늘려 단기 이윤을 극대화하는 것이다. 그러나 여기서도 MC가 MR보다 높아지는 순간이 찾아온다. 세일을 너무 길게 하거나, 제품을 지나치게 많이 생산하면 오히려 할인된 가격 때문에 이익이 줄어들거나, 재고가 남아 손해를 볼 수 있다.

단기 이윤 극대화는 이렇게 MR=MC의 법칙을 활용해 단기간에 수익을 최대한 끌어올리는 전략을 의미한다. 하지만 이 전략은 어디까지나 '지금 당장'에 초점을 맞추기 때문에 장기적인 계획과 균형을 맞추지 않으면 오히려 역효과를 가져올 수 있다는 점도 기억해야 한다.

그리고 ZARA가 이러한 전략을 성공적으로 실행할 수 있었던 것은 오랜 기간에 걸쳐 막대한 투자를 통해 구축한 경영 환경과 인프라 덕분이다. 특히 빠른 생산 주기와 유통 시스템을 운영하기 위해 ZARA는 자체적으로 고도의 공급망과 물류 시스템을 체계적으로 구축해왔다. 이는 단기적인 이윤 극대화 전략이 단순히 빠른 실행만으로 가능한 것이 아니라, 이를 뒷받침하는 견고한 시스템이 필수적이라는 점을 보여준다.

장기 이윤 극대화:
지금의 이익을 포기하고 더 큰 미래를 잡다

장기 이윤 극대화는 단순히 '오늘 얼마나 많이 팔았느냐'에 연연하지 않고, 브랜드의 가치와 시장 지배력을 구축해 미래의 더 큰 이익을 추구하는 전략이다. 이때 기업은 '지금 당장 수익을 조금 줄이더라도, 장기적으로 더 많은 이익을 낼 수 있는 방법은 무엇일까?'를 고민한다. 이를 위해 기업은 가격 전략, 브랜딩, 고객 충성도에 초점을 맞추게 된다.

에르메스(Hermès)의 버킨백

에르메스는 명품 중의 명품, 그야말로 럭셔리의 끝판왕이라 불린다. 2023년 기준 매출액이 무려 134억 유로, 우리 돈으로 약 19조 2천억 원에 달하며, 한국에서도 7,972억 원의 매출을 올릴 정도로 하이엔드 명품 시장을 지배하고 있다.

특히 영국의 가수이자 배우인 제인 버킨에게서 영감을 받아 탄생한 '버킨백'은 상위 1% VVIP만이 손에 넣을 수 있는 아이템이다. 이름을 웨이팅 리스트에 올려도 2~3년은 기본으로 기다려야 하고, 그마저도 에르메스의 다양한 액세서리나 다른 제품을 꽤나 구입해야만 비로소 한정 수량의 버킨백을 손에 넣을 '자격'을 얻을 수 있다. 이런 분위기에서 일반 소비자가 에르메스의 버킨백을 직접 만날 일은 꿈속에서나 가능할지도 모르겠다.

출처: 에르메스

에르메스는 단기적인 이윤 극대화를 추구하려 했다면, 수요에 맞춰 버킨백을 대량 생산해 판매할 수 있었다. '지금 당장 버킨백을 10배 더 생산해서 판매하면, 얼마나 많은 돈을 벌 수 있을까?'라는 생각은 누구나 할 수 있다. 그러나 에르메스는 전 매장을 직영 형태로 운영하며 매년 제한된 수량만을 생산함으로써 '이건 특별한 사람만 소유할 수 있어'라는 이미지를 유지하고 있다. 그 결과 에르메스는 단기적으로 얻을 수 있는 더 큰 수익을 포기하는 대신, 장기적으로 얻을 수 있는 브랜드의 희소성과 가치에 투자해 더욱 높은 가격을 유지할 수 있었다. 실제로 2023년에는 생산비용 상승 등을 이유로 가격을 7% 인상했고, 2024년에도 가격을 8~9% 올렸다.

이제 우리가 배운 MR=MC의 구조로 생각해보자. 희소성으로 인해 버킨백의 한계수익(MR)은 매우 높게 설정된다. 에르메스는 제한된 생산량을 통해 버킨백의 한계수익(MR)이 높은 수준을 유지하도록 하고, 그 결과 한계비용(MC)과의 차이를 극대화함으로써 장기적인 이윤을 높인다. 버킨백은 고도로 숙련된 장인이 하나의 백을 만드는 데 약 48시간 이상의 작업 시간을 투자하는 수작업 제품이다. 이로 인해 생산비용(MC)이 상당히 높아지지만, 제품의 품질과 희소성은 더욱 높아진다.

이런 전략을 통해 에르메스는 소비자들에게 '에르메스를 소유하는 건 단순한 쇼핑이 아니라, 하나의 경험이자 특권'이라는 인식을 심어주었다. 덕분에 버킨백의 가치는 시간이 지날수록 더 높아졌고, 중고 시장에서는 오히려 구매 가격보다 더 비싼 가격에 거래되기도 한다. 결과적으로 에르메스는 단순히 제품을 팔기만 하는 게 아니라, 브랜드의 신화를 만들어가는 것에 집중하며 장기적인 이윤을 극대화했다.

─────── 투자자 관점에서 기업의 이윤 극대화 이해하기

투자자 입장에서 기업의 이윤 극대화 전략을 이해한다는 건 마치 돈을 벌기 위한 보물 지도를 손에 쥐는 것과 같다. 기업이 단기적인 이익에 눈을 반짝이는지, 아니면 장기적인 성장에 뿌리를 내리는지 파악하는 것은 그 기업의 진짜 가치를 읽는 가장 확실한 방법이다.

단기 이윤 극대화: 현금흐름을 주시할 것

단기 이윤 극대화에 집중하는 기업들은 마치 당장 눈앞의 황금알을 잡으려는 거위와도 같다. 그들은 프로모션, 세일, 단기적인 수익 창출 전략에 온 힘을 쏟는다. 패스트패션 브랜드들이나 가전제품 업체들이 이에 해당될 확률이 높다.

재무제표에 나타나는 현금흐름을 유심히 볼 필요가 있다. 하지만 이 기업들은 종종 단기적인 수익에 집착하다가 장기적인 경쟁력을 놓치기도 한다. 투자자는 이런 기업에 투자할 때 트렌드에 부합하는 아이템으로 인한 현금흐름의 급격한 상승을 통한 단기 주가상승을 기대해볼 수 있겠다. 하지만 '이 기업이 이 패턴을 언제까지 유지할 수 있을까?'라는 질문을 항상 염두에 두어야 한다.

장기 이윤 극대화: 브랜드와 혁신에 주목할 것

반면에, 장기적인 이윤 극대화에 집중하는 기업들은 당장의 이익보다는 브랜드 가치를 키우고 기술 혁신에 투자한다. 이런 기업들은 단기적인 수익보다는 미래의 시장 지배력을 확보하는 데 더 큰 관심이 있다.

에르메스처럼 희소성과 고급스러움을 유지하는 브랜드는 시간이 지날수록 브랜드 가치가 높아지고, 고객 충성도 역시 높아진다. 투자자는 이런 기업을 바라볼 때 재무제표의 단기 이익보다는 브랜드 인지도, 제품 품질, 고객 만족도에 더 주목해야 한다. 왜냐하면 이 지표들이 바로 장기적인 이익을 보장하는 핵심 요소이기 때문이다.

단기와 장기의 균형을 잡는 기업은 없을까?

모든 투자자가 꿈꾸는 건, 사실 단기 이윤과 장기 성장을 동시에 잡는 기업이다. '한쪽으로만 치우치지 않고, 둘 다 잘하는 기업은 없을까?'라는 투자자의 기대에 부응하는 대표적인 사례가 바로 스타벅스(Starbucks)다.

스타벅스는 단기적으로는 커피를 팔아 높은 매출을 올리지만, 이 모든 게 커피 이상의 가치를 파는 것에 초점을 맞춘다. 단기적으로 매출을 올리기 위해 신메뉴를 출시하고, 다양한 프로모션을 펼친다. 그런데 스타벅스의 진짜 매력은 여기서 끝나지 않는다. 그들은 장기적으로 '제3의 공간(Third Place)'이라는 브랜드 철학을 심어주면서 소비자들에게 커피 이상의 경험을 제공한다.

특히 2008년 당시 CEO였던 하워드 슐츠가 제시한 "변화의 의제(Transformation Agenda)"는 스타벅스가 고객과의 감성적 연결, 지역 사회와의 관계 강화, 윤리적 공급망 관리, 혁신을 통해 장기적인 이익을 추구하는 방향으로 전략을 재조정하는 계기가 되었다. 이는 스타벅스가 단순히 매장 확장에만 그치지 않고, 소비자들에게 지속적인 가치를 전달하는 브랜드로 성장하는 데 큰 역할을 했다.

투자자 입장에서 스타벅스는 단기적으로도 수익을 올리면서, 장기적으로는 브랜드 가치와 고객 충성도를 구축해나가는 균형감각을 보여주는 기업이다. 바로 이런 비즈니스 모델이야말로 주가가 꾸준히 상승하고, 배당금도 챙기면서 장기적인 성장을 기대할 수 있는, 투자자들이 꿈꾸는 이상적인 투자처 아닐까?

기업의 이윤 극대화 전략을 이해하면 투자자에게 단기적인 수익과 장기적인 가치 창출 사이에서 균형을 찾는 힘이 된다. 단기 이윤에 집착하는 기업은 빠른 현금 창출의 기회를 제공하지만, 그 속도가 언제까지 지속될지는 불투명하다. 반면에 장기적인 성장에 투자하는 기업은 시간이 지날수록 더 크고 달콤한 과실을 맺을 것이다.

궁극적으로 투자자는 '이 기업이 지금의 수익을 유지할 수 있는가? 그리고 앞으로 얼마나 더 성장할 수 있는가?'라는 질문에 답을 찾아야 한다. 스타벅스처럼 단기와 장기를 모두 아우르는 기업을 발견했다면, 그건 마치 커피의 완벽한 조합을 찾은 것처럼 기분 좋은 일일 것이다.

시장의 성격과 형태:
시장 구조가 기업 이윤 극대화에 미치는 영향

시장에도 각자의 성격이 있다. 그리고 그 성격은 기업의 이윤 극대화 전략에 큰 영향을 준다. 어떤 시장은 수많은 기업들이 치열하게 경쟁하며 '내가 더 싸게 팔 테니 우리 가게로 와!'라고 외치는 반면, 또 다른 시장에서는 오직 한 기업만이 왕좌에 앉아 '내가 정한 가격에 살 수밖에 없지'라는 태도를 보인다. 그리고 그 사이에는 몇몇 기업들이 서로 눈치를 보며 경쟁하는 시장도 있다.

투자자 입장에서 분석하고자 하는 기업을 이해하는 첫걸음은 바로 이 시장의 성격을 파악하는 것이다. 시장 구조에 따라 기업이 얼마나 가격을 자유롭게 정할 수 있는지, 얼마나 독점적인 위치를 차지하고 있는지가 결정되기 때문이다.

예를 들어 피자 가게가 수십 곳이나 있는 동네에서 피자를 팔고 있다고 상상해보자. 이곳에서는 한 가게가 가격을 조금이라도 올리면 바로 옆집 가게로 소비자들이 몰려갈 것이다. 결국 모든 가게는 눈에 보이지 않는 경쟁에 의해 동일한 가격에 피자를 팔 수밖에 없다. 이게 바로 완전경쟁시장의 특징이다. 하지만 만약 동네에 단 한 곳의 피자 가게만 있다면 어떨까? 그 가게는 "피자 한 조각에 3만 원입니다, 아니면 말고요"라고 말할 수 있다. 이게 바로 독점시장이다.

그리고 현실에서는 이 둘의 중간 어디쯤 있는 시장도 존재한다. 몇몇 피자 가게가 동네를 나눠 갖고 서로 눈치를 보며 경쟁하는 과점시장이 바로 그 예다.

이번에는 각 시장 구조가 어떻게 작동하는지, 그리고 기업들이 이 시장에서 어떤 식으로 경쟁하고 이윤을 극대화하는지 살펴볼 것이다.

─────── 완전경쟁시장: 모두가 경쟁하는 자유의 장

완전경쟁시장(Perfect Competition)은 말 그대로 시장의 '교과서적인' 이상형이라고 할 수 있다. 수많은 기업과 소비자가 자유롭게 시장에 뛰어들고 빠져나가며, 모두가 제품과 가격에 대한 완전한 정보를 갖고 있다. 이 시장에서는 모두가 동일한 상품을 판매하기 때문에 기업들이 가격을 마음대로 정할 수 없다. 시장에서 정해진 가격을 그대로 받아들일 수밖에 없는 가격 수용자로서 행동해야 한다. 만약 어느 기업이 욕심을 부려 가격을 조금이라도 올리면 소비자들은 그 즉시 더 저렴한 옆집 가게로 발길을 돌리게 된다.

이론적으로는 완전경쟁시장이 가장 효율적으로 자원을 배분하고 모든 참여자에게 최대의 효용을 제공하지만, 현실에서는 이 모든 조건을 충족하는 경우를 찾아보기 힘들다. 농수산물 시장이 비교적 가까운 사례라고 할 수 있지만, 공급자에 따라 품질 차이가 나거나 유통 채널에 따라 가격이 달라지는 것을 보면 완벽한 완전경쟁시장과는 거리가 있다.

그렇다고 완전경쟁시장이 쓸모없는 허상은 아니다. 오히려 경제학에서는 이 완전경쟁시장이 '모범 답안' 역할을 한다. 현실의 다양한 시장 구조를 이해하고 비교할 수 있는 기준점이 되어주기 때문이다. 덕분에 우리는 독점, 과점, 그리고 독점적 경쟁과 같은 시장을 분석할 때 이 완전경쟁시장을 출발점으로 삼아 효율성과 비효율성을 따져볼 수 있다.

─────── 독점시장: 왕좌에 앉은 유일한 기업

독점시장(Monopoly)은 경제학에서 완전경쟁시장과 정반대의 형태로, 시장에서 단 하나의 기업이 모든 것을 지배하고 통제하는 구조를 말한다. 이 시장에서는 경쟁자가 없기 때문에 기업은 제품의 가격과 공급량을 스스로 결정할 수 있다. 독점시장에서는 새로운 기업이 진입하기 어려운 다양한 장벽이 존재한다. 예를 들어 해당 기업이 특정 기술에 대한 특허를 보유하고 있거나, 진입에 막대한 초기 자본이 필요한 경우, 또는 중요한 원자재나 유통 경로를 독점하고 있는 경우 등이 있다. 이러한 이유로 진입이 매우 어렵기 때문에 하나의 기업이 시장을 계속 지배할 수 있는 구조가 만들어진다.

하지만 정부는 이러한 독점기업이 소비자들에게 지나치게 높은 가격을 부과하거나 불공정한 이익을 추구하는 것을 막기 위해 규제를 도입하기도 한다. 예를 들어 전기, 가스, 수도 등과 같이 독점적 성격이 강한 산업에서는 정부가 직접 요금을 규제하거나 기업의 활동을 감독함으로써 소비자 보호에 나선다.

——— 과점시장: 서로 눈치 보는 세력 다툼

과점시장(Oligopoly)은 완전경쟁시장과 독점시장의 한가운데쯤 위치한 시장 구조로, 소수의 기업이 시장을 지배하며 서로 경쟁한다. 새로운 기업이 진입하기 어렵도록 높은 진입장벽이 존재하는데, 이는 막대한 자본, 기술, 특허 등의 이유로 인해 발생한다. 과점기업들은 서로의 움직임을 신경 쓰며 가격과 생산량을 결정하기 때문에 기업 간 경쟁이 매우 치열하고 복잡하다.

이러한 과점시장에서는 때때로 담합(collusion)이 일어나기도 한다. 이 경우 소비자들은 선택의 여지가 없이 정해진 가격에 제품을 구매할 수밖에 없게 된다. 물론 이런 행위는 불법이며, 적발되면 엄청난 벌금을 물게 된다.

그러나 과점기업들이 늘 노골적으로 담합하는 것은 아니다. 대부분은 서로의 움직임을 암묵적으로 따라 하는 묵시적 담합을 통해 시장을 유지한다. 예를 들어 세계적인 자동차 제조업체들이 동시에 가격을 조정하는 것을 본 적 있는가? 이런 사례가 바로 과점시장에서 자주 나타나는 묵시적 담합의 대표적인 예다. 서로 경쟁하면서도 동시에 협력하는, 말 그대로 경제 게임의 묘미를 보여주는 시장이 바로 과점시장이다.

———— 독점적 경쟁시장: 비슷하지만 조금 다른, 그래서 매력적인

독점적 경쟁시장(Monopolistic Competition)은 실생활에서 많이 볼 수 있는 형태다. 시장에서 다수의 기업이 존재하지만, 각 기업은 자신만의 독특한 상품을 가지고 있어 서로 차별화하려고 노력한다. 제품과 서비스는 전체적으로 비슷해 보이지만, 미세한 차이를 통해 소비자들에게 차별화된 가치를 제공한다.

이러한 시장에서 각 기업은 약간의 가격 결정권을 가지고 있지만 완전한 통제력은 없다. 소비자들은 상품의 차별화된 특징을 인지하고 이를 가치로 여겨 약간의 가격 차이를 수용하기 때문이다. 또한 이 시장에서는 진입과 퇴출이 비교적 자유로워 새로운 기업들이 쉽게 시장에 들어올 수 있다.

대표적인 예로 화장품 시장이나 커피 전문점 시장을 들 수 있다. 스타벅스와 커피빈을 떠올려보면, 두 기업 모두 커피를 판매하지만 맛, 분위기, 서비스, 브랜드 경험 등이 조금씩 다르다. 이러한 차별화 요소로 인해 소비자들은 단순히 가격만이 아니라 가치의 차이를 느끼고 각 브랜드를 선택하게 된다.

결국 독점적 경쟁시장에서 기업들이 이윤을 극대화하기 위한 전략은 자신만의 차별화된 경험을 소비자에게 제공하는 것이다.

_____ 투자자 관점에서 시장의 성격과 형태 이해하기: 바디아머(BODYARMOR) 케이스

우리가 일상에서 가장 흔히 볼 수 있는 독점적 경쟁시장은 레드오션 시장으로 생각해볼 수 있다. 이 레드오션 시장에서 성공적으로 자리매김한 미국의 스포츠 음료 브랜드 바디아머(BODYARMOR)의 사례를 통해 인사이트를 얻어보자.

〈자료 2〉 코비 브라이언트와 바디아머 창업자 마이크 레플

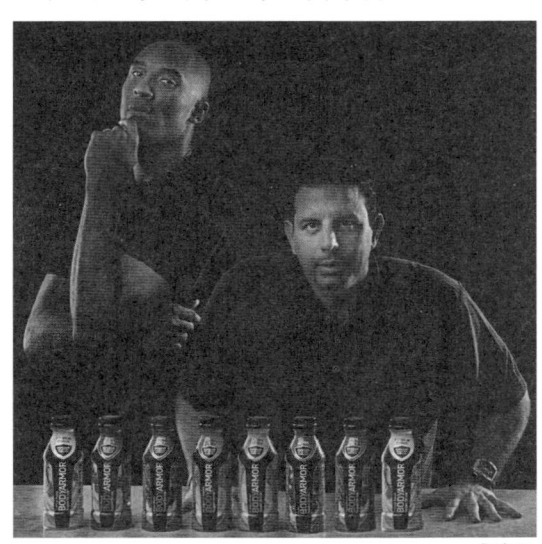

출처: Bosshunting.com

　　　　　　　　　　　　1부 투자자를 위한 경제 개념

2021년 11월 1일, 코카콜라는 프리미엄 스포츠 음료 브랜드 바디아머(BODYARMOR)의 지분 85%를 56억 달러(약 6.6조 원)에 인수했다고 발표한다. 이는 코카콜라 135년 역사상 가장 큰 규모의 M&A로, 2018년 코스타 커피(Costa Coffee) 인수 거래액인 51억 달러보다 규모가 크다. 글로벌 투자은행 크레딧 스위스에 따르면 바디아머의 브랜드 자산과 코카콜라의 유통망을 감안했을 때, 몬스터 에너지 케이스와 같이 코카콜라가 바디아머를 전 세계적으로 유통할 가능성을 언급했다.

바디아머의 창립자 마이크 레폴(Mike Repole)은 비타민워터 판매 회사로 잘 알려진 글라소(Glasow)를 1996년에 창업해 2007년 코카콜라에 4.1억 달러에 매각한 이력이 있다. 이 당시 글라소 비타민워터는 래퍼 50센트, 배우 제니퍼 애니스톤 등을 통한 스타 마케팅으로 시너지를 확실히 내며 연 매출 4억 달러를 실현했다. 마이클 레폴로서는 코카콜라를 대상으로 한, 두 번째 회사 매각이다. 이번 거래로 마이크 레폴만큼 주목받았던 사람이 바디아머의 초기투자자이자 회사의 성장에 큰 역할을 했던 故 코비 브라이언트(Kobe Bryant)다.

바디아머는 2011년 설립되어, 2015년 시장점유율 0%에서 2021

- 기존 시장의 Pain Point에 대한 대안 제시
- 전략적 파트너 또는 투자자(SI, Strategic Investor)의 니즈 충족
- 차별화된 마케팅

년 시장점유율 18%가 되기까지 숨가쁘게 성장해왔다. 결론적으로 바디아머의 M&A 대상으로서 매력 포인트는 다음과 같다.

─────── 기존 시장의 Pain point

**"게토레이는 블록버스터 비디오입니다. 변하지도, 진화하지도 않았습니다.
반면 바디아머는 넷플릭스입니다. 게토레이를 마신다는 것은 마치 테니스 선수가
짧은 반바지를 입고 나무 라켓을 사용하기를 기대하는 것과 같습니다.
오늘날 선수들이 55년 전과 같은 스포츠 음료를 마시기를 기대하는 것은 코미디입니다."**
마이크 레폴, 바디아머 창업자

스포츠음료 시장의 전통 강자는 단연코 펩시 콜라의 계열사인 게토레이다. 게토레이의 미국 스포츠음료 시장점유율은 약 70%대를 유지해왔다. 건강, 웰빙, 낮은 칼로리 등의 트렌드가 자리 잡으면서 이미 우리 식사의 많은 부분에 영향을 끼치고 있다. 하지만 스포츠 음료 분야는 변화의 속도가 그렇지 않았던 것 같다.

8oz 기준 게토레이의 당 함유량은 36g, 바디아머의 경우 18g 수준이다. 바디아머의 LYTE 버전은 2g의 당만 들어 있다. 창업자 마이클 레폴은 비타민 워터 매각 이후 음료 시장 전반에 걸쳐 혁신이 부족했다는 점을 느꼈다고 한다. 코코넛 워터에 대한 가능성을 본 그는 2011년 Fuze Beverage를 코카콜라에 매각한 랜스 콜린스(Lance Collins)와 협업해 바디아머를 창업했다.

바디아머 음료수의 주요 성분은 코코넛 워터, 전해질 및 비타민이

다. 나트륨 함량이 낮고 칼륨 함량이 높다. 그리고 인공 색소를 쓰지 않는다. 반면 게토레이는 나트륨 함량이 높고 인공색소를 사용한다. 바디아머는 2017년부터 활동적인 라이프스타일을 가진 일반인들을 대상으로 제품 라인업을 아래와 같이 확장하기 시작한다.

1) 바디아머 LYTE – 바디아머 스포츠 드링크와 모든 영양소가 동일하지만 병당 20칼로리와 2g의 설탕만 함유 (2017년 출시)
2) 바디아머 스포츠 워터 – PH 9+ 및 스포츠용 전해질을 바탕으로 만든 액티브한 라이프스타일을 가진 사람들을 위한 프리미엄 워터 (2017년 출시)
3) EDGE – 천연 카페인 부스트를 결합한 음료 (2021년 출시했으나 단종)
4) Flash.I.V. – 비타민 B, C가 추가되었고 급속 수분보충을 위해 전해질 양을 늘림(2023년 출시)

이렇게 바디아머는 2015년 시장점유율 0%에서 2017년 3%, 2020년 8%, 2021년 9월 판매량(골드만 삭스 집계) 기준 18%까지 2017년 이후 폭발적인 성장을 하게 된다.

───── 전략적 파트너/투자자(SI)의 니즈 충족

코카콜라는 200개 이상의 국가 및 지역에서 약 200개의 브랜드를 판매중이다. 우리가 잘 알고 있는 코카콜라, 스프라이트 및 환타를 포함해 강원평창수 같은 지역 브랜드까지, 제품군이 다양하다. 135년의 역사가 M&A 역사였을 정도로 많은 거래를 성사시켰다. 글로벌 제조 및 유통망을 바탕으로 기업철학에 부합하는 제품 포트폴리오를 확장하는 전략이 성장을 위한 유일한 방법일 수 있다.

바디아머의 창업자 마이클 레플과 랜스 콜린스는 각각의 회사를 코카콜라에 매각한 경험이 있는 사람들이다. 그만큼 코카콜라의 성장전략을 누구보다 잘 이해하고 있었을 것이라 생각한다. 실제 코카콜라는 2018년 8월 바디아머 지분 15%에 대한 소수지분투자를 단행한다. 그리고 바디아머 제품을 코카콜라 제조시스템에 편입시킴으로써 폭발적으로 늘어날 소비자 수요를 충족시킬 준비를 했었다. 바디아머는 미국 내에서 잘 알려진 음료수다. 바디아머 입장에서 코카콜라 제조 및 유통시스템으로의 편입은 글로벌 시장 진출 가능성을 의미한다. 이에 해당하는 기업가치 상승분은 이제 오로지 100% 주주인 코카콜라가 향유할 것이다.

——— 차별화된 마케팅 전략

"코비의 비전과 믿음이 없었다면, 지금의 바디아머는 없었을 것입니다"

"If it wasn't for Kobe Bryant's vision and belief, BODYARMOR would not have been able to achieve the success we had."
- 마이크 레플

코비 브라이언트는 투자회사 Kobe Inc.를 설립하고, 2013년 바디아머 지분 10%를 약 6백만 달러에 투자한다. 이후 브랜드의 지속적

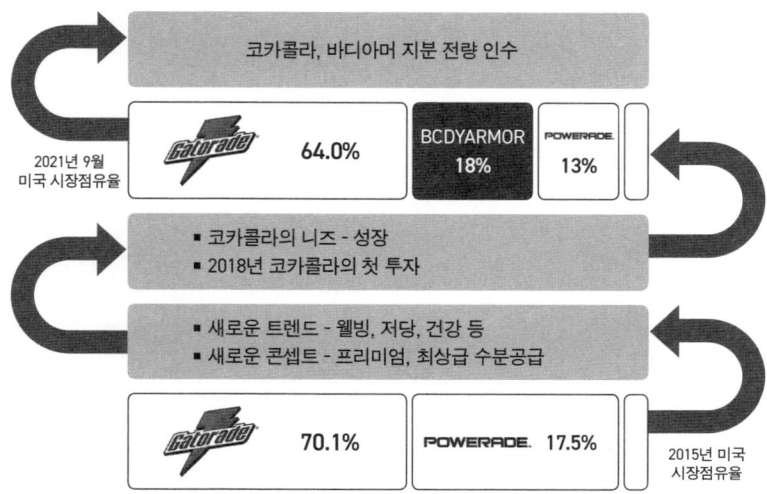

〈자료 3〉 스포츠 음료 시장의 변화와 바디아머의 성장

1) 기존 시장의 제품과 서비스가 현재의 트렌드 및 라이프스타일과 잘 매칭이 되어 있는가? 이로 인한 고객의 Pain Point는 없는가?
2) 회사를 성장시켜줄 전략적 파트너/투자자(SI, Strategic Investor)의 니즈는 무엇인가?
3) 회사의 브랜드 가치를 부각시켜줄 차별적인 마케팅 수단은 무엇인가?

인 성장과 인지도를 높이는 데 기여한다. 〈월스트리트 저널〉에 따르면 최소 4억 달러 이상 회수를 예상한다. 기업가치만 하더라도 2013년 코비가 투자했을 당시 6천만 달러, 2018년 코카콜라의 소수지분

투자 당시에는 20억 달러, 2021년 인수 때는 65억 달러였던 점을 감안하면 기업가치 상승분만 약 100배 이상이다.

바디아머는 창업자와 코카콜라 외 MLB 선수 버스터 포지(Buster Posey), NBA 브루클린 네츠 소속 제임스 하든(James Harden) 같은 운동선수를 포함 약 100명 이상의 투자자를 보유하고 있다. 투자 당시 젊고 떠오르는 신예였던 버스터 포지와 제임스 하든은 바디아머의 투자자 겸 광고모델이 되었다.

바디아머의 마케팅 수단 중 하나는 스포츠 스타들을 광고모델로 쓰면서 지분을 제공하는 것이다. 대표적으로 2019년 신예 테니스 스타 나오미 오사카(Naomi Osaka)를 주주로 영입했다. 2021년 1월에는 아메리칸 아이돌 우승자인 캐리 언더우드(Carrie Underwood)와 지분거래를 통해 최초로 스포츠선수 외 유명인으로 라인업을 확장했다. 캐리 언더우드는 피트니스 및 라이프스타일 브랜드 CALIA의 창립자이며, 피트니스 앱 FIT52를 출시하기도 했다.

바디아머의 사례를 통해 투자자는 레드오션에서 경쟁중인 투자 검토 대상 회사를 〈자료 3〉에서의 질문을 통해 더 깊이 이해할 수 있을 것이다.

바디아머의 사례는 독점적 경쟁시장에서 기업이 얼마나 제품의 차별화와 전략적 파트너십을 통해 성장할 수 있는지 보여주는 대표적인 예다.

규모와 범위의 경제:
더 많이 만들수록,
여러 가지를 한 번에 하면 더 싸진다

기업이 커질수록 얻을 수 있는 이점은 단순히 '사이즈가 크다'는 자랑거리만이 아니다. 사실, 사이즈가 커지면 비로소 드러나는 경제적 마법이 있다. 이걸 규모의 경제와 범위의 경제라고 부른다. 이름만 들으면 무슨 거대한 경제 이론처럼 들릴 수 있지만, 쉽게 말하면 '많이 만들수록 더 싸진다'와 '한번에 여러 가지를 하면 더 효율적이다'라는 원칙이다. 그런데 이게 단순한 이론이 아니라, 실제로 기업들이 수익성을 극대화하는 비밀무기다.

친구들과 피자를 시킨다고 상상해보자. 한 판만 시킬 때는 배달비가 아깝지만, 두 판, 세 판을 시키면 한 판당 배달비가 저렴해진다. 이것이 바로 규모의 경제다. 즉 더 많이 시키면 그만큼 한 판당 부담하는 비용이 줄어드는 것이다. 반면에 피자와 파스타, 음료까지 한꺼번에 시킨다고 생각해보자. 여러 종류를 한번에 주문하면 각각 따로따로 주문할 때보다 훨씬 더 저렴하게 먹을 수 있다. 이것이 바로 범위의 경제다. 다양한 메뉴를 한번에 처리하면서도 비용을 아낄 수 있는 것과 비슷하다.

기업들이 실제로 이 개념을 얼마나 잘 활용하느냐에 따라 그들의 성공 여부가 결정되기도 한다. 생산량이 많을수록 비용을 절감할 수 있는 능력이 기업의 경쟁력이 되고, 다양한 제품군을 운영하면서도 효율성을 높일 수 있는 구조를 만든다면, 그 기업은 시장에서 우위를 점할 수밖에 없다.

——— 규모의 경제: 더 많이 만들수록 싸진다

규모의 경제는 기본적으로 생산량이 많아질수록 개별 제품의 단위당 비용이 줄어드는 현상을 말한다. 1장에서 다뤘던 비용 부분을 떠올려보자. 여기서 중요한 포인트는 고정비용(fixed costs)이다. 예를 들어 공장을 지을 때 들어가는 초기 비용은 생산량에 상관없이 똑같이 발생한다. 하지만 생산량이 많아지면 그 고정비용을 여러 제품에 나눠 부담하게 되면서 개별 제품에 드는 비용이 줄어든다. 쉽게 말해, 처음 피자 한 판을 구울 때 오븐을 달구는 비용이 들지만, 그 오븐에서 열 판, 백 판을 구울수록 한 판당 드는 오븐 가동비는 점점 줄어드는 것과 같다.

이는 다양한 방식으로 나타난다. 첫째, 생산 규모가 커지면 원자재나 재료를 대량으로 구입할 수 있게 되는데, 이는 공급자와 더 유리한 가격으로 협상할 수 있는 기회를 제공한다. 둘째, 물류 시스템에서도 규모의 경제가 발현된다. 한 번 물류망이 구축되면, 동일한 물류 인프라를 통해 더 많은 제품을 운송할 수 있어 물류당 단위 비용이 감소한다. 마지막으로, 기술 분야에서는 대규모 데이터 센터를 운영할 때 고객 수가 증가할수록 단위당 서버 운영 비용이 감소한다. 즉 더 많은 고객을 확보할수록 시스템의 고정비용이 분산되면서 효율성이 극대화된다.

여기서 중요한 점은, 규모의 경제가 무조건 이익을 보장하는 것은 아니라는 것이다. 지나치게 커지면 오히려 비효율성이 생길 수 있다. 이를 '규모의 불경제'라고 부른다. 마치 혼자 먹을 수 있는 양 이상의 음식을 시켜서 남기는 것처럼, 기업도 지나치게 비대해지면 관리 비용이나 복잡성이 커져서 효율성이 떨어지게 된다.

_____ 범위의 경제: 다양한 제품을 만들면서 비용을 줄인다

범위의 경제는 여러 제품이나 서비스를 한꺼번에 제공하면서 공통된 자원을 알차게 활용해 비용을 절감하는 현상이다. 마치 한 공장에서 청바지만 만드는 것보다, 청바지와 셔츠를 함께 만드는 공장이 더 효율적인 것처럼 말이다. 왜냐하면 두 제품이 생산 공정에서 일부 장비나 자원을 같이 쓸 수 있기 때문이다. 한마디로, '같이 하면 더 싸게 먹힌다'는 이야기다.

범위의 경제는 서로 시너지를 낼 수 있는 다양한 제품군을 운영할 때 빛을 발한다. 여기서 핵심은 공통된 자원을 얼마나 요령 있게 나눠 쓰느냐에 달려 있다.

예를 들어 기업이 같은 마케팅 예산으로 여러 제품을 동시에 홍보할 수 있다면, 마케팅비가 줄어드는 것은 당연한 일이다. 또는 한 물류 시스템을 한 제품만 위해 쓰기보다 여러 제품의 배송에 활용하면 물류비용도 절감된다. 기술 개발도 마찬가지다. 한 번 개발한 기술이 다양한 제품군에 적용될 수 있다면, '한 방'에 여러 제품의 생산을 지원하면서 큰 비용 절감 효과를 볼 수 있다. 이렇게 보면, 다 같이 잘 쓰면 더 싸고 효율적인 건 어디서나 통하는 진리인 셈이다.

규모의 경제는 한 가지 제품을 더 많이 생산해서 비용을 줄이는 전략이라면, 범위의 경제는 여러 제품을 동시에 생산하면서 비용을 절감하는 전략이다. 둘 다 기업의 효율성 극대화와 비용 절감을 목표로 하지만, 그 접근 방식은 다르다. 규모의 경제는 '더 많이 만들수록 싸진다'라면, 범위의 경제는 '여러 가지를 한번에 만들면 더 싸다'에 가깝다.

2가지 개념 모두 성공적인 기업 운영에서 중요한 역할을 한다. 규모의 경제를 통해 대량 생산을 효율적으로 하고, 범위의 경제를 통해 다양한 제품을 효과적으로 제공하는 것이 기업의 장기적인 경쟁력을 확보하는 방법이다.

아마존(Amazon)은 산업구조론의 교과서 같은 기업이라고 생각한다. 아마존의 23년 실적을 바탕으로 한 주주서한(Shareholder letter)을 통해 거대한 기업의 움직임 속에 숨겨진 경제학적 원리를 들여다보자. 이 거인의 발걸음에서 우리는 규모의 경제부터 독점적 전략까지, 흥미진진한 이야기를 발견할 수 있을 것이다.

아마존의 2023년 주주서한: 규모의 경제와 범위의 경제를 향한 여정[13]

규모의 경제

1) 물류 네트워크 확장 및 비용 절감

아마존은 2023년, 물류 네트워크를 보다 지역화하는 전략으로 다시 한번 게임의 판도를 바꿨다. 쉽게 말해, 고객에게 물건을 '더 가까이 두자'라는 전략이었다. 이를 통해 제품의 운송 거리를 줄이고 배송비를 낮추는 데 성공했다. 그 결과, 2018년 이후 처음으로 제품 단위당 서비스 비용을 낮췄는데, 미국에서만 단위당 비용을 전년 대비 무려 0.45달러 이상 절감했다. 적은 돈 같지만, 아마존 내에서 판매되는 상품의 수가 수억 개의 제품인 점을 잊지 말자. 아마존은 지속적으로 창고와 배송 인프라에 투자하며 고객들에게 더 빠른 배송을 제공하는 동시에 운영 효율성을 극대화했다. 결국 이런 노력이 규모의 경제를 실현하는 원동력이 된 셈이다.

2) 프라임 배송 속도 개선

2023년 한 해에만 프라임 회원들에게 무려 70억 건 이상의 상품을 당일 또는 익일 배송하는 놀라운 기록을 세웠다. 이건 단순히 '빨리 보내주기'를 넘어선 아마존의 전략적 플레이였다. 빠른 배송은 고객의 충성도를 높이는 일과 직결되었고, 그 결과 고객들의 구매 빈도가 자연스럽게 상승했다. 대량의 물류를 처리하면서 규모의 경제를 완벽하게 실현하는 방법을 스스로 증명해낸 셈이다.

범위의 경제(Economies of Scope)

1) 다양한 사업 부문의 통합

아마존은 단순히 전자상거래에 머무르지 않았다. 스토어 비즈니스, 광고, AWS(아마존 웹 서비스), 프라임 비디오 등 다양한 사업 부문을 한꺼번에 운영하며 범위의 경제를 제대로 구현했다. 특히 광고 부문에서 2023년 매출이 전년 대비 24% 증가하는 눈에 띄는 성과를 보여주었다. 이것이 의미하는 바는 무엇일까? 아마존은 기존에 구축한 리소스와 네트워크를 활용해 다양한 분야에서 효율적으로 사업을 확장하고 있다는 것이다. 한 번 구축한 자원을 여기저기에 잘 써먹으면서 비용절감과 수익 극대화를 동시에 이루고 있는 셈이다.

2) 로지스틱스 서비스의 다각화

또 하나 주목할 점은 아마존의 물류 서비스의 다각화다. 아마존은 물류로도 돈을 번다. 아마존은 전 세계적으로 구축한 효율적인 물류

네트워크를 단순히 자체적으로 사용하는 데 그치지 않고, 외부 판매자들에게도 제공하는 'FBA(Fulfillment by Amazon)' 서비스를 통해 규모와 범위의 경제를 동시에 달성했다. 이로 인해 외부 판매자들은 아마존의 물류 서비스를 이용하면서 더욱 편리하게 판매할 수 있고, 아마존은 물류 인프라의 활용도를 극대화하면서 여러 사업 부문에서 추가적인 이익을 얻을 수 있었다.

규모와 범위의 경제로 이뤄낸 경쟁우위

아마존은 2023년 주주서한을 통해 자신들이 어떻게 물류, 판매, 기술, 광고 등 다양한 분야에서 규모와 범위의 경제를 극대화하고 있는지를 보여주었다. 이러한 전략 덕분에 아마존은 단순한 비용절감 수준을 넘어 수익성 향상과 시장경쟁 우위를 확보하는 데 성공했다. 투자자 입장에서 아마존은 이 2가지 경제원리를 통해 장기적인 성장을 지속적으로 이뤄낼 수 있는 기업이라는 것을 증명해냈다고 할 수 있다.

경제학은 '이론'이 아니라 '무기'였다. 주가의 움직임을 읽을 줄 아는 사람과 그렇지 못한 사람의 차이는, 단순히 숫자를 해석하는 능력에서 오는 것이 아니었다. 기업의 밸류에이션, 군중의 심리, 시장의 흐름, 이 모든 걸 '하나의 언어'로 꿰뚫는 감각.

2부는 그 감각을 예리하게 만들기 위한 실전 파트다. 이론이 현실을 뚫고 나와, 나만의 감각이 되는 여정을 시작해보자.

2부

주요 자산군별
개념 및 경제학적 원리

1장

가장 많이 접하는
투자자산, 주식

주식시장 탐구:
투자자의 심리와 시장의 숨겨진 원리

─────── 주식, 경제성장의 숨은 엔진

주식은 기업과 투자자를 잇는 가장 중요한 고리이자 경제성장의 숨은 엔진이다. 주식이 없었다면 경제는 마치 연료가 없는 스포츠카처럼 제자리걸음만 했을지도 모른다. 경제학적으로 주식은 자본의 효율적 배분을 촉진하는 메커니즘이다. 기업은 성장을 통해 사회 전체의 부를 늘리며 경제를 제대로 굴러가게 하는 중요한 역할을 한다. 쉽게 말해, 기업은 돈을 벌어야 잘 나가고, 기업이 잘 나가야 우리 경제도 잘 나가는 것이다.

그렇다면 기업은 어떻게 자금을 마련할까? 바로 여기서 주식시장이 등장한다. 주식을 발행한다는 것은 마치 기업이 '이봐, 우리 성장할 테니까 너도 함께하자!'라고 제안하는 것과 같다. 기업은 자금을 얻고, 투자자는 그 기업의 성장 가능성에 '한 주' 얹어서 성공에 동참하는 셈이다. 피자 한 판을 나눠 파는 것과 비슷하지만, 이 피자는 시간이 지나면 더 커질 가능성이 크다. 이쯤 되면 윈-윈(win-win)이라고 부를 만하다.

주식시장은 단순히 돈을 굴리는 수단이 아니라 경제성장의 한 축이다. 투자자들은 혁신적인 아이디어와 기술에 자금을 투자하고, 그 과정에서 새로운 가능성들이 현실로 만들어진다. 그래서 주식시장에 투자하는 건 단순히 돈을 벌기 위한 방법이 아니라, 경제에 참여하고 자본 배분의 큰 그림에 한몫하는 일이다.

하지만 주식시장은 '경제성장 = 주가 상승'이라는 공식처럼 매끄럽게 흘러가지는 않는다. 만약 세상이 그렇게 간단했다면, 아마도 모든 투자자는 지금쯤 요트를 타고 전 세계를 여행하고 있을 것이다. 하지만 현실은 그렇지 않다. 주식시장은 경제적 수치의 합 이상이다. 그 안에는 투자자들의 심리, 기대, 두려움, 그리고 비이성적인 희망까지 복잡하게 얽혀 있다.

주식시장은 마치 복잡한 연극 무대와도 같다. 무대 위에서 벌어지는 모든 사건은 경제적 지표라는 '대본'에 따라 진행되는 것 같지만, 실상은 그렇지 않다. 투자자들의 심리라는 중요한 변수가 있기 때문이다. 경제가 탄탄하더라도 투자자들의 심리가 흔들리면 그 대본은 예정대로 흘러가지 않는다. 시장은 늘 합리적으로 움직이지 않으며, 때로는 전혀 예측할 수 없는 방향으로 움직이기도 한다.

어느 기업이 실적 발표에서 좋은 성과를 냈다고 가정해보자. 많은 사람은 그 기업의 주가가 당연히 오를 것이라고 예상한다. 하지만 실제로는 그렇지 않다. 이미 시장은 그 성과를 예상하고 있었기 때문이다. 주가에는 사람들이 기대하는 심리가 이미 반영되어 있다. 좋은 뉴스가 나왔음에도 불구하고 주가가 오히려 하락하는 이유는 바로 이 기대감 때문이다. 반면, 실적이 예상보다 나쁘지 않았다면 오히려 주가가 상승할 수 있다. '투자자들은 소문에 사고, 뉴스에 판다'는 말이 괜히 있는 게 아니다. 시장은 기대와 현실의 충돌 속에서 움직인다.

이런 현상은 비단 특정 기업의 사례에서만 나타나는 것이 아니다. 주식시장에는 늘 기대감과 불확실성이 공존한다. 그리고 이 두 요소는 주식시장의 변동성을 만드는 중요한 축이 된다.

결국 주식시장은 경제성장의 엔진으로서 자본의 효율적 배분을 촉진하고, 사회 전체의 자원을 보다 효과적으로 사용할 수 있게 한다. 이는 단순히 수익을 내는 재테크 이상의 활동이며, 우리가 함께 경제성장을 이끌고, 그 성장을 통해 더 나은 미래를 만들어가는 과정이다. 주식시장은 그야말로 경제적 기회의 장이자 성장의 무대다.

─────── 주식 거래의 기본 법칙: 수요와 공급의 줄다리기

주식시장에서 가격은 수요와 공급의 법칙에 의해 결정된다. 하지만 단순히 누가 사고, 누가 파는가에 따라 움직이는 문제가 아니다. 투자자들의 기대와 심리, 그리고 외부 경제적 요인들이 복잡하게 얽혀서 주가를 이리저리 흔든다.

주식 거래에서 호가는 매우 중요한 개념이다. 매수자와 매도자는 각각 자신이 원하는 가격에 거래하고자 한다. 이때 매수 호가(bid price)와 매도 호가(ask price)의 차이가 줄어들 때, 즉 서로의 요구가 맞아떨어질 때 거래가 성사된다. 이 과정은 일종의 가격 협상으로 볼 수 있는데, 양측의 심리와 기대가 서로 부딪히면서 가격이 조정된다. 하지만 여기엔 정보의 비대칭성이라는 경제학적 문제가 숨어서 작용한다. 모든 투자자가 같은 정보를 가지고 거래하는 것이 아니기 때문에, 가끔은 가격이 실제 가치보다 훨씬 높거나 낮게 형성되기도 하는 것이다.

주식 거래에서 사용할 수 있는 2가지 대표적인 주문 방식은 시장가와 지정가다. 시장가 주문은 '지금 당장 거래하자!'라는 개념으로, 현재 시장에서 형성된 가격에 즉시 거래를 실행하는 방식이다. 빠르고 직관적이지만, 예상치 못한 가격 변동에 휘둘릴 수 있다는 단점이 있다. 반면, 지정가 주문은 '내가 원하는 가격에만 거래할 거야'라고 조건을 설정해놓는 방식이다. 원하는 가격에 도달할 때까지 기다릴 수 있지만, 그 가격에 도달하지 않으면 거래가 성사되지 않을 수 있다. 마치 쇼핑을 할 때 좋은 가격을 기다리며 물건을 장바구니에 담아두는 것과 비슷하다.

주식시장에서 변동성은 피할 수 없는 감정의 롤러코스터다. 변동성이란 가격이 얼마나 자주, 얼마나 크게 출렁이는지를 나타낸다. 변동성이 높다는 것은 시장이 그만큼 예측 불가능하다는 것을 의미하고, 리스크도 그만큼 크다는 뜻이다. 경제학적 관점에서 보면, 변동성은 투자자들에게 위험 프리미엄을 요구한다. 즉 변동성이 클수록 더 많은 리스크를 감수해야 하지만, 그만큼 더 큰 보상도 기대할 수 있다. 다만, 감정에 휘둘리다 보면 리스크 관리가 제대로 되지 않을 수 있으니 냉철한 판단력이 필요하다.

주식 거래는 기본적으로 수요와 공급의 법칙에 따라 움직이지만, 그 안에는 심리적 요인, 경제적 변수, 그리고 정보의 비대칭성이 복잡하게 얽혀 있다. 주식시장에 들어서는 순간, 우리는 수많은 투자자들과 함께 감정의 롤러코스터를 타게 된다. 이 복잡한 무대에서 균형을 잡고 기회를 포착하는 능력이야말로 성공적인 투자를 위한 투자자의 덕목이다.

——— 주식시장의 참여자들: 누구와 거래하는가?

주식시장은 마치 거대한 무대와 같다. 이 무대 위에는 개인 투자자, 기관 투자자, 헤지펀드, 외국인 투자자, 시장 메이커 그리고 정부와 중앙은행이 각자의 역할을 수행하며 등장한다. 이 다양한 참여자들은 모두 각기 다른 목적과 전략을 가지고 있으며, 이들이 어떻게 움직이느냐에 따라 주식시장의 흐름이 결정된다. 이들의 움직임을 이해하는 것은 주식시장을 더 잘 이해하고 기회를 포착하는 데 중요한 열쇠가 된다. 그렇다면 주식시장이라는 복잡한 무대 위에 등장하는 주요 참여자들은 어떤 역할을 할까?

개인 투자자: 시장의 개미 군단

먼저 개인 투자자는 주식시장의 개미 군단이다. 이들은 대부분 자산 증식을 위해 주식시장에 뛰어든다. 우리나라 개인 투자자의 주식시장 참여비율은 99%, 주식 보유비율은 50% 수준이다. 약 1%의 법인과 외국인이 나머지 절반의 주식을 보유중이다.[14] 이들은 대체로 온라인 브로커리지를 통해 거래하고, 개인적인 투자 목표에 따라 매수·매도를 결정한다.

　개인 투자자의 특징 중 하나는 감정적인 투자다. 그 결과, 개인 투자자의 매매는 종종 시장 변동성을 더 크게 만드는 원인이 된다. 그러나 이 개미 군단은 단순한 소규모 투자자 이상의 힘을 가지고 있다. 때로는 집단적 힘으로 시장을 움직이기도 한다.

기관 투자자: 시장의 큰손들

기관 투자자는 주식시장에서의 큰손들이다. 연기금, 보험사 그리고 펀드 운용사 같은 대형 조직들이 이에 해당하며, 이들은 개인투자자와 달리 막대한 자금을 운용한다. 이들이 한번 투자에 나서면 주식시장이 출렁거릴 정도로 그 영향력이 크다.

　기관 투자자들은 냉철한 분석을 통해 투자 결정을 내린다. 대부분 기관 투자자는 단기적인 변동성에 흔들리기보다는 운용 전략에 따라 장기적인 수익을 염두에 두고 체계적으로 움직인다. 그런데 재미있는 점은, 모든 기관 투자자가 '오래 버티는 승부사'는 아니라는 것이다. 때로는 기업의 가치가 상승할 때까지 오랫동안 보유하지만,

다른 때는 시장 상황에 따라 빠르게 매도해 이익을 실현하기도 한다. 기관들이 운용하는 자금은 워낙 커서, 그들이 한 번에 많은 물량을 매수하거나 매도할 때는 시장에 상당한 파장을 불러일으킨다.

예를 들어 연기금이 특정 종목을 대량 매수하면 '이 종목에 뭔가 있나?' 하며 개인 투자자들 사이에서도 관심이 커진다. 반대로, 기관들이 한꺼번에 매도에 나서면 시장 전체가 흔들리는 경우도 있다. 한마디로, 기관 투자자의 움직임은 마치 주식시장의 조종간과도 같다고 할 수 있다.

외국인 투자자: 글로벌 자본의 큰손들

한국 주식시장에서 절대 빼놓을 수 없는 존재가 바로 외국인 투자자다. 이들은 글로벌 자본의 시각으로 한국 시장에 접근하며, 엄청난 자본력을 바탕으로 시장에 큰 영향을 미친다. 외국인 투자자들은 한국 주식시장을 글로벌 포트폴리오의 일부로 다루며, 환율, 금리, 세계 경제 동향에 따라 투자전략을 세운다.

특히 한국의 코스피(KOSPI) 지수는 외국인 투자자들의 매수·매도에 따라 매우 민감하게 반응한다. 외국인들이 대량으로 매수에 나서면 시장이 상승하고, 반대로 그들이 매도할 때는 주가가 하락하는 일이 흔하다. 환율 역시 외국인 투자자들에게 중요한 변수다. 예를 들어 원화가 약세일 때는 그만큼 외국인들이 한국 주식에서 얻는 이익이 줄어들기 때문에, 자금을 철수하는 경향을 보인다.

외국인 투자자들이 특히 관심을 두는 것은 한국의 대형주들이다.

삼성전자, SK하이닉스, 현대자동차 같은 반도체, 전자, 자동차 관련 대기업에 외국인 투자자들이 집중적으로 투자하는 모습을 자주 볼 수 있다. 그들의 움직임은 개인 투자자들과 달리 글로벌 경제 흐름을 반영하므로, 국내 투자자들은 종종 외국인 투자자들의 움직임을 시장의 바로미터로 삼기도 한다. 외국인이 사고파는 주식은 개인 투자자들에게도 심리적 지표로 작용한다.

헤지펀드: 공격적인 전략가들

헤지펀드는 주식시장에서 가장 공격적인 투자자다. 그들은 단순히 주식을 사고파는 것에 그치지 않고, 공매도(short selling)나 파생상품을 활용해 복잡하고 공격적인 전략을 구사한다. 헤지펀드의 목적은 초과 수익을 내는 것이며, 이를 위해 레버리지와 다양한 금융상품을 활용해 위험을 감수한다.

헤지펀드가 특히 눈여겨보는 것은 기회다. 시장이 불안정할 때, 헤지펀드는 그 변동성을 기회로 삼아 투자전략을 짠다. 그들은 시장이 하락할 때조차도 수익을 내는 방법을 알고 있다. 하지만 그만큼 리스크도 크다. 높은 수익을 목표로 하다 보니, 큰 손실을 감수해야 하는 상황도 자주 발생한다. 그들이 시장에 미치는 영향은 상당히 크고, 주가의 극심한 변동성의 원인 중 하나가 되기도 한다.

시장 메이커: 시장의 윤활유

주식시장에 숨겨진 조력자가 있다면, 그것은 바로 시장 메이커다.

이들은 주식 거래가 원활하게 이루어지도록 항상 매수와 매도 주문을 준비해놓는 존재다. 시장 메이커가 없다면, 사고 싶은 사람이 있어도 파는 사람이 없을 때 거래가 이루어지지 않을 것이다. 그들은 항상 시장에 유동성을 제공해 거래가 막히지 않도록 돕는다.

시장 메이커는 보통 증권사나 금융기관이 그 역할을 맡으며, 매수와 매도 가격 차이(스프레드)를 통해 수익을 얻는다. 그들은 시장의 윤활유 역할을 하며, 투자자들이 언제든지 원하는 주식을 사고팔 수 있도록 돕는다. 이들이 없었다면 시장은 훨씬 더 혼란스러워졌을 것이다.

정부와 중앙은행: 시장의 감독자

주식시장에서 정부와 중앙은행은 직접 주식을 사고파는 역할을 하지는 않지만, 정책과 규제를 통해 시장에 중대한 영향을 미친다. 금리 정책, 환율 정책, 세제 혜택 등이 모두 주식시장에 중요한 변수로 작용한다.

특히 금리는 주식시장에서 중요한 요소다. 금리가 올라가면 기업들은 대출을 통해 자금을 조달하는 데 더 큰 비용이 들기 때문에, 주가가 하락하는 경향이 있다. 반대로 금리가 내려가면 기업의 자금 조달이 쉬워지고, 그에 따라 주가도 상승하게 된다. 이렇듯 중앙은행의 금리 정책은 주식시장에 커다란 영향을 미치기 때문에 투자자들은 정부와 중앙은행의 움직임을 주의 깊게 살펴본다.

주식시장은 다양한 참여자들이 각기 다른 목적과 전략으로 얽혀 형성되는 복잡한 생태계다. 이 복잡한 무대에 적응하려면, 각 참여자의 움직임을 이해하고 그 흐름 속에서 기회를 포착하는 것이 중요하다.

——— 게임스탑 반란: 개인 투자자들의 역습

게임스탑(Gamestop) 사건은 주식시장 참여자들 사이에서 벌어진 극적인 심리전의 대표적인 사례다. 이 사건의 핵심은 2021년 1월 중순부터 2월 초까지 일어난 대규모 공매도 반격과 주가 폭등에 있다. 이는 단순한 주가 급등이 아니라, 개인 투자자와 기관 투자자 간의 충돌, 그리고 소셜 미디어의 힘이 어떻게 주식시장에 영향을 미칠 수 있는지를 생생하게 보여준다.

이 사건은 영화로까지 제작되었으며, 2023년에 개봉한 영화 〈덤머니(Dumb Money)〉는 그 이야기를 생생하게 담고 있다. 이 영화는 벤 메즈리치(Ben Mezrich)가 쓴 소설 『The Antisocial Network』를 원작으로 하고 있는데, 이 작가는 이전에도 소셜 미디어 영화의 기초가 된 작품, 『The Accidental Billionaires』(이 소설은 영화 〈소셜 네트워크〉로 만들어짐)를 쓴 바 있어, 주식시장과 소셜 미디어의 연결 고리를 꾸준히 다루어온 작가다.

게임스탑은 원래 미국의 비디오 게임 판매점으로, 전통적인 오프라인 매장을 주로 운영하던 기업이었다. 하지만 온라인 게임 시장의 성장과 함께 게임스탑의 비즈니스 모델은 점차 경쟁력을 잃어갔다.

헤지펀드들은 이 회사의 주가가 지속적으로 하락할 것으로 예상하며 공매도(Short selling)를 대규모로 진행했다.

여기서 잠깐, 게임스탑 사건을 제대로 이해하려면 공매도의 개념을 알아야 한다. 쉽게 설명하자면, 공매도는 내가 가지고 있지 않은 주식을 빌려서 판 뒤, 나중에 주가가 떨어지면 다시 사들여 차익을 남기는 전략이다. 예를 들어보자.

친구에게서 마이클 조던 NBA 카드를 빌렸다고 상상해보자. 그런데 그 빌린 카드를 1만 원에 당근마켓에 팔았다. 시간이 지나고 새로운 마이클 조던 카드 팩이 출시되어 내가 판 카드의 중고시세가 7천 원으로 떨어졌다. 그러면 그 카드를 다시 당근마켓에서 7천 원에 구매해 친구에게 돌려주면 3천 원의 차익을 얻게 된다. 공매도도 마찬가지다. 주식이 하락할 것을 기대하고 주식을 먼저 빌려서 판 후, 나중에 주가가 하락하면 저가에 다시 사들여 이익을 남기는 방식이다. 문제는 주가가 오르면? 이때는 손실이 발생한다. 1만 원에 판 주식이 1만 5천 원으로 올랐다면, 다시 사들여야 할 때 손해를 보게 된다.

다시 이야기로 돌아오자. 여기서 문제는 너무 많은 기관들이 이 게임스탑 주식을 공매도했다는 것이다. 당시 이 사태를 계기로 파산한 대형 헤지펀드 멜빈 캐피탈(Melvin Capital)은 5천만 주를 공매도했다.

그런데 이 시점에서 레딧(Reddit)의 월스트리트베츠(WallStreet Bets) 커뮤니티가 등장한다. 이들은 "공매도에 맞서 싸우자"는 구호를 외치며 게임스탑 주식을 대거 매수하기 시작했다. 이로 인해 주

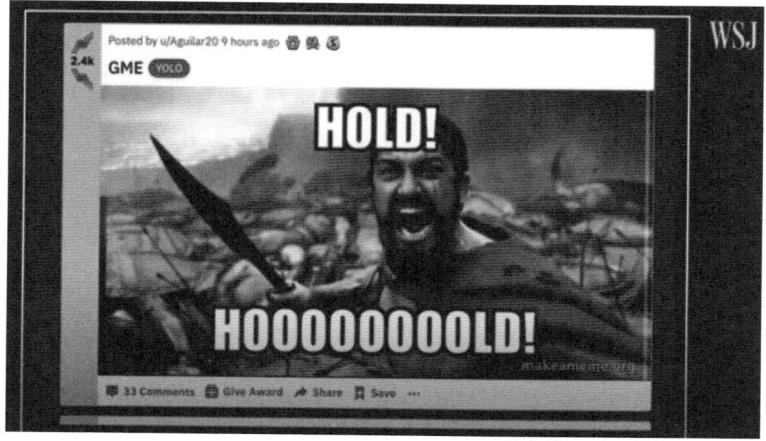

가는 급등했고, 공매도 포지션을 잡고 있던 헤지펀드들은 더 큰 손실을 막기 위해 주식을 다시 사들여야 하는 상황에 몰렸다. 게임스탑의 주가는 며칠 만에 10배 이상 폭등했고, 그 과정에서 몇몇 헤지펀드들은 수십억 달러의 손실을 입었다. 특히 멜빈 캐피탈은 2021년 1월에만 투자금의 53%를 잃었다. 또한 일론 머스크가 트위터에서 'Gamestonk!'라는 메시지를 올리며 이 전쟁에 불을 지폈다.

게임스탑 주가가 급등하는 가운데, 주식 거래 앱 로빈후드(Robinhood)는 게임스탑 주식의 매수를 일시적으로 중단시켰다. 이는 개인 투자자들의 거센 반발을 불러일으켰다. 로빈후드는 자신들이 청산소로부터 요구받은 추가 자금을 중단 이유로 들었지만, 많은 사람들은 이 결정이 실은 기관 투자자를 보호하기 위한 것이라는 의

혹을 제기했다.[15]

이 사건은 그 여파로 인해 백악관 대변인까지 나서야 할 정도로 커졌으며, 정치권과 금융권 모두에서 큰 관심을 받았다. 로빈후드의 역할은 이후에 큰 논란을 불러일으키며 법적 소송과 규제 논의를 촉발시켰다.

게임스탑 사건은 단순한 주가의 급등락을 넘어, 주식시장에 대한 여러 중요한 교훈을 남겼다. 첫째, 개인 투자자들의 결집된 힘이 시장을 움직일 수 있음을 보여줬다. 과거에 비해 훨씬 많은 정보에 접근할 수 있게 된 개인 투자자들은, 소셜 미디어를 통한 강력한 네트워크를 통해 큰 자본을 가진 기관 투자자들을 상대로 대규모 반격을 펼칠 수 있었다. 이는 기존에 기관 투자자들이 주도했던 시장에서 새로운 플레이어의 부상을 의미한다.

둘째, 소셜 미디어의 영향력을 보여줬다. 게임스탑 사건은 레딧, 트위터와 같은 플랫폼에서 투자전략이 공유되고 실행되면서, 소셜 미디어가 전통적인 금융 미디어의 역할을 뛰어넘는 정보 전달의 속도와 범위를 가지고 있음을 입증했다. 일론 머스크의 트윗이 주가를 급등시킨 사례는 소셜 미디어가 얼마나 강력한 영향을 미칠 수 있는지를 단적으로 보여준다.

셋째, 군중 심리와 투자자의 감정이 얼마나 시장에 강력한 영향을 미치는지를 잘 보여줬다. 게임스탑 주가는 기업의 실적이나 기본적인 경제적 가치보다는, 투자자들의 집단적 심리에 의해 주도되었다. 이는 시장이 항상 합리적으로 움직이지 않으며, 때때로 비이성적인

연초 이후 게임스탑 주가 추이(종가 기준)

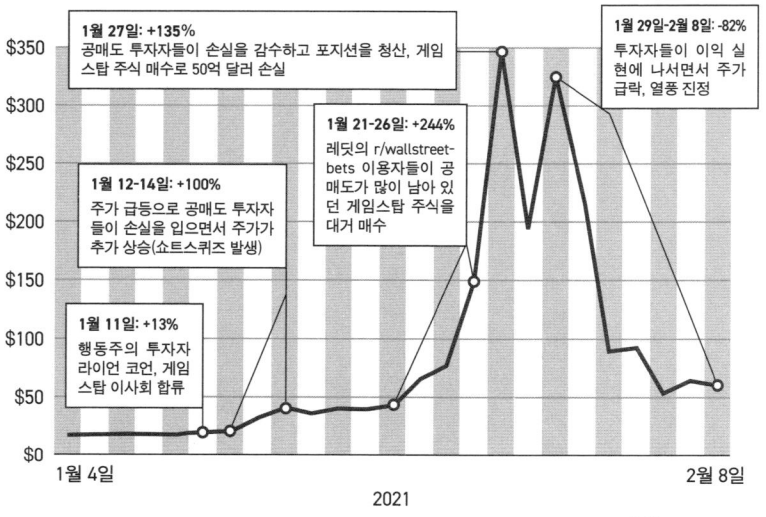

출처: Statista.com

1월 12일에서 14일 사이에 주가가 100%까지 오르며 숏스퀴즈 현상이 발생한다. 숏스퀴즈는 투자자들이 주가 하락을 예상하고 주식을 빌려서 팔았지만, 주가가 예상과 달리 오르면서 주식을 되사야 하는 상황을 말한다. 이로 인해 주가는 더욱 오르게 된다. 1월 21일부터 26일 사이 레딧의 월스트리트베츠 커뮤니티에서 많은 개인 투자자들이 게임스탑 주식을 대량 매수하며 주가는 244% 더 상승했다.

1월 27일, 숏 포지션을 잡았던 대형 기관 투자자들이 손실을 감당하지 못하고 주식을 매수하면서 주가는 추가로 135% 올랐다. 하지만 1월 29일부터 2월 8일까지, 투자자들이 차익을 실현하며 주가는 82% 하락해 한때의 급등세는 사라졌다.

행동이 폭발적으로 나타날 수 있음을 다시 한번 상기시킨다.

마지막으로, 규제의 중요성이 다시 한번 부각되었다. 로빈후드가 게임스탑 주식 매수를 일시 중단했을 때, 시장의 공정성에 대한 논란이 일었고, 이에 대한 정치적, 사회적 논의가 확산되었다. 이는 시장의 투명성과 거래 플랫폼의 책임에 대한 재평가를 요구하는 목소리를 키웠다.

결국, 게임스탑 사건은 주식시장의 미래에 대해 많은 질문을 남겼다. 개인 투자자와 기관 투자자, 그리고 소셜 미디어의 역할이 얽힌 이 사건은 현대 금융 시장이 어떻게 변화하고 있는지를 보여주는 상징적인 사례로 기억될 것이다.

기업과 투자자의 연결고리:
발행시장과 유통시장

주식시장은 크게 2가지 무대로 나눌 수 있다. 바로 발행시장과 유통시장이다. 이 둘은 각기 다른 목적과 기능을 가지고 있지만, 모두 주식시장의 중요한 축을 담당한다. 마치 하나는 무대 뒤에서 조명을 맞추고 무대를 준비하는 스태프와 같고, 다른 하나는 그 무대 위에서 펼쳐지는 실제 공연과도 같다. 이 둘을 제대로 이해해야만 주식시장이 어떻게 돌아가는지, 그리고 그 안에서 내가 어떻게 움직여야 할지 알 수 있다.

——— 발행시장: 주식이 처음 등장하는 무대

발행시장은 주식이 세상에 처음 등장할 때 '환영 파티'를 하는 곳이다. 이곳에서 기업은 자금을 얻고, 투자자들은 그 주식에 대한 기대감을 가지고 첫 구매를 한다. 마치 연예인이 데뷔 무대에 서듯이, 기업도 발행시장에서 주식을 발행하며 첫 인사를 하는 것이다. 발행시장은 한마디로 기업이 자금을 모으는 장이다. 예를 들어 여러분이 새로운 사업을 시작하려는데 자금이 부족하다면, 회사의 지분을 나눠서 투자자들에게 팔고 그 대가로 자금을 얻는 것이다. 이 과정에서 주식은 처음으로 세상에 모습을 드러낸다.

발행시장에서 이루어지는 대표적인 거래는 기업공개(IPO, Initial Public Offering)다. IPO는 기업이 처음으로 주식을 공개 발행해 자금을 조달하는 방법으로, 이는 기업이 대중 시장에 첫발을 내딛는 중요한 순간이다.

상장(上場)이라고도 불리는 이 과정은 기업이 투자자들로부터 자금을 얻는 중요한 수단이 된다. IPO는 기업의 성장 가능성을 높게 본 투자자들이 초기 단계에서 주식을 매수하는 기회이기도 하다. 발행시장에서 주식이 판매되면, 기업은 그 돈을 가지고 사업을 확장하거나 새로운 프로젝트에 투자한다. 이때 중요한 점은, 발행시장에서는 주식이 최초로 발행되기 때문에 자금이 기업으로 직접 흘러간다는 것이다. 여기서 이루어진 자금조달은 기업의 성장을 돕고, 경제 발전의 중요한 축을 담당한다.

그렇다면 발행시장은 한 번만 이뤄지고 끝나는 이벤트일까? 그렇지 않다. 기업이 추가적으로 자금을 조달할 필요가 있을 때는 유상증자를 통해 다시 주식을 발행할 수 있다. 유상증자는 기존 주주 또는 새로운 주주들에게 신규 주식을 발행해 그 대가로 자금을 모으는 방법으로, 기업이 더 많은 자금을 조달해 성장할 수 있도록 한다. 이 과정에서 발행된 주식은 이후 투자자들 간에 자유롭게 거래되는 유통시장으로 넘어가게 된다.

——— 유통시장: 주식, 세상에 나가다

발행시장이 주식의 첫 등장 무대로, 마치 아이돌이 데뷔 쇼케이스에서 팬들 앞에 처음 서는 것처럼, 기업은 발행시장에서 '드디어 저희가 주식으로 나옵니다!'라고 선언하는 것이라면, 유통시장은 그 아이돌이 데뷔 후 팬들과 자유롭게 소통하는 팬미팅 같은 곳이다. 여기서 주식은 오르락내리락, 마치 인기 투표를 하듯 변동을 겪으며 거래된다. 발행시장이 신주가 나오는 첫 무대라면, 유통시장은 이미 나온 주식이 투자자들 사이에서 자유롭게 거래되는 장터다. 한번 발행된 주식은 투자자들끼리 사고팔 수 있는데, 이때부터 주식의 실시간 가격 변동이 시작된다. 우리가 흔히 말하는 주식시장(Stock Market)이 바로 이 유통시장이다.

유통시장에서 투자자들은 주식을 사고팔면서 수익을 내거나, 때로는 손실을 보기도 한다. 코스피(KOSPI)나 코스닥(KOSDAQ) 같은 우리나라의 주식시장이 바로 이 유통시장에 속한다. 이곳에서는 매일 수많은 주식이 매수·매도되며, 그에 따라 주가가 실시간으로 움직인다.

유통시장의 가장 큰 특징은 유동성(Liquidity)이다. 주식을 언제든지 사고팔 수 있기 때문에, 투자자들은 자금을 쉽게 현금화하거나 다른 주식으로 옮길 수 있다. 주식이 활발하게 거래될 수 있는 것은 바로 이 유동성 덕분이다. 유동성이 높다는 것은, 사고팔고 싶을 때 원하는 가격에 주식을 매매할 수 있다는 의미다. 만약 주식시장의 유동성이 낮다면, 내가 사고 싶은 주식을 사거나 팔고 싶은 주식을 팔지 못해 애를 먹을 수 있다.

유통시장은 발행시장처럼 기업이 직접적으로 자금을 조달하는 곳은 아니다. 대신, 발행된 주식이 투자자들 간에 거래되며 시가총액이 변동하고, 그 과정에서 주가가 오르거나 내린다. 그래서 기업은 유통시장에서의 주가 변동을 통해 시장에서 자신의 가치가 어떻게 평가되는지를 확인할 수 있다. 투자자들이 그 기업의 성장성을 높게 평가하면 주가는 상승하고, 반대로 신뢰가 떨어지면 주가는 하락하게 된다.

유통시장은 또한 주식의 가격 결정이 실시간으로 이루어지는 곳이다. 주가가 결정되는 과정에서 중요한 요소는 바로 수요와 공급이다. 주식을 사고 싶은 사람이 많으면 주가는 오르고, 팔고 싶은 사람이 많으면 주가는 떨어진다. 물론 이 과정에서 기업의 실적, 경제상황, 투자자 심리가 복합적으로 작용한다. 예를 들어 어떤 기업이 새로운 제품을 성공적으로 출시해 매출이 급등하면, 그 주식에 대한 수요가 늘어나면서 주가가 상승하는 것이다.

유통시장은 투자자들에게 수익 창출의 기회를 제공하지만, 동시에 리스크도 존재한다. 주가는 하루에도 여러 번 출렁이며, 때로는 예측할 수 없는 방향으로 움직이기도 한다. 그렇기에 유통시장에서는 변동성이 투자자들에게 중요한 요소가 된다. 주식시장의 변동성은 때로는 기회, 때로는 리스크를 제공하며, 이를 잘 관리해야 성공적인 투자로 이어진다.

발행시장과 유통시장은 서로 다른 역할을 하지만, 서로 밀접하게 연결되어 있다. 발행시장에서 주식을 처음 발행해 자금을 조달한 후, 그 주식은 유통시장에서 거래되며 기업의 가치를 평가받는다. 발행시장이 기업의 자금 조달 창구라면, 유통시장은 투자자들이 자유롭게 거래할 수 있는 공간이다. 두 시장이 함께 존재함으로써 기업과 투자자 모두에게 기회와 자본의 유동성을 제공한다.

기업 입장에서는 발행시장에서 자금을 조달한 후, 유통시장에서 주가가 잘 유지되거나 상승하면 더 많은 투자자들의 관심을 끌 수 있다. 이는 추가적인 자금 조달을 위한 좋은 기회가 된다. 반대로, 유통시장에서 주가가 계속 하락한다면, 기업의 자금 조달 능력도 저하될 수 있다. 그래서 기업들은 발행시장과 유통시장 모두에서 긍정적인 평판을 유지하는 것이 중요하다.

발행시장과 유통시장은 주식시장의 두 축으로, 각각 중요한 역할을 한다. 발행시장은 기업이 자본을 조달해 성장을 준비하는 무대이고, 유통시장은 그 주식이 활발하게 거래되며 기업의 가치를 평가받는 장터다. 이 두 시장에 대해 아는 것은 주식시장의 전체적인 구조를 이해하는 데 필수적이며, 이를 통해 투자자들은 기업의 성장 과정과 자본의 흐름을 더 잘 이해할 수 있다.

보이지 않는 손의 마법:
주가를 춤추게 하는 힘들

주식시장에서 가격이 오르락내리락하는 모습을 보고 있으면, 마치 무대 뒤에서 수많은 보이지 않는 손들이 주가를 이리저리 움직이는 것처럼 느껴진다. 그러나 그 가격 변동의 배경에는 분명한 경제적 원리와 투자자들의 심리가 복잡하게 얽혀 있다. 주식 가격 형성은 수요와 공급에 의한 기본적 원칙에서 출발하지만, 그 속에는 다양한 경제적 요인들이 상호작용한다.

이 칼럼에서는 주식 가격이 어떻게 결정되는지, 그리고 이를 이해하는 데 필요한 경제학적 개념들을 살펴보겠다.

주식 가격 결정의 가장 기본적인 메커니즘은 수요와 공급의 법칙이다. 어떤 주식을 사고 싶어 하는 사람(수요)이 많아지면 그 주식의 가격은 올라가고, 반대로 팔려는 사람(공급)이 많아지면 가격은 내려간다. 경제학적으로 이는 균형가격의 원리에 해당한다. 즉 주식 가격은 수요와 공급이 맞아떨어지는 지점에서 결정된다.

A기업이 혁신적인 신제품을 발표해 큰 기대를 모은다면, 많은 투자자들이 그 주식을 사고 싶어 할 것이다. 이렇게 수요가 급증하면 가격이 상승한다. 반대로, 기업 실적이 예상보다 저조하거나 미래 성장성이 의심되면 투자자들이 매도에 나서면서 가격이 하락한다. 하지만 주식시장에서의 수요와 공급은 단순히 '많이 팔면 가격이 떨어지고, 많이 사면 오른다'는 수준으로 설명되지 않는다. 그 속에는 복잡한 요인들이 얽혀 있다.

——— 실적에 따라 춤추는 주가: 이윤이 답이다

주식의 기본적인 가치는 기업의 수익성에 의해 크게 좌우된다. 기본적 분석은 투자자가 기업의 내재 가치를 평가하는 대표적인 방법이다. 여기서 중요한 경제학적 개념은 바로 이윤극대화다. 기업은 최대한의 이윤을 얻기 위해 생산과 비용을 관리하며, 그 결과가 주가에 반영된다.

A기업이 뛰어난 경영 성과를 보여 매출과 이익이 급증한다면, 그 기업의 주가는 더 높게 평가될 것이다. 반대로, 비용이 과도하게 증가하거나 시장점유율이 줄어드는 등의 악재가 발생하면 주가는 하락할 가능성이 높아진다. 이는 앞서 공부한 총비용(TC)과 이윤의 개념이 주식 가치 평가에서 중요한 이유다.

——— 기업의 성장성: 기대가 가격을 움직인다

기업의 성장성은 주식 가격을 움직이는 또 다른 중요한 요소다. 성장성은 투자자들의 미래에 대한 기대를 담고 있다. 투자자들은 '이 기업이 앞으로 얼마나 더 성장할까?'를 예측하고, 그 답이 '성장 가능성'이라면 높은 가치를 부여하게 된다. 여기서 경제학적으로 중요한 개념이 기대수익률이다. 즉 '미래에 내 투자금이 얼마나 불어날까?'를 따져보는 것이다.

A기업의 실적이 현재는 크지 않더라도, 혁신적인 기술이나 새로운 시장 진출 가능성으로 미래에 큰 성장을 이룰 것이라고 기대된다면, 그 주가는 투자자들의 기대감 속에서 상승할 수 있다. 반면, 성장성이 둔화되거나 경쟁력 약화 등의 이유로 미래 전망이 어둡다면, 주가는 하락할 가능성이 높다.

결국 주가는 단순히 현재의 성과만 반영하는 것이 아니라, 미래의 성장성까지 포함해 평가된다. 주식시장에서 중요한 건 '지금'이 아니라, '앞으로 얼마나 더 성장할 수 있는가'라는 이야기다.

——— 거시경제의 영향력: 주가를 몰고 가는 거대한 파도

주가에 영향을 미치는 또 다른 주요 요인은 거시경제적 환경이다. 통화정책, 재정정책, 인플레이션 같은 거시경제적 요인들은 주식시장의 흐름을 크게 좌우한다. 특히 금리는 주식시장에서 중요한 변수로 작용한다. 금리가 상승하면, 기업의 대출 비용이 증가하면서 이익이 줄어들고, 이는 주가 하락으로 이어질 수 있다. 반대로 금리가 하락하면 기업들이 더 쉽게 자금을 조달할 수 있어 성장 가능성이 높아지고, 주가는 상승할 가능성이 크다.

또한 환율 변동도 주가에 큰 영향을 미친다. 환율이 하락(원화 강세)하면 수출 기업들이 어려움을 겪게 되어 주가가 하락할 수 있지만, 반대로 환율 상승(원화 약세)은 수출 기업의 수익성을 개선시켜 주가 상승을 이끌 가능성을 높여준다. 이처럼 경제 전반의 흐름은 주식 가격 형성에 복잡한 영향을 미친다.

——— 기대 vs. 현실: 희망과 두려움의 줄다리기, 주가를 움직이는 심리

주가를 결정하는 또 하나의 중요한 변수는 투자자 심리다. 행동경제학에서는 사람들이 항상 합리적인 결정을 내리지는 않는다고 본다. 오히려 이런 비합리성을 정상적인 상태로 보기도 한다. 실제로 주식시장에서 많은 투자자들이 기업의 객관적인 실적보다 시장 기대와 투자 심리에 의해 매매 결정을 내린다. 이는 때로 비합리적 과열로 이어져 주가가 실제 가치보다 훨씬 높게 평가되기도 하고, 반대로 과도한 공포가 시장을 잠식해 주가가 지나치게 하락하기도 한다.

이런 심리적 요인은 특히 군중 심리에서 두드러진다. 예를 들어 어떤 주식이 급등세를 보이면 '더 오를 것이다'라는 기대감에 더 많은 사람들이 몰려들고, 그 결과 주가는 더욱 상승한다. 반대로 주식이 급락할 때는 공포에 휩싸여 손해를 줄이려는 사람들이 매도에 나서면서 주가가 더 큰 폭으로 떨어지기도 한다. 이는 우리가 경제적 의사결정을 할 때 손실 회피 성향을 강하게 드러내기 때문이며, 이는 행동경제학에서 다루는 주요 개념 중 하나다.

─────── 외부 요인: 예측할 수 없는 충격

마지막으로, 주가에 영향을 미치는 중요한 요소 중 하나는 외부 요인이다. 예상치 못한 정치적 사건, 자연재해 또는 전염병과 같은 외부 충격은 주식시장에 즉각적인 파장을 불러일으킨다. 2020년 코로나19 팬데믹 초기에 전 세계 주식시장은 급격히 하락했다. 세계 경제의 불확실성이 커지면서 투자자들이 대거 매도를 선택한 결과다.

그러나 시간이 지나면서 경제가 다시 회복되기 시작했고, 정부의 지원책과 백신 개발 소식 등이 나오자 주식시장은 급격히 반등했다. 이렇듯 외부 충격은 주식시장의 단기적인 변동성을 크게 일으키며, 이에 대한 대응 전략은 투자자들이 늘 염두에 두어야 할 요소다.

주식 가격은 단순히 수요와 공급의 법칙에 의해 결정되는 것이 아니다. 기업 실적, 성장성, 거시경제적 요인, 투자자 심리, 그리고 외부 요인들이 복잡하게 상호작용하며, 그 결과 주가는 끊임없이 변동한다. 주식시장에서 성공하려면 이 모든 요소들을 종합적으로 이해하고, 언제 어떻게 움직일지를 예측하는 것이 중요하다. 경제학적 개념을 바탕으로 주식시장을 해석하는 능력이 곧 성공적인 투자로 이어진다는 점을 기억하자.

주식의 가치와 가격:
그 차이를 이해하는 힘

주식의 가치와 가격은 종종 같은 의미로 사용되지만, 실제로는 다른 개념이다. 주식시장에서 자주 발생하는 오해 중 하나는 주식의 가격이 곧 그 가치를 반영한다고 생각하는 것이다. 그러나 현실에서는 주식의 시장 가격이 그 기업의 본질적인 가치를 제대로 반영하지 못하는 경우가 많다. 이 차이를 이해하는 것은 성공적인 투자의 중요한 출발점이 된다.

_____ 가치와 가격의 차이:
시장이 항상 올바르게 평가하는 것은 아니다

주식의 내재가치(intrinsic value)는 그 기업이 미래에 창출할 수 있는 이익이나 성장 가능성에 기반해 산출된다. 주식의 내재가치를 평가할 때 주로 사용하는 방법은 기본적 분석(Fundamental Analysis)이다.

기본적 분석은 기업의 재무 상태, 수익성, 경영진의 역량, 산업 전망 등을 살펴보며 그 기업의 '가치'를 평가하는 것이다. 우리가 차를 살 때 브랜드에서부터 엔진성능까지 꼼꼼히 따지는 것처럼, 장기적인 관점에서 기업의 내실을 들여다보는 방식이다. 기업이 현재 얼마의 이익을 내고 있으며, 앞으로 얼마나 더 많은 이익을 낼 가능성이 있는지를 판단하는 것이 중요하다.

이 분석에는 몇 가지 방법이 포함된다. 첫째, 절대가치 평가법(Income Approach, 이익접근법)으로, 대표적인 방법은 DCF(할인 현금흐름) 모델이다. 이는 기업이 미래에 발생할 현금흐름을 현재가치로 환산해 내재가치를 평가한다. 즉 기업이 자체적으로 창출할 수 있는 가치를 계산하는 방식이다.

둘째, 상대가치 평가법(Market Approach, 시장접근법)은 유사한 다른 기업들과 비교해 평가하는 방식이다. 주가수익비율(PER), EV/EBITDA와 같은 지표를 사용해 해당 기업이 시장에서 저평가되어 있는지, 또는 고평가되어 있는지를 판단한다. 이 방법은 시장의 다른 기업과 비교해 상대적으로 평가하는 방식이기 때문에 내재가치를 직접적으로 평가하는 것은 아니지만 유용한 시각을 제공한다.

셋째, 비용접근법(Cost Approach)은 기업의 자산가치에 기반해 평가하는 방법으로, 기업의 자산에서 부채를 차감한 순자산을 기준으로 내재가치를 산정한다. 이 방법은 주로 기업의 청산가치를 평가할 때 유용하다. 이렇듯 다양한 평가 방법을 통해 기업의 장기적인 가치를 종합적으로 판단하며, 이를 바탕으로 투자 결정을 내릴 수 있다.

반면, 기술적 분석은 매매 타이밍을 잡는 기법으로, 과거 주가와 거래량의 패턴을 분석해 시장에서 적절한 매수와 매도의 시점을 포착하는 데 중점을 둔다. 기술적 분석은 기본적 분석의 보완적인 도구로 사용될 수 있으며, 내재가치를 기준으로 저평가된 주식을 발견한 후, 최적의 매수·매도 시점을 잡기 위한 도구로 활용된다. 이를 통해 우리는 내재가치를 기준으로 장기적인 투자 결정을 내리면서도, 기술적 분석을 통해 적절한 타이밍을 찾는 노력을 할 수 있다.

다시 내재가치의 이야기로 돌아와서, 주식의 가격은 내재가치와 다르게 시장의 심리와 수요와 공급의 영향 아래 실시간으로 변동한다. 여기서 중요한 개념은 바로 시장 효율성이다. 우리가 앞서 공부한 효율적 시장 가설(Efficient Market Hypothesis)에 따르면, 시장은 모든 가능한 정보를 반영해 주식을 공정하게 평가한다고 하지만 알다시피 현실에서는 비효율성이 발생할 때가 많다. 투자자들이 과도한 기대나 공포에 휩싸여 매매를 결정하는 경우, 주식의 가격은 내재가치와 큰 차이를 보일 수 있다.

주가가 가치보다 높게 평가되는 경우, 우리는 그 주식이 과대평가되었다고 말한다. 예를 들어 단기적인 호재로 인해 한 기업의 주가가 급등할 수 있다. 하지만 이 주가 상승이 그 기업의 실제 성장 잠재력이나 수익성보다 지나치게 높게 반영된 결과라면, 그 주식은 실제로는 내재가치보다 비싼 가격에 거래되고 있는 것이다. 이러한 상황에서는 '거품'이라는 말이 자주 나온다. 거품이 끼어 있는 주식은 시간이 지나면서 가격 조정이 일어날 가능성이 높다. '싼 게 비지떡'

이 아니라 '비싼 게 비지떡'이 될 수도 있는 상황인 것이다.

반대로, 주식의 가격이 내재가치보다 낮게 평가되는 경우도 있다. 이럴 때는 그 주식이 저평가된 상태라고 볼 수 있다. 일시적인 시장 불안이나 특정 산업에 대한 부정적인 전망으로 인해 투자자들이 매도세에 몰리면, 그 기업의 주가는 가치보다 훨씬 낮은 수준으로 거래될 수 있다. 이러한 비합리적 매도는 주가가 기업의 장기적인 성장 가능성을 제대로 반영하지 못하는 경우에 발생한다.

─────── 가치투자의 핵심: 내재가치와 시장가의 줄다리기

가치투자는 이러한 가치와 가격의 차이를 이용해 수익을 추구하는 대표적인 투자전략이다. 가치투자자들은 내재가치에 비해 저평가된 주식을 찾아 매수하고, 시간이 지나 그 가치가 가격에 반영되기를 기다린다. 이때 중요한 것은 단기적인 가격 변동에 흔들리지 않고, 기업의 장기적인 성장 가능성을 믿고 기다리는 것이다. 시장의 변동성이 당장은 크더라도, 내재가치는 시간이 지나면서 결국에는 반영될 가능성이 높기 때문이다.

그리고 IPO 공모가는 반드시 기업의 내재가치를 100% 정확하게 반영하는 것은 아니지만, 유통되기 전에 투자자들이 기업의 가치를 합리적으로 평가할 수 있도록 설계된 출발점이라고 할 수 있다. 기업이 IPO를 통해 공모가를 책정할 때는, 재무 상태, 산업 전망, 시장 수요 등을 고려해 기업의 가치를 추정한다. 하지만 주식이 유통시장에 상장된 이후의 가격은 전적으로 시장의 기대와 심리, 그리고 미래 성장성에 의해 움직인다. 따라서 IPO 공모가는 그 기업의 가치를 어느 정도 반영한 기준이긴 하지만, 유통시장에서의 주가는 시장 참여자들의 평가에 따라 달라지기 마련이다.

LG에너지솔루션의 2022년 IPO 사례가 이를 잘 보여준다. 공모가는 30만 원으로 설정되었지만, 상장 첫날 주가는 약 68% 상승하며 50만 원에 육박했다. 이는 LG에너지솔루션이 속한 전기차 배터리 산업에 대한 투자자들의 미래 기대감이 주가에 반영된 결과다. 상장후, 기업의 시가총액은 약 98조 원에 이르렀고, 이는 삼성전자에 이어 한국 주식시장에서 두 번째로 큰 규모가 되었다.

이 사례는 주식시장에서 가격과 가치의 차이를 보여주는 중요한 사례다. 공모가는 합리적인 출발점이지만, 유통시장에서는 투자자들의 심리적 요인과 미래 성장에 대한 기대가 주가에 더욱 큰 영향을 미칠 수 있다는 점을 상기시켜준다.

가치와 가격은 같은 것이 아니다. 주식의 가격은 시장에서 투자자들의 심리와 거시경제적 요인에 따라 하루에도 수없이 변동하지만, 기업의 내재가치는 그와는 별개로 존재한다. 때로는 시장의 과열로 인해 가격이 내재가치보다 과대평가될 수도 있고, 반대로 시장의 불안감이나 투자자의 지나친 회의로 인해 내재가치가 저평가될 수도 있다.

하지만 중요한 것은 이 차이를 이해하고 활용하는 것이다. 가치를 고려하는 것은 단지 가치투자자들만의 전략이 아니다. 대부분의 투자자들은 저평가된 주식을 찾는 것을 목표로 하고 있으며, 이를 위해서는 내재가치와 현재 가격의 차이를 판단할 수 있어야 한다. 물론 가치투자가 내재가치를 장기적으로 보면서 수익을 얻는 전략이라면, 기술적 분석은 그 타이밍을 잡는 데 도움을 줄 수 있다. 매매 타이밍을 전혀 고려하지 않고 단순히 저평가만 찾을 것이 아니라, 시장 흐름과 가격 변동성도 함께 고민해야 하는 것이 우리의 숙제다.

궁극적으로 가장 중요한 것은 내재가치를 평가하는 본인만의 기준을 갖는 것이다. 물론 처음부터 완벽한 기준이 있을 수는 없다. 오히려 어설픈 출발이 자연스러운 과정이고, 중요한 건 그 기준을 시장 경험과 함께 계속 다듬어나가는 것이다. 주식시장은 예측하기 어려운 변동성을 가진다. 그러니 시행착오를 겪으며 자신의 투자 원칙을 조금씩 발전시켜나가는 것이 장기적인 성공을 위한 핵심이다. 완벽한 투자 원칙은 만들어가는 과정이며, 그 과정에서 얻은 인사이트가 결국 큰 성과로 이어진다는 것을 잊지 말자.

새로운
내재가치(Intrinsic Value)를 찾아서

앞서 언급했듯이, 투자 원칙은 시간이 지남에 따라 다듬어지는 것이다. 사모펀드에서 일하면서 지금까지 경험하고 학습한 기준들 역시 그렇게 만들어져왔고, 발전해가는 중이라고 생각한다. 이러한 과정에서 나는 어떤 기준과 원칙을 세웠고, 그 기준이 어떻게 투자 결정을 이끌어왔는지 설명하고자 한다.

'기업가치'라는 것은 무엇인가, 더 정확히 말하면 '내재가치(Intrinsic Value)'가 무엇인가에 대한 고민으로 가득했던 시절, 나는 가치투자자로 유명했던 전 한국밸류자산운용 CIO 이채원의 『이채원의 가치투자(가슴 뛰는 기업을 찾아서)』를 읽으며 거인의 어깨에 올라가 있는 기분을 느끼곤 했다.

2008년 금융위기 당시의 공포감, 그 이후의 시장을 경험하며 의사결정을 하는 원칙에 대한 필요성을 생각했다. 그 시기에 읽었던 투자서적을, 특히 가치투자의 아버지로 불리는 벤저민 그레이엄

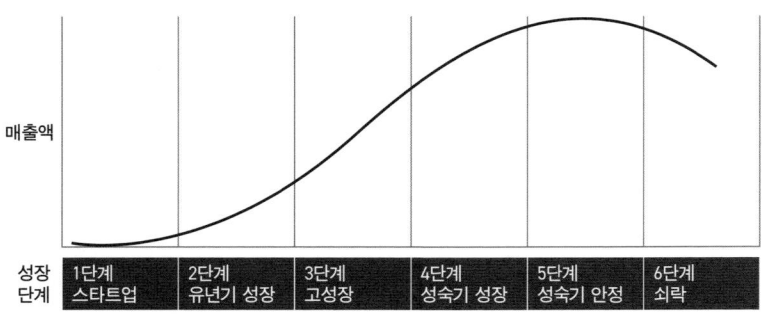

〈자료 3〉 기업의 생애주기 곡선

| 성장
단계 | 1단계
스타트업 | 2단계
유년기 성장 | 3단계
고성장 | 4단계
성숙기 성장 | 5단계
성숙기 안정 | 6단계
쇠락 |

이 그의 책 『증권분석』에서 말한 '사실에 의해 평가되는 가치(Value which is determined by the facts)'라는 내재가치에 대한 모호한 정의를 구체화하기 위한 노력의 필요성을 느꼈다.

미래 '배당'의 합계이든, 기업이 창출하는 '과거-현재-미래 현금흐름'의 합계이든 기업가치는 현금흐름의 현재가치로 통용되었다. 현재 가치가 가격보다 싸면 저평가되어 있고, 높으면 고평가되었다고 말한다. 그리고 〈자료 3〉의 기업 생애주기 곡선 또한 우리가 앞서 공부한 한계효용 체감의 법칙을 따르는 듯했다. 하지만 우리가 말하는 4차 산업혁명은 '생산량'을 늘리는 것보다 혁신적인 기술을 통해 '질(편의성)'의 수준을 끌어올린다. 그리고 더 많은 소비자가 해당 서비스를 이용할 수 있도록 진입장벽을 낮추기도 한다.

만약 테슬라가 기술발전으로 자율주행 서비스의 가격을 0으로 만든다면, 테슬라의 기업가치는 하락하는 것일까? 자율주행 기술과 같은 혁신적인 기술 발전은 기업의 가치를 평가하는 방식에 새로운 도전을 던지고 있다. 전통적으로 기업 가치는 매출, 수익, 현금 흐름과 같은 재무적 지표에 의해 평가되었지만, 오늘날 기업의 진정한 경쟁력은 물리적 자산에 더해 무형자산에서도 창출된다.

특히 기술 플랫폼, 생태계 구축, 그리고 사용자의 데이터 활용 가능성 등은 기업의 장기적 성장을 이끄는 주요 동력이 되고 있다. 그러다 보니 브랜드, 인재, 네트워크 등 '무형자산'에 대한 인사이트를 어떻게 정량적으로 풀어낼 수 있을지가 중요해지고 있다. 이는 투자자에게 주어진 숙제 같기도 하다. 우리가 그동안 내재가치(Intrinsic Value)란 무엇인가에 대한 정답을 찾아왔던 것처럼 말이다.

현재의 성장산업을 바라보는 투자판단 기준에는 시대의 흐름이 반영되어 있고, 조금은 미래지향적이어야 한다고 생각한다. 각 기관 투자자들은 투자철학, 전략 등의 표현으로 각자의 투자판단 기준을 설명하고 있다.

벤저민 그레이엄이 『증권분석』을 집필한 시기는 1930년대다(1934년 발간). 동 시기에 100년 후의 세계를 고민했던 경제학자가 있었다. 바로 세계적인 경제학자 케인스다. 케인스는 시장과 경제에 대한 정부의 적극 개입을 주장한 경제학자로 우리가 겪었던 팬데믹 시대에 더 많이 회자가 되었다.

1930년에 케인스는 『우리 손주 세대의 경제적 가능성(Economic Possibilities for our Grandchildren)』이라는 에세이를 통해서 100년 후의 세계에 대한 예언을 했다. 예언은 다음에 나오는 3가지의 메시지로 요약될 수 있다.

> 1. (생산성이 8배나 늘어서) 주당 노동시간이 '15시간'에 불과한 세상
> 2. 경제적 문제는 해결되고, 관심이 '즐거움, 아름다움'에 집중되는 세상
> 3. 화폐를 소유물로 사랑하는 정신병이 사라지고, '선한 것'에 주목하는 세상
>
> *KB증권 이은택 애널리스트의 '케인즈의 예언:
> 인류는 어떻게 현실을 등지고 메타버스로 귀의하게 되는가' 인용

케인스가 말한 100년이 되려면 약 10년이 남았다. 현재를 살고 있는 독자 여러분들은 어떻게 생각하는가? 나는 케인스가 현재의 시대상황을 상당 부분 설명하고 있다고 판단한다. 기술의 발전으로 인한 생산성 향상이 근무시간을 단축하고 근무 외 시간들을 사람들은 무언가로 채우기 시작했다. 실제로 생산성이 높은 국가일수록 그렇지 못한 국가 대비 근로시간은 적고 시간당 소득은 높다.

그렇다면 위 케인스가 말한 3가지 예언을 이렇게 전환해보자. '1) 어떤 기업이 생산성 확대에 직간접적으로 기여하는 제품과 서비스를 제공하는가', 1)의 결과로 생긴 줄어든 근로시간을 '2) 어떤 기업의 제품과 서비스가 충족시켜주는가'로 말이다. '3) 선한 것'은 요즘 주목받는 ESG 개념으로 생각할 수도 있겠지만, 조금 철학적인 문제일 수 있어 독자들의 판단에 맡기겠다.

GPT처럼 생산성을 높이는 기술도, 줄어든 근무시간을 채워줄 콘

텐츠도 결국 고객의 선택이다. 즉 고객의 경험이 중심에 있다. 고객의 선택을 받은 기술, 그리고 그로 인해 줄어든 근로시간을 채워주는 콘텐츠를 제공하는 기업은 미래에 높은 기업가치를 형성할 확률이 크다. 기업가치를 평가하는 프레임은 시대의 흐름을 반영해야 하고, 크고 넓은 개념을 품을 수 있어야 한다고 생각한다. 그리고 이 프레임 안에서 유연한 검토가 이뤄져야 한다.

지금부터는 투자에 대한 하나의 관점을 소개해보겠다. 나는 소비자의 선택을 받는 기술을 기반으로 제품과 서비스를 제공하는 기업, 최종 사용자(End-User)의 생산성을 향상시키는 기업을 밸류체인 혁신자(Value Chain Disruptor)라고 부른다. 이들은 아래와 같은 조건에 부합한다.

1. 기존 산업의 밸류체인(Value Chain) 비효율을 개선함
2. 비효율 개선을 통해 제품 및 서비스의 질이 기존 대비 뛰어남
3. 비효율 개선이 반드시 최종 사용자(End-User)의 부가가치 창출에 기여함
4. 회사의 비즈니스가 해당 산업의 크기를 키우고 성장시킴

소비자 선택의 결정변수는 '돈, 시간, 노력'의 최소화다. 소비자의 선택으로 줄어든 근무시간(유휴시간)은 다양한 서비스들이 채우겠지만 나는 특히 웰니스(Wellness) 분야를 주목하고 있다. 웰니스 관련

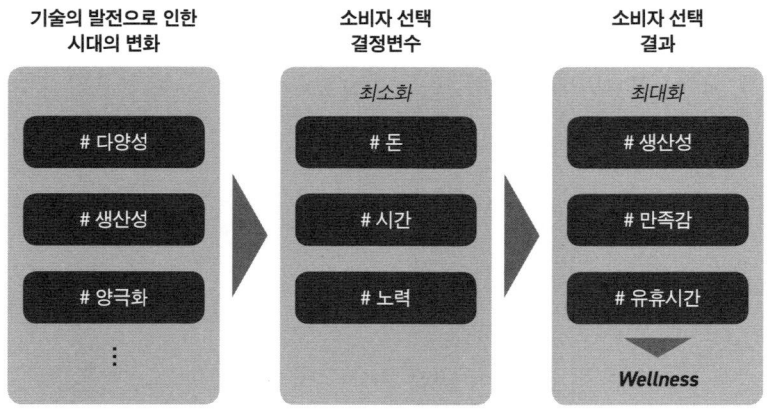

〈자료 4〉 소비자 선택의 결정변수 및 선택결과

기술의 발전으로 인한 시대의 변화	소비자 선택 결정변수	소비자 선택 결과
	최소화	최대화
# 다양성	# 돈	# 생산성
# 생산성	# 시간	# 만족감
# 양극화	# 노력	# 유휴시간
⋮		Wellness

제품과 서비스를 직간접적으로 제공하는 기업을 '삶의 질을 끌어올리는 촉진제(Wellness Enhancer)'라고 부른다. 즉 소비자의 삶의 질을 개선시키는 자들이다. 제품 및 서비스를 선택할 수 있는 부의 격차 또한 커지고 있는 시대상황 속에서 웰니스 카테고리를 하이엔드(High-end)와 범용성을 지닌 분야로 나눌 수 있을 것이다.

일관성 있는 판단 기준은 투자에서 필수적이며, 시간이 지남에 따라 더욱 정교해질 수 있다. 올해는 가치사슬(Value Chain)을 새롭게 바꾸는 혁신자와 삶의 질을 높이는 '웰니스 촉진자(Wellness Enhancer)'를 찾아내는 데 주력해야 할 것이다. 그리고 나 자신도 자본시장 안에서 이러한 역할을 충실히 하고 있는지 계속 스스로에게 질문할 것이다. 여러분도 각자의 경험과 동기부여를 바탕으로 자신만의 투자 원칙을 정립해나가며, 함께 성장해나가길 바란다.

2장

부동산 투자의 ABC:
고요한 강자에서
미래 자산까지

부동산 시장의 이해:
고요한 강자, 부동산의 힘

부동산은 주식처럼 하루아침에 급락하거나 채권처럼 금리에 예민하게 반응하지 않는다. 그렇다고 완전히 '안정적'인 자산으로만 볼 수는 없다. 부동산은 장기적인 안정성을 가지고 있지만, 지역적 특성과 거시경제적 변화에 따라 예상치 못한 파도를 만나기도 한다. 그렇다면 이 고요한 강자인 부동산이 움직이는 원리를 경제학적 관점에서 살펴보자.

부동산은 말 그대로 눈에 보이고 손에 잡히는 실물 자산(Real Asset)이다. 그래서 부동산은 내구재의 특성을 가진다. 시간이 지나도 그 가치가 일정 부분 유지되거나, 때로는 더 높아질 수도 있다. 사람들은 집 한 채를 '든든한 자산'으로 생각하는 경우가 많다. 주식처럼 오르락내리락하는 심장이 쫄깃한 경험보다는, 마치 오래된 나무처럼 서서히 자라고 가치를 유지하는 느낌과도 같다.

부동산의 이러한 특성 덕분에 경제적 불확실성이 클 때 투자자들은 부동산을 안전한 피난처로 삼는다. 특히 금리가 낮아지면 더 많은 자금이 부동산으로 몰린다. 대출 이자가 낮아지면 집을 사려는 사람들도 늘어나고, 그 결과로 부동산 가격이 오르는 것이다. 이럴 때 부동산은 은행이자보다는 더 나은 수익을 기대할 수 있는 매력적인 자산이 된다. 반대로 금리가 오르면 대출 이자가 높아지면서 부동산 수요가 줄어든다. 이 과정에서 사람들은 부동산 매입을 다시 생각하게 되고, 시장은 빠르게 얼어붙는다. 부동산 시장에서 금리와 가격이 서로 엇갈리듯 움직이는 이 관계는 익숙한 경제학적 원리 중의 하나다. 주식 투자와 비슷하게 보일 수 있지만, 부동산은 '한번 사면 쉽게 놓지 못하는' 특성이 있다는 점에서 차별화된다.

─────── 입지의 가치: 어디에 있느냐가 중요하다

부동산 시장은 경제학 교과서에서 배웠던 수요와 공급의 법칙이 적용되지만, 여기에는 다른 자산과는 차별화된 점이 있다. 주식은 전 세계적으로 유사한 가격 형성 메커니즘이 적용되지만, 부동산은 지역적 특성에 크게 의존한다. 서울의 아파트와 지방의 상가는 같은 나라에 있어도 전혀 다른 가격 흐름을 보인다. 왜 그럴까? 바로 입지의 가치 때문이다.

실리콘밸리의 사례는 이 점을 잘 보여준다. 실리콘밸리의 주택 시장은 기술 산업의 성장과 맞물려 특정 지역의 집값이 급등한 대표적인 예다. 페이스북, 구글, 우버 같은 테크 기업들이 상장하면서 직원들이 스톡옵션을 현금화했고, 이들은 주택 구매에 나서면서 특정 지역의 집값을 끌어올렸다.

특히 마이크로소프트 공동창업자 폴 앨런, 구글 전 CEO 에릭 슈미트 등 테크 리더들이 거주하는 애서튼(Atherton)과 같은 지역은 상징적으로 '성공한 자들의 동네'로 여겨지며, 실리콘밸리 중심부보다도 더욱 높은 가격대를 유지하고 있다. 이러한 변화는 새로운 지하철역이나 상업 시설 개발이 주변 주택가격을 끌어올리는 외부효과와 비슷한 맥락에서 이해할 수 있다.

실리콘밸리의 부동산 시장은 지난 5년 동안 기술 산업의 흐름과 밀접하게 맞물리며 변동을 겪었다. 2020년과 2021년 팬데믹 초기에는 낮은 금리와 재택근무 확산으로 인해 주택 수요가 급증했다. 특히 페이스북, 구글, 애플과 같은 빅테크 기업들이 주가 상승을 기록하면서, 직원들은 스톡옵션을 현금화해 주택 구매에 적극적으로 나섰다. 이러한 흐름은 실리콘밸리의 주택가격을 빠르게 끌어올리는 촉매 역할을 했다.

그러나 2022년 연방준비제도의 금리인상이 시작되면서 모기지 비용이 상승했고, 이에 따라 부동산 시장은 일시적인 가격 조정을 겪었다. 그럼에도 불구하고 산호세를 포함한 실리콘밸리 주요 지역은 여전히 높은 주택 수요를 유지하며 가격 하락폭을 제한적으로 유지했다. 이는 실리콘밸리 내 경제적 여유를 지닌 구매자들이 꾸준히 시장에 존재했기 때문이다.

2023년과 2024년에 들어서면서 실리콘밸리의 주택가격은 다시

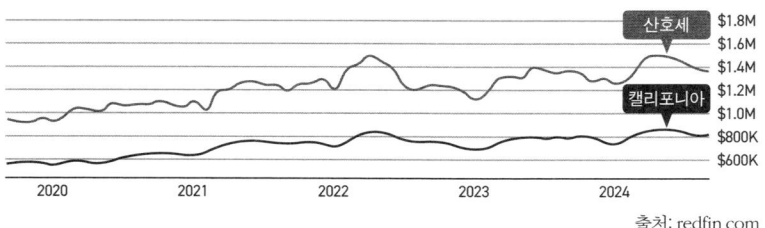

산호세

캘리포니아

$1.8M
$1.6M
$1.4M
$1.2M
$1.0M
$800K
$600K

2020   2021   2022   2023   2024

출처: redfin.com

이 그림은 캘리포니아 및 실리콘밸리(산호세)의 5년간 집값 추이를 보여준다. 캘리포니아의 평균적인 주택가격과 비교했을 때, 실리콘밸리(산호세)의 주택가격이 전반적으로 더 높은 수준을 유지해왔음을 확인할 수 있다.

높은 수준을 유지했는데, 이는 공급 부족과 테크 업계 회복이 주요 요인으로 작용한 결과였다. 그리고 2024년 인공지능(AI) 열풍으로 다시 실리콘밸리 부동산 시장이 주목받기 시작했다.[16] 실리콘밸리의 주택 시장은 기술 업계와 그 성공이 지역 부동산 가치에 얼마나 큰 영향을 미칠 수 있는지를 보여주는 대표적인 사례다.

　하지만 입지의 가치는 무조건 오르기만 하는 것은 아니다. 어떤 지역은 수년간 개발이 지연되거나 계획했던 공공시설이 무산되면 가격이 주저앉아 오히려 투자자들에게 실망감을 안기기도 한다. 그래서 부동산 투자자라면 입지의 가치를 어떻게 평가할지 끊임없이 고민해야 한다. 한때 핫했던 지역이 갑자기 식을 수도 있고, 별 볼 일 없던 지역이 미래의 보물 같은 기회가 될 수도 있다. 그래서 부동산은 마치 도시에 깔린 보물지도처럼, 기회를 기다리는 자산이다.

부동산은 이처럼 입지와 외부 요인의 변화에 민감하게 반응하면서 거시경제적 변화에도 영향을 받는다. 금리는 물론이고 정부의 부동산 규제 하나에도 가격이 흔들릴 수 있다. 정부가 대출 규제를 강화하면 부동산을 사려는 사람들은 줄어들고, 반대로 세제 혜택을 늘리면 투자자들이 다시 몰려들 수 있다. 마치 정부와 시장이 밀고 당기는 게임과도 같다. 그러니 부동산 투자자는 단순히 '어디가 좋아 보여서' 집을 사는 것이 아니라, 거시경제의 흐름과 정책 변화를 읽어야 한다. 경제가 어디로 향하는지, 정부의 다음 수가 무엇인지 파악하는 것이 투자에서 성공할 수 있는 첫걸음이다.

　하지만 부동산의 단점 중 하나는 유동성이 낮다는 점이다. 주식처럼 쉽게 사고팔 수 있는 자산이 아니다. 마음에 드는 집을 사고나서 갑자기 자금이 필요할 때 바로 팔 수 있는 것도 아니다. 부동산 거래에는 시간이 걸리고, 수수료나 세금 같은 거래 비용도 많이 든다. 경제 위기 상황에서는 이러한 유동성 부족이 큰 리스크로 다가올 수 있다. 하지만 그만큼 장기적으로는 안정성을 가진 자산이기도 하다. 시장이 흔들릴 때도 부동산은 한 번에 큰 변동을 겪기보다 서서히 움직이는 경우가 많기 때문이다. 이 고요한 움직임 속에서 투자자들은 안정적인 수익을 기대할 수 있다.

　이렇듯 부동산은 다른 자산군과는 다른 매력을 지닌다. 금리, 정책, 지역적 특성이 얽혀 있어 복잡하지만, 그 안에는 분명한 경제적 원리가 작동한다. 부동산을 이해하는 첫 단계는 바로 이 원리를 파악하는 것이다.

부동산 투자:
직접이냐, 간접이냐

부동산 투자라고 하면 흔히 아파트나 상가, 오피스 빌딩을 직접 소유하고 임대료를 받는 모습을 떠올리기 쉽다. 하지만 실제 부동산 시장의 모습은 생각보다 더 다채롭다. 직접 내 이름으로 집 한 채를 사는 것이 아니라, 리츠(REITs)나 부동산 펀드를 통해 간접적으로 부동산 시장에 참여할 수 있는 길도 있다. 그렇다면 직접투자와 간접투자, 둘 중 어떤 방식이 더 나은 선택일까? 각각의 방식이 가진 매력과 단점을 살펴보며, 경제학적 관점에서 접근해보자.

─────── **직접투자: 내 손에 쥐어진 부동산의 안정감**

부동산 직접투자는 내가 특정 부동산을 소유하고, 그 자산에서 발생하는 임대수익이나 자산 가치 상승을 직접 누리는 방식이다. 이때 중요한 경제학적 개념은 바로 비탄력성(Inelasticity)이다. 부동산은 다른 재화와 달리 공급이 제한적이기 때문에, 가격이 오를 때 수요가 조금만 증가해도 큰 폭의 가격상승이 나타날 수 있다. 예를 들어 도심 한복판에 새 아파트를 지으려면 기존 건물을 허물고 재건축해야 하기 때문에 공급의 탄력성이 낮다. 이는 직접투자가 장기적으로 자산 안정성을 유지할 수 있는 이유 중 하나다.

또한 직접투자는 장기적인 자산 보유의 매력을 가지고 있다. 경제가 흔들리더라도 건물이나 땅은 그대로 남아 있어, 주식처럼 하루아침에 큰 폭으로 변동하지 않는다는 점에서 자산의 내구성을 보장받는다. 하지만 직접투자의 단점은 바로 유동성 부족이다. 부동산은 주식처럼 시장에서 즉시 거래될 수 있는 자산이 아니기 때문에, 경제적 위기 상황에서 현금화를 원할 때 큰 어려움을 겪을 수 있다. 이는 자산의 비유동성(Asset Illiquidity)이라는 개념과 연결된다.

간접투자: 소액으로 스마트하게 부동산에 접근하기

부동산 직접투자가 부담스러운 사람들을 위한 좋은 대안이 있다. 바로 리츠(REITs)와 부동산펀드다. 둘 다 내 집 마련 없이도 부동산에서 나오는 수익을 즐길 수 있는 방법이지만, 알고 보면 꽤 다른 매력을 가지고 있다. 리츠와 부동산펀드, 이 둘의 차이를 알면 어느 쪽이 나에게 더 맞는지 감이 올 것이다. 그럼 리츠와 부동산펀드, 어느 것이 더 자신의 스타일에 맞을지 살펴보자.

부동산펀드: 장기적인 전략으로 안정적인 수익 추구

부동산펀드는 자산운용사가 투자자들의 돈을 모아 특정 부동산에 투자하거나, 부동산 개발 프로젝트에 참여하는 방식이다. 주로 사모펀드(일부 투자자들에게만 제공되는 상품)와 공모펀드(일반 투자자도 접근 가능한 상품)로 나뉘는데, 리츠처럼 상장되어 거래되는 경우는 드물다.

부동산펀드는 장기적으로 자산을 운영해 임대수익을 창출하거나, 개발 후 자산 가치 상승을 기대하는 방식이다. 다만, 유동성 면에서는 리츠보다 느긋한 성격이다. 한 번 투자하면 만기까지 기다려야 하는 경우가 많아, 중간에 돈이 급하게 필요하면 쉽게 현금화할 수 없다는 단점이 있다. 하지만 장기적 관점에서의 안정성을 원하는 투자자에게는 적합하다.

리츠(REITs): 상장 주식처럼 쉽게 사고파는 부동산

리츠는 마치 부동산 버전의 주식이라고 생각하면 쉽다. 부동산 신탁을 통해 오피스, 상업용 빌딩, 물류센터 등 다양한 부동산 자산에 투자하고, 그 수익을 배당으로 받는 구조다. 심지어 리츠는 증권거래소에 상장되어 있어 주식처럼 언제든지 사고팔 수 있다. 즉 언제든지 현금화할 수 있는 높은 유동성을 지닌 자산인 것이다. 주식처럼 증권사 계좌만 있으면 간편하게 거래할 수 있으니, 큰돈이 묶여 있는 것이 답답한 투자자들에게는 제격이다.

〈자료 2〉 리츠와 부동산펀드: 선택의 기준은?

〈자료 2〉 리츠와 부동산펀드: 선택의 기준은?

구분	리츠(REITs)	부동산펀드
유동성	높음 (증권 거래소에서 매매 가능)	낮음 (만기까지 자금 묶임)
배당 수익	수익의 90% 이상 배당	배당 구조는 없지만, 수익 분배 가능
투자 대상	오피스, 리테일, 물류센터, 주거 시설 등 다양	특정 부동산 자산 또는 개발 프로젝트
투자 접근성	증권사 계좌로 손쉽게 투자 가능	사모펀드의 경우, 진입장벽이 높음
투자기간	단기~장기투자 가능	장기투자에 적합 (만기 시 자금 회수)

——— 리츠가 주목받는 이유: 안정성과 성장성의 균형[17]

리츠의 매력은 단순히 '소액으로도 부동산에 투자할 수 있다'는 점에서 그치지 않는다. 최근 리츠가 주목받는 데에는 그만한 이유들이 있다. 안정적인 배당과 함께 분산 투자를 통한 리스크 관리, 그리고 정부의 리츠 활성화 정책 등이 리츠의 인기를 견인하고 있다.

리츠의 가장 큰 장점은 바로 꾸준한 배당이다. 보통 법인세 면제를 위해 투자한 부동산에서 임대수익이나 매각차익으로 발생한 수익의 90% 이상을 배당으로 지급한다. 덕분에 매년 꼬박꼬박 배당을 받으며 현금흐름(Cash Flow)을 유지할 수 있다. 2023년 기준으로 국내 상장 리츠의 평균 배당 수익률은 연 7.1% 수준이었는데, 이는 은행 예금보다 훨씬 매력적인 수익률이다.

리츠는 다양한 자산에 분산 투자해서 포트폴리오 이론의 원칙을 잘 따르고 있다. 리츠에 투자하면 오피스, 물류센터, 리테일, 주거시설 등 여러 부동산 자산에 간접적으로 접근할 수 있어, 특정 자산의 변동성에 덜 민감하게 반응할 수 있다. 한 리츠에 투자하는 것만으로도 다양한 부동산을 함께 소유하는 효과를 누리는 셈이다.

2024년 3월 기준 미국 리츠 시장의 투자 현황을 보면, 리츠의 자산군은 매우 다양하게 분산되어 있다. 미국 리츠 시장의 전체 시가총액은 약 1,850조 원에 달하며, 그중 오피스 리츠가 2.9%를 차지한다. 리테일 리츠는 13.7%의 비중을 가지며, 주거용 리츠 또한 13.8%로 중요한 위치를 차지하고 있다. 뿐만 아니라, 셀프 스토리지(Self-Storage) 리츠와 인프라(통신 타워 등), 헬스케어 리츠 등도 존재한다. 이처럼 미국 리츠는 자산군을 더욱 다채롭게 구성하고 있다. 다양한 자산군에 분산된 투자전략 덕분에, 미국 리츠는 특정 자산군의 변동성에도 비교적 안정적인 성과를 유지할 수 있다.

반면, 한국 리츠의 자산총액은 약 98.9조 원으로, 미국에 비해 규모는 작지만, 주거용 리츠가 47.5%로 가장 큰 비중을 차지하고 있다. 이는 한국 투자자들이 주거용 자산의 안정성을 더 선호하는 경향성이 반영된 것이다.

이처럼 미국 리츠 시장은 오피스, 리테일, 주거, 셀프 스토리지, 헬스케어 등 다양한 자산군에 분산되어 있어, 경기변동에도 보다 유연하게 대응할 수 있는 구조를 가지고 있다. 미국 리츠의 이러한 자산 분산은 투자자들에게 안정적인 수익을 제공할 수 있는 기반이 된다. 반면, 한국 리츠 시장은 주거용 리츠의 비중이 크기 때문에 안정성을 중시하는 투자자들에게 매력적이지만, 특정 자산군에 치우쳐 있어 미국보다 분산의 폭이 좁다.

─────── 리츠 활성화 정책과 미래 성장성

2024년 6월, 한국 정부는 리츠(REITs) 활성화를 위해 새로운 정책을 발표했다.[18] 이 정책은 기존의 소유형 투자에서 벗어나, 부동산 개발 단계부터 직접 참여할 수 있는 '프로젝트 리츠'를 도입하는 등 리츠의 역할을 확대하는 내용을 담고 있다. 이를 통해 리츠는 헬스케어나 데이터센터 같은 미래 성장성이 높은 자산에도 투자가 가능해져, 기존의 임대수익뿐만 아니라 더 넓은 범위에서 수익을 창출할 수 있는 기회를 얻었다. 이처럼 리츠는 단순히 부동산 소유에 머무르지 않고, 다양한 자산 포트폴리오를 구성할 수 있게 해 투자자들에게 더 많은 선택지를 제공한다.

또한 이번 정책은 리츠의 자금운용 방식에도 변화를 가져왔다. 기존에는 리츠가 발생한 수익의 90% 이상을 배당으로 지급해야 했으나, 이제는 주주 동의하에 일부 수익을 유보해 새로운 투자 자산에 재투자할 수 있다. 이는 리츠가 자산을 확장하고, 장기적인 성장성을 추구할 수 있는 기반을 마련한 것이다. 특히 모기지 채권과 대출형 투자 등 부동산 금융 자산에도 투자가 가능해져, 리츠는 실물 부동산뿐만 아니라 다양한 금융 자산에서 수익을 창출할 수 있는 다각화된 투자 도구로 거듭났다.

리츠 활성화 방안은 정보 접근성 개선에도 초점을 맞추었다. 투자자들이 리츠의 자산 가치와 수익성을 더 쉽게 파악할 수 있도록 투자보고서 체계를 개선하고, 정보 시스템을 업그레이드해 리츠에 대한 접근성을 높였다. 또한 지역 주민들이 투자에 참여할 수 있는 '지역상생리츠' 도입으로, 특정 지역의 경제 활성화와 새로운 투자 기회를 제공했다. 이는 리츠가 단순한 투자 상품을 넘어, 지역 경제와 투자자 모두에게 긍정적인 영향을 미치는 도구로 자리 잡을 수 있게 한다. 이러한 변화들은 리츠를 통해 안정적인 수익뿐 아니라, 성장 잠재력까지 추구하려는 투자자들에게 새로운 기회를 열어준다.

리츠와 부동산펀드 중 각각의 투자 목적에 따라 선택이 달라질 수 있다. 만약 짧은 기간 내에 자금을 회수해야 할 가능성이 있고, 배당 수익을 통한 정기적인 현금 흐름을 선호하는 투자자라면, 리츠가 더 적합할 수 있다. 특히 리츠는 상장된 자산으로 언제든지 주식처럼 거래할 수 있어 유동성을 중요하게 생각하는 투자자들에게 매력적이다.

반면, 장기적인 시각에서 특정 부동산 프로젝트에 집중투자하고 싶거나, 개발 이익을 누리고자 하는 투자자라면, 부동산펀드가 더 나은 선택이 될 수 있다. 특히 장기적인 자산 가치 상승을 목표로 할 때, 부동산펀드는 수익률 극대화의 기회를 제공할 수 있다.

하지만 중요한 것은 이 2가지 방식 모두 부동산 시장의 흐름과 경제적 원리를 이해해야 제대로 활용할 수 있다는 점이다. 리츠든 부동산펀드든, 결국 부동산이라는 자산의 특성과 수익구조를 이해하는 것에서 출발해야 한다.

변화하는 인구구조에 맞춰 진화하다:
새로운 부동산 자산 섹터의 등장

현대 한국 사회는 인구구조의 변화와 도시화에 따라 주거 환경과 소비 패턴에서 큰 변화를 겪고 있다. 이러한 변화는 코리빙(Co-living)과 셀프 스토리지(Self-storage) 같은 새로운 형태의 비즈니스 모델을 탄생시켰다. 코리빙은 기존의 주택 구조에서 거실과 같은 공용 공간의 기능을 밖으로 빼내어 공유형 커뮤니티 공간으로 확장한 개념이며, 셀프 스토리지는 주거 내의 저장 공간을 외부의 전문 보관 공간으로 이전함으로써 개인 주거 환경의 프라이버시와 쾌적함을 유지하려는 라이프스타일을 반영한 서비스다. 이제는 더 이상 거실에서 친구들과 밤새 떠들 필요도, 계절별 캠핑 장비를 집안 구석에 쌓아두지 않아도 되는 시대가 온 것이다. 지금부터는 한국 사회의 변화 양상과 이를 반영한 새로운 주거 및 소비 서비스들의 등장, 그리고 이러한 변화가 부동산 자산 시장에서 어떻게 새로운 투자 기회로 이어지고 있는지를 다루고자 한다.

——— 1인 가구의 부담을 덜어주는 공유의 미학, 코리빙

통계청 자료를 보면, 1인 가구 비율이 1980년에 4.8%에서 2023년에는 전체 가구의 35.5%까지 급격히 증가하며, 현재 우리나라의 대표적인 가구형태로 자리매김했다. 이러한 변화는 청년층의 독립 생활 증가와 고령화로 인한 독거 노인 증가와 같은 사회적 변화에서 기인한다. 특히 2030년까지 1인 가구 비율은 35.6%에 이를 것으로 전망된다.

1인 가구는 상대적으로 높은 주거비용 부담을 느끼고 있으며, 월세 비율이 36.8%로 자가 비율(30.1%)보다 높다. 이는 주거비 부담이 높은 청년층과 노년층이 경제적 여건에 따라 주거 형태를 선택하고 있음을 보여준다. 이러한 맥락에서, 경제적 부담을 줄이면서도 사회적 연결을 유지할 수 있는 코리빙 모델이 주목받게 되었다. 코리빙은 젊은 세대에게 경제적 부담을 줄여줄 뿐만 아니라, 공용 공간을 통해 사회적 교류의 기회를 제공함으로써 고립감을 완화할 수 있는 대안이 되고 있다.

전통적인 주거 공간에서 거실은 단순한 방이 아닌 삶의 중심이었다. 가족들의 웃음소리가 울려 퍼지고, 친구들과의 대화가 꽃피던 이 공간은 우리의 소중한 일상을 담아내는 그릇과도 같았다.

하지만 시대가 변화하면서, 1인 가구의 증가와 고밀도 도시화는 이러한 여유로운 거실 공간을 점차 사치로 만들어버렸다. 이런 상황에서 코리빙은 흥미로운 해답을 제시한다. '커뮤니티 라운지'나 '공

용 거실'이라는 혁신적인 형태로 거실의 기능을 건물 밖으로 확장시킨 것이다. 이는 같은 건물에 사는 이웃들이 자연스럽게 교류할 수 있는 새로운 형태의 사회적 공간을 창출했다.

개인의 주거 공간은 작아졌지만, 이 공유형 라운지는 오히려 더 풍성한 일상을 제시한다. 이 공간은 재택근무를 위한 코워킹 공간으로, 함께 요리를 나누는 키친으로, 때로는 다양한 소셜 이벤트가 열리는 문화 공간으로 바뀌며 거실의 본질적 기능을 현대적으로 재해석한다. 이는 단순한 공간의 재배치를 넘어, 현대 도시인들에게 거실이 지닌 사회적 가치를 새롭게 환기시키는 주거 문화의 실험이라 할 수 있다.

〈자료 3〉 코리빙 운영사 홈즈컴퍼니의 공유 거실 리빙라운지 전경

출처: 홈즈컴퍼니

——— 1인 가구의 소비 패턴과 셀프 스토리지의 등장

1인 가구의 소비 지출은 전통적인 다인가구와 다른 특징을 보인다. 1인 가구의 월평균 소비지출액은 155만 1천 원으로 2인 이상 가구의 절반 수준이며, 가장 큰 지출 항목은 음식·숙박(27만 6천 원)으로 나타났다.[19] 이는 1인 가구가 외식과 배달 서비스에 대한 의존도가 높음을 보여주며, 집에서 직접 조리하기보다는 간편한 외부 서비스를 선호하는 경향을 반영한다.

이러한 소비 패턴은 주거 공간의 활용방식에도 영향을 미친다. 1인 가구는 좁은 주거 공간에 다양한 물품을 보관하기 어려워, 셀프 스토리지와 같은 외부 보관 서비스를 활용하는 경향이 높아졌다.

〈자료 4〉 셀프 스토리지 서비스 운영사 큐스토리지 창고 전경

출처: 큐비즈코리아

2부 주요 자산군별 개념 및 경제학적 원리

우리 집 안의 물건들은 각자의 이야기를 품고 있다. 계절마다 교체되는 옷가지들, 주말의 즐거움을 선사하는 캠핑 장비들, 그리고 추억이 담긴 소중한 물건들까지. 과거에는 이 모든 것들이 다락방이나 집 안 구석구석에서 제자리를 찾았지만, 현대의 콤팩트한 주거 공간에서는 여유롭게 보관하는 것마저 사치가 되어버렸다.

이런 상황에서 셀프 스토리지는 우리 삶의 새로운 숨통을 터주는 해결책으로 등장했다. '가정의 작은 창고'를 외부로 분리함으로써, 우리의 생활 공간은 더욱 본연의 모습을 되찾게 된 것이다. 마치 도시의 숨은 다락방처럼, 셀프 스토리지는 우리 삶의 여분을 안전하게 보관하는 현대적 수납 공간의 역할을 한다.

계절이 바뀔 때마다 옷장을 비우고, 여행 가방이나 스포츠 용품들을 근처 셀프 스토리지에 보관하면서, 집은 자연스럽게 미니멀하고 정돈된 공간으로 탈바꿈한다. 이는 단순히 물건을 옮기는 차원을 넘어, 우리의 생활 공간을 더욱 효율적이고 쾌적하게 만드는 스마트한 라이프스타일의 진화다.

특히 주목할 만한 점은, 이러한 '저장 공간의 외부화'가 가져오는 삶의 질적 변화다. 더 이상 물건들과 경쟁하지 않아도 되는 프라이빗한 공간에서, 우리는 진정한 휴식과 재충전을 경험할 수 있게 되었다. '집에 발 디딜 틈이 없다'며 한숨 쉬는 대신, 이제는 나만의 여유로운 공간에서 일상의 즐거움을 더 깊이 누릴 수 있게 된 것이다.

———— 부동산의 진화: 코리빙과 셀프 스토리지의 시대

부동산 자산은 전통적으로 아파트, 오피스, 상가와 같은 섹터를 중심으로 발전해왔다. 이러한 전통적 섹터들은 안정적인 수익을 제공하며 오랜 기간 투자자들의 주요 관심 대상이었다. 하지만 세상은 변하고, 사람들의 라이프스타일도 변한다. 아파트 시장은 높은 가격대와 낮은 임대수익률로 포화 상태에 이르렀고, 오피스 공간은 재택근무와 원격근무의 확산으로 인해 수요 변화가 일어나고 있다. 이러한 배경에서 인구구조의 변화와 도시화는 부동산 자산 내에 새로운 섹터가 자리 잡게 되는 계기가 되었다.

코리빙과 셀프 스토리지는 이러한 변화의 결과로 나타난 새로운 자산 섹터로, 기존의 아파트나 오피스와는 다른 투자 모델을 제시하고 있다. 코리빙은 거주자들에게 공유형 커뮤니티 공간을 제공해 기존 주택의 거실 기능을 외부의 커뮤니티 시설로 확장하는 방식으로 도시 내에서 새로운 수요를 창출하고 있다. 이는 높은 주거비 부담을 줄이면서도 사회적 연결을 추구하는 세대에게 적합한 주거 옵션을 제공하며, 부동산 시장에서 새로운 투자 대안으로 부상하고 있다.

셀프 스토리지 역시 주거 내의 저장 공간을 외부화함으로써, 고밀도 도시에서의 공간 부족 문제를 해결하는 데 기여하고 있다. 이는 물리적 공간을 효율적으로 사용하는 새로운 모델로, 개인이 주거 공간에서 느끼는 압박을 줄이는 동시에 투자자에게는 안정적인 임대수익을 제공할 수 있는 투자 자산으로 자리 잡고 있다. 셀프 스토리지는 특히 도심에서 소형 아파트나 원룸 형태의 주거 공간에서 느껴지는 물품 보관의 문제를 해결함으로써, 도시 거주자들에게 실질적인 가치를 제공한다.

─────── 코리빙에 대한 투자 증가[20]

최근 몇 년간 코리빙에 대한 투자도 빠르게 증가하고 있다. 세빌스코리아의 보고서에 따르면, 2024년 5월 기준으로 서울 소재 코리빙 시설의 수용 가능 인원은 약 7천 명이며, 향후 공급 예정인 코리빙하우스를 포함하면 8천 명 이상으로 늘어날 전망이다. 이는 불과 5년

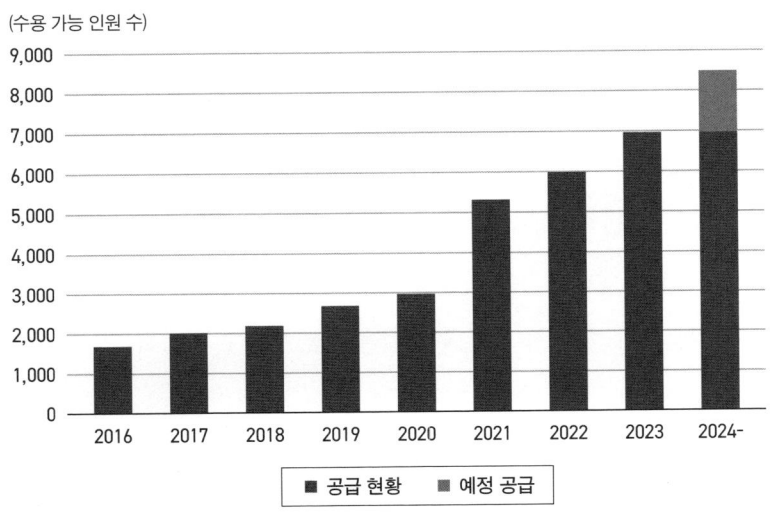

〈자료 5〉 서울시 코리빙 시설 공급(2016~2024 이후)

출처: 세빌스 코리아

전인 2019년의 수용 인원 약 3천 명과 비교했을 때 2배 이상 성장한 수치다.

글로벌 투자자들도 코리빙 시장에 활발히 참여하고 있다. 영국의 자산운용사 ICG는 국내 코리빙 시설 개발을 위해 약 3천억 원 규모의 코리빙 부동산 펀드를 설정했으며, 글로벌 사모펀드 KKR은 홍콩의 임대주택 공급 기업인 위브리빙(Weave Living)과 협력해 서울 영등포구의 호텔을 매입하고 리모델링해 코리빙으로 운영할 예정이다. 투자자들이 이 새로운 트렌드에 끌리는 이유는 분명하다. 전통적인 부동산 투자에 비해 좀더 젊고, 좀더 유연한 수익 모델을 제공하기 때문이다.

———— 새로운 투자 카테고리로서의 코리빙과 셀프 스토리지

이와 같은 사회적 변화 속에서, 코리빙과 셀프 스토리지는 투자자들에게 새로운 부동산 자산 카테고리로 주목받고 있다. 전통적인 주거용 부동산과는 달리, 코리빙은 공동체 기반의 생활 공간 제공을 통해 안정적인 임대수익을 창출할 수 있으며, 셀프 스토리지는 다양한 사용자들에게 물리적 공간을 임대함으로써 지속적인 현금 흐름을 제공한다.

투자자들은 코리빙을 통해 젊은 층과 디지털 노마드를 대상으로 한 고유한 임대수익 모델을 탐색할 수 있으며, 셀프 스토리지는 공간의 효율적인 사용을 통한 안정적 수익원으로서 기능한다. 이러한 새로운 투자 카테고리는 투자자들에게 포트폴리오 다각화와 더불어, 전통적인 부동산 자산과는 차별화된 장기 성장 가능성을 제공한다.

인구구조와 사회의 변화는 새로운 비즈니스 모델의 등장을 촉진하며, 이는 우리의 삶과 직접적으로 연결되어 있다. 1인 가구의 증가와 주거비 부담, 좁은 주거 공간의 문제는 코리빙과 셀프 스토리지와 같은 서비스들이 등장하게 된 배경이며, 이 서비스들은 현대 도시의 주거 문제를 해결하는 데 중요한 역할을 하고 있다.

이러한 변화는 단순한 생활 방식의 변화뿐만 아니라, 부동산 자산 투자에도 큰 영향을 미치고 있다. 코리빙과 셀프 스토리지와 같은 새로운 투자 카테고리는 도시화와 공간 재편성의 과정에서 탄생했으며, 이는 투자자들에게 기존과는 다른 방식으로 부동산 시장에 접근할 수 있는 기회를 제공한다. 경제적, 사회적 변화에 대응하는 이 서비스들은 우리의 미래 도시 생활을 재구성할 중요한 열쇠가 될 것이며, 도시화와 부동산 구조 변화 속에서 더욱 두드러지게 나타날 것이다.

3장

보이지 않는 자본의 역동성: 사모펀드가 그리는 경제성장의 청사진

지렛대를 잡은 자들:
사모펀드를 해부하다

사모펀드는 일반인에게는 다소 낯설게 들릴 수 있지만, 그 중요성은 우리가 생각하는 것보다 훨씬 더 크며, 경제 전반에 깊게 자리 잡고 있다. 여기서 다루는 사모펀드는 자본시장과 금융투자업에 관한 법률에 따른 기관전용사모집합투자기구로, 주로 기업의 인수합병(M&A) 및 성장자금에 투자하는 펀드를 뜻한다. 쉽게 말해, 일반적인 펀드가 마트에서 파는 음료수라면, 사모펀드는 '프리미엄 에디션' 음료수 같은 것이라고 할 수 있다. 화려한 광고는 없지만, 그 영향력은 결코 작지 않다.

이 장에서는 사모펀드가 무엇인지, 그들이 경제에서 어떤 역할을 수행하는지, 그리고 우리가 이를 왜 알아야 하는지 살펴보자.

사모펀드란 무엇인가?

사모펀드는 Private Equity Fund(PEF)라는 이름으로도 불리며, 말 그대로 '프라이빗'한 투자 방식이다. 공모펀드(Public Fund)와 달리, 소수의 자산가나 기관 투자자로부터 비공개로 자금을 모아 운영된다. 특히 우리가 다루는 사모펀드는 비상장 기업 또는 상장된 기업의 경영권 인수에 집중한다. 단순히 기업에 자금을 넣고 끝나는 것이 아니라, 자금을 투입해 기업의 성장을 돕고 경영 효율화를 통해 가치를 극대화하는 것을 목표로 한다. 이후 기업을 재매각하거나 IPO(기업공개)를 통해 수익을 실현하는 것이 일반적인 경로다.

이들의 접근 방식은 마치 인생 코치와도 비슷하다. 기업에 자금을 주입하는 것만으로 끝나지 않고, 때로는 비용 절감의 필요성을 강조하며, 때로는 새로운 시장에 도전하도록 독려하는 등 경영 파트너로서 활약한다. 주식 투자와는 다르게 기업의 진짜 잠재력을 끌어올리는 것을 목표로 한다.

사모펀드는 우리 일상과 멀리 떨어져 있는 것 같지만, 실제로는 우리 경제에서 중요한 역할을 한다. 우리가 자주 찾는 대형 마트나 친숙한 브랜드들이 사모펀드의 손길을 거쳐 재탄생한 경우도 많다. 경제학적으로 이는 자원의 효율적 재배분(Resource Reallocation)과 밀접한 관련이 있다. 사모펀드는 자본이 부족한 기업에게 필요한 자금을 공급하며, 그 기업이 성장할 수 있도록 돕는다.

이런 자본의 흐름은 경제 전반의 구조적 변화를 이끌어내고, 위기 속에서도 기업들이 생존할 수 있는 힘을 부여한다. 결국 사모펀드는 단순한 투자 이상의 역할을 하며, 경제의 밑바탕에서 조용히 큰 변화를 일으킨다.

——— 사모펀드의 경제적 역할

사모펀드는 경제에서 창조적 파괴(Creative Destruction)의 중요한 수단이다. 경제학자 조지프 슘페터(Joseph Schumpeter)가 제시한 이 개념은 낡고 비효율적인 것을 혁신적인 것으로 대체하는 과정을 의미한다. 사모펀드는 경쟁력을 잃은 기업을 인수해, 구조조정을 통해 기업을 다시 살아나게 하고, 새로운 사업 모델을 도입함으로써 성장을 도모한다. 이는 개별 기업의 문제를 해결하는 것에 그치지 않고 산업 전체의 경쟁력을 끌어올린다.

또한 사모펀드는 금융시장과 실물경제의 연결고리 역할을 한다. 자본 시장에서 모은 자금을 실물경제에 투입해 자산 가치를 높이고, 기업의 혁신을 촉진한다. 이는 단기적인 수익만을 추구하는 것이 아니라, 장기적인 가치를 창출하는 투자 방식이다. 사모펀드를 이해하는 것은 우리가 매일 만나는 제품과 서비스 뒤에 숨겨진 이야기들을 들여다보는 것과 같다.

결국 사모펀드는 투자자에게 높은 수익의 기회를 제공하고, 기업에게는 필요한 자금을 지원하며, 경제 전반에서는 자원의 재배분과 창조적 파괴를 통해 새로운 성장 동력을 제공한다. 마치 시장의 보이지 않는 손처럼 우리 경제 전반에 걸쳐 강력한 파급력을 지니고 있으며 그 활동은 우리가 일상에서 접하는 브랜드와 서비스의 변화와도 깊이 맞닿아 있다.

─────── 사모펀드는 어떻게 돈을 벌까?

앞서 설명한 사모펀드의 경제적 역할과 투자 방식을 이제 구체적인 사례를 통해 알아보자. 패션업계에서 주목받은 M&A 사례 중 하나가 바로 SSG 닷컴의 더블유컨셉코리아 인수다. IMM PE가 약 1천억 원의 가치로 인수한 더블유컨셉은 4년 만에 약 2,700억 원의 가치로 성장했다. 이를 통해 IMM PE는 내부수익률(IRR) 약 30%를 기록하며 성공적인 EXIT을 달성했다. 이러한 사례는 사모펀드가 어떻게 기업의 가치를 증대시키고, 수익을 창출하는지 잘 보여준다. 이를 통해 사모펀드의 투자 방식이 단순한 '자본 투입'을 넘어 어떻게 경제와 기업에 깊이 영향을 미치는지 이해할 수 있다.

다음의 기사 내용을 보면, SSG닷컴과 더블유컨셉은 알겠는데, 생소한 이름들이 보인다. IMM PE, 어퍼니티에쿼티파트너스, 블루런벤처스 같은 곳은 어떤 회사들일까? 이들이 바로 사모펀드(PEF)다.

PEF는 사모(現 일반투자자 49인 이하)의 방식으로 자금을 모집해 투자를 하는 집합투자기구(펀드)를 통칭한다. 펀드는 주로 비상장지분(Private Equity)에 투자를 하고 무한책임사원(GP, General Partner)과 유한책임사원(LP, Limited Partner)이 출자해서 만든 상법상 합자회사

SSG닷컴은 IMM프라이빗에쿼티와 아이에스이커머스가 각각 보유한 W컨셉의 지분 전량을 양수하는 주식매매 본계약(SPA)을 체결했다고 1일 밝혔다.

(중략)

SSG닷컴은 W컨셉 인수대금을 앞선 2019년 3월 유상증자를 통해 어피니티에쿼티파트너스와 블루런벤처스(BRV) 등 재무적투자자로부터 유지한 6,998억 원으로 지급할 전망이다.

SSG닷컴은 인수 후 W컨셉의 경쟁력 유지를 위해 기존 전문인력을 승계할 예정이며 현재와 같이 플랫폼을 이원화하는 방식으로 W컨셉을 운영해갈 방침이다. SSG닷컴은 W컨셉이 취급하는 상품을 스타필드 등에 선보이는 한편, 자체 풀필먼트 역량을 통해 W컨셉의 배송 효율성을 높이는 등 그룹사 간 시너지 확보에도 주력할 것으로 보인다.

딜사이트 플러스, 2021년 4월 1일[21]

(Limited Partnership) 형태를 보인다. 조금 복잡해 보이는 내용은 여기까지다.

무한책임사원은 펀드 운용에 대한 무한한 책임을 부담하지만, 유한책임사원은 투자액에 대해서만 책임을 부담한다. 즉 무한책임사원은 펀드운용사이고, 유한책임사원은 펀드 투자자다. 그러니까 앞에서 언급한 IMM PE, 어퍼니티에쿼티파트너스, 블루런벤처스는 펀드운용사다. 그리고 사모펀드 투자자는 우리가 잘 아는 국민연금, 정부, 금융기관, 그리고 고액 자산가까지 굉장히 다양하다. 공모가 아닌 사모이기 때문에 투자자는 공개되지 않는 경우가 일반적이다. 이런 맥락에서 SSG닷컴과 IMM PE의 거래구조도를 살펴보자.

사모펀드의 복잡한 네트워크: 하나의 딜이 미치는 파장

〈자료 1〉의 가운데 박스 안의 구조를 보면 SSG닷컴의 단순한 지분 매입 같지만, IMM PE는 2017년 더블유컨셉을 인수할 때 로즈골드3호라는 펀드의 자금을 사용했다. 로즈골드3호의 출자자는 우정사업본부, 국민연금, 교직원공제회 및 해외투자자들이다.

SSG닷컴의 경우 홍콩계 사모펀드인 어퍼니티에쿼티파트너스와 블루런벤처스로부터 투자받은 자금을 더블유컨셉 인수에 사용했다. 이처럼 PEF의 출자자들까지 확장해보면 한 거래에 많은 시장참여자들이 연관되어 있음을 알 수 있다. 이번 거래가 성사됨으로써 IMM PE의 회수 수익을 국민연금도 향유할 수 있다는 말이다. 국민연금의 실적은 우리 같은 납부자들의 연금수령액으로 돌아온다.

〈자료 1〉 SSG.COM - IMM PE 거래구조 요약

기업의 잠재력을 깨우는 손길: 사모펀드의 Value-up 전략

그럼 IMM PE는 1천억 원 가치의 회사를 어떻게 약 2,700억 원 가치의 회사로 인정받게 만들었을까? 사모펀드의 운용사이클을 통해 알아보자. 단순하지만 매우 중요한 프레임이다.

투자 검토 초기에 투자 근거에 대한 가설을 세우고 실사와 인터뷰 등을 통해 빠르게 검증하는 과정을 거친다. 예를 들어 '남성의류 취급 시 매출이 기존 대비 20% 이상 증가할 것이다'라는 초기 가설이 실사 과정에서 충분히 받아들일 만하다고 판단을 하면, 실행계획을 세우고 핵심 모니터링 지표를 만들어 지속적인 관리를 하게 된다. 그리고 경영진이 회사 운영에 집중할 수 있는 환경을 최대한 조성한다. 일반적으로 투자 의사결정 시점에 이렇게 가치제고(Value-up)

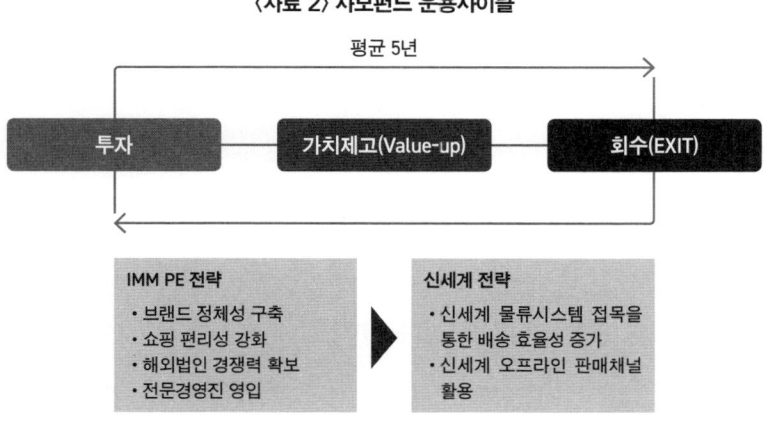

〈자료 2〉 사모펀드 운용사이클

전략을 세우고 회수(Exit) 전략을 설립한다.

IMM PE 같은 경우는 더블유컨셉의 브랜드 정체성을 구축하고 쇼핑 편리성을 강화하는 정책을 펼쳐나갔다. 그리고 이를 전문경영진을 도입해 실행했다. 그 결과 상품카테고리를 남성의류, 생활용품, 화장품, PB까지 확장했고, 입점브랜드 수를 3천 개에서 6천 개로 증가시켰다. 그 결과 거래액이 2017년 900억 원에서 2020년 2,350억 원까지 증가했다. 하지만 해당 전략이 SSG닷컴으로 매각 당시에는 의미 있는 수익으로 연결되진 않았었다.

SSG닷컴의 경우는 더블유컨셉을 신세계 그룹 물류 시스템을 통해 배송효율성을 증가시키고 보유중인 오프라인 판매채널을 활용할 계획을 세웠다. 이런 전략적 판단은 더블유컨셉에 대한 실사를 진행하면서 SSG닷컴의 투자자인 어퍼니티파트너스와 블루런벤처스의 공감대를 기반으로 수립되었을 것으로 추론할 수 있겠다. 일단 인수 첫 해인 2021년 매출액과 영업이익을 보면 시작이 좋다.

당연한 이야기같이 들려도, '투자 – 가치제고 – 회수' 프레임을 아는 것은 중요하다. PEF 기사를 볼 때 사모펀드 운용사가 어떤 가치제고 전략을 수립하는지, 그리고 어떤 방법을 통해 회수하는지 뉴스 플로우를 따라가보는 것을 추천한다.

패션·소비재 카테고리에서 F&F, 무신사, 대명화학의 왕성한 투자 활동도, 본업 또는 투자를 통해 축적된 남다른 가치제고 전략에 대한 자신감의 표현이 아닐까 싶다. 그리고 요즘은 직접투자에서 기업형벤처캐피털(CVC, Corporate Venture Capital) 형태로 발전하는 모습

〈자료 3〉 더블유컨셉 실적 추이

단위: 억 원

매출액(좌) 영업이익(좌) 거래액(우)

출처: 전자공시, 언론보도종합(거래액)

이 많이 보인다.

이제 처음으로 돌아가 인용한 기사를 다시 한번 읽어보자. 처음보다 많은 내용들이, 많은 의미들이 와닿았으면 좋겠다.

사모펀드를 이해하는 것은 단순히 금융 지식을 쌓는 것 이상의 의미를 가진다. 사모펀드는 흔히 기업의 잠재력에 주목한다. 사모펀드는 이 기업들의 가치를 발굴하고, 비효율적인 구조를 개선하거나 새로운 시장 진출을 돕는다. 이를 통해 기업의 가치를 극대화하고 다시 매각해 수익을 실현한다. 마치 투자자들이 저평가된 주식을 찾아내고 기업의 성장 스토리에 투자해 수익을 얻는 과정과 유사하다.

사모펀드가 어떻게 기업에 투자하고 그 가치를 끌어올리는지를 탐구하면, 투자자들은 자신의 투자전략에 관한 중요한 인사이트를 얻을 수 있다.

이제부터는 사모펀드가 기업의 성장에 어떻게 실제로 기여하는지 또 다른 구체적인 사례를 살펴볼 차례다. M&A를 통해 성장동력을 확보한 바이아웃(Buy-out) 사례를 다루고, 이어서 사모펀드가 '성장 파트너'로서 기업의 가치를 키운 사례를 살펴볼 것이다. 이 과정을 통해 사모펀드가 단순한 자금 공급을 넘어 기업의 장기적인 성장을 이끄는 전략적 파트너가 될 수 있음을 확인할 수 있다.

바이아웃, 마법의 순간:
기업 인수 그 이상을 꿈꾸다

사모펀드의 바이아웃(인수합병)은 단순히 기업을 사들이는 것으로 끝나지 않는다. 이를 통해 기업의 성장 잠재력을 발굴하고, 효율적인 구조로 재정비해 수익성과 경쟁력을 대폭 끌어올리는 전략이다. 이 과정에서 중요한 것은 단순히 자금을 투입하는 것이 아니라, 제대로 된 성장 엔진을 장착하고 가속 페달을 밟아보는 것이다.

바이아웃의 시작은 늘 '잠재력 발굴'에서 출발한다. 사모펀드는 기업 인수 후 수익성을 높일 수 있는 여지가 큰 회사를 찾아내고, 그 잠재력을 극대화할 수 있는 전략을 투입한다. 사모펀드의 바이아웃은 흔히 말하는 '단기 성과'보다는 '장기 성장'을 목표로 삼는다. 이 과정에서 기업의 리더십을 교체해 신선한 경영 전략을 도입하고 제품 다각화, 신시장 개척 등을 통해 기업의 경쟁력을 장기적으로 강화하는 데 집중한다. 신기술 개발이나 고객 서비스 개선에 집중적인 자원 투입을 결정할 수도 있다. 이는 단지 '사서 키운 후 팔기'가 아닝, 기업에 새로운 동력을 장착해 기업 본연의 경쟁력을 강화하고 시장에서 더 오랫동안 가치를 창출하게 하는 전략인 셈이다.

_____ 휠라, 티샷을 넘어서: 타이틀리스트와 함께한 성장 스윙

휠라 홀딩스와 미래에셋PE의 아쿠쉬네트(Achushnet) 인수는 사모펀드가 전략적 투자자와 재무적 투자자의 협력을 통해 기업의 성장을 이끈 대표적인 사례다. 여기서 전략적 투자자(SI, Strategic Investor)는 업계의 전문성과 시너지를 바탕으로 기업의 운영과 성장을 적극적으로 이끌 파트너로, 휠라 홀딩스가 이 역할을 맡았다. 반면, 재무적 투자자(FI, Financial Investor)인 미래에셋PE 등은 자본을 공급하며 자산 가치 상승에 초점을 맞추는 투자자로, 기업의 가치를 끌어올릴 전략적 파트너를 찾아내 휠라와 함께 인수를 추진했다.

이 과정에서 휠라 홀딩스는 아쿠쉬네트를 통해 타이틀리스트와 풋조이(Footjoy)와 프리미엄 골프 브랜드를 확보하며 새로운 성장 동력을 얻었다. 단순히 브랜드를 인수하는 데 그치지 않고, 전략적 파트너십을 통해 상품 카테고리 확장, 판매 채널 다변화, 원가 절감 등을 추진하면서 휠라의 경쟁력을 한층 강화한 셈이다. 이제 사례를 구체적으로 들여다보자.

나의 첫 드라이버는 타이틀리스트 909D2였다. 다루기 힘들지만 계속 도전하고 싶은 동기부여가 되는 드라이버다. 그만큼 타이틀리스트는 내가 좋아하는 브랜드가 되었다. 요즘 골프장을 가면 타이틀리스트 골프복을 입은 20~30대의 젊고 멋진 골퍼들을 많이 보게 된다. 이 타이틀리스트의 모회사 아쿠쉬네트의 지분 53%를 보유하고, 경영권을 가지고 있는 회사는 한국의 휠라 홀딩스다. 휠라 홀딩스 내 아쿠쉬네트 매출 비중은 2024년 상반기 기준 약 80% 수준으로 상당히 높은 편이다. 휠라 홀딩스는 어떻게 아쿠쉬네트를 품게 되었을까?

──── 아쿠쉬네트 브랜드 스토리

타이틀리스트로 알려진 아쿠쉬네트는 아마추어 골퍼였던 필 영(Phil Young)이 MIT 동문인 골퍼 프레드 모머(Fred Bommer)와 미국 매사추세츠주 아쿠쉬네트 지역에서 골프담당 사업부(Acushnet Golf Division)를 만들면서 시작되었다. 그리고 1935년에는 3년간의 연구 개발 끝에 이들의 골프공이 세상에 처음 나왔고 챔피언을 뜻하는 '타이틀리스트'를 브랜드명으로 결정했다. 비하인드 스토리로, 필기체로 쓰여진 타이틀리스트 로고는 당시 필 영의 비서였던 헬렌 로빈슨(Helen Robinson)의 글씨였다고 한다.

타 골프용품사들이 매장을 통해 제품을 판매할 때, 타이틀리스트는 오직 골프공의 퍼포먼스와 품질을 직접적으로 느낄 수 있는 골프 프로페셔널을 통해 판매했다. 이는 뒤에서 언급할 현재 타이틀리스트의 마케팅 및 판매 전략의 밑바탕이 되었다. 이후 비약적 성장을

〈자료 4〉 아쿠쉬네트의 창업 계기가 된 골프공 X-ray 사진

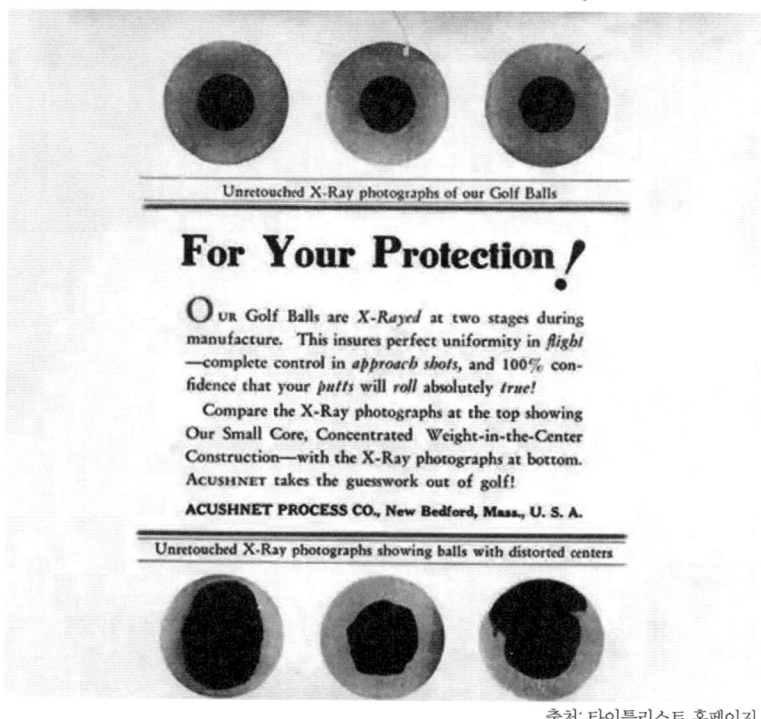

Unretouched X-Ray photographs of our Golf Balls

For Your Protection *!*

Our Golf Balls are *X-Rayed* at two stages during manufacture. This insures perfect uniformity in *flight* —complete control in *approach shots*, and 100% confidence that your *putts* will *roll* absolutely *true*!

Compare the X-Ray photographs at the top showing Our Small Core, Concentrated Weight-in-the-Center Construction—with the X-Ray photographs at bottom. ACUSHNET takes the guesswork out of golf!

ACUSHNET PROCESS CO., New Bedford, Mass., U. S. A.

Unretouched X-Ray photographs showing balls with distorted centers

출처: 타이틀리스트 홈페이지

완벽한 퍼팅이었음에도 홀을 비껴간 경험으로 인해 골프공을 X-ray로 찍어보고 코어의 크기가 일정치 않았음을 발견했던 것이 창업 계기가 되었다.

통해 1949년 U.S. 오픈에서 볼카운트 1위 자리에 오르게 된다. 특히 2000년 출시한 골프공 Pro V1은 골프 역사상 가장 성공적인 골프 용품으로 평가받는다. 아쿠쉬네트는 골프 클럽으로까지 사업 영역을 확장했고, 1985년 골프 신발 및 장갑 제조사인 풋조이 인수를 통해 브랜드 포트폴리오를 늘려나가기 시작했다.

──── 휠라 홀딩스의 아쿠쉬네트 인수

아쿠쉬네트를 보유하고 있던, 미국의 NYSE 상장기업 포춘브랜드 (Fortune brand)는 2011년에 재무구조 개선과 함께 다각화된 사업영역을 분할해 재상장할 계획을 발표한다. 주류(짐빔, 메이커스 마크 등), 가정용 소비재(Home & Security) 사업은 분할해 재상장하고, 아쿠쉬네트는 매각하기로 결정을 한다. 2010년 3월, 아쿠쉬네트 계열사인 코브라골프를 푸마에 매각한 것도 해당 전략의 일환으로 판단한다.

휠라 홀딩스가 타이틀리스트 브랜드를 보유한 아쿠쉬네트를 인수하는 데 투자한 돈은 최초 1억 달러, 약 1,150억 원이다. 휠라 코리아는 현재 아쿠쉬네트의 경영권을 확보하고 자회사로 편입한 상태며, 2025년 8월 26일 기준으로 아쿠쉬네트의 시가총액은 약 6.5조 원이다. 휠라 코리아는 어떻게 최초 약 1천억 원의 투자로 현재 시가총액 6.5조 원의 회사를 경영할 수 있게 된 것일까? 힌트는 자본시장과 금융구조 안에 있다.

2011년 2월, 미래에셋PE는 휠라 코리아에 아쿠쉬네트 인수를 제안한다. 앞서 설명한 사모펀드 운용사이클인 '투자 - 가치제고 (Value-up) - 회수(Exit)'를 떠올려보자. 미래에셋PE는 재무적 투자자이고, 수익률 제고를 위해 아쿠쉬네트를 성장(Value-up)시킬 파트너(전략적 투자자)가 필요했다. 그래서 초기부터 휠라 코리아와 함께 인수 프로젝트 진행을 시작했다. 이 둘은 2007년 휠라 코리아의 휠라 본사인수 시 미래에셋이 금융파트너로 참여한 인연이 있었다.

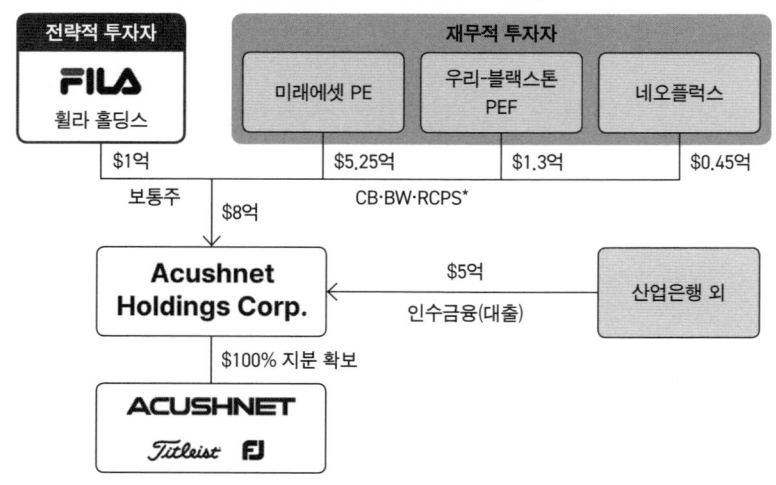

〈자료 5〉 휠라 홀딩스 - 아쿠쉬네트 거래구조 요약

*CB(Convertible Bond): 전환사채, BW(Bond with warrant): 신주인수권부 사채, RCPS(Redeemable convertible stock): 상환전환우선주

　이렇게 휠라 코리아와 미래에셋PE를 중심으로 프로젝트 그룹을 만들었고 우리-블랙스톤PEF, 네오플럭스(現신한벤처투자) 등과 함께 아쿠쉬네트 지분 100%를 12.25억 달러(약 1조 4천억 원)에 인수한다. 당시 로이터 기사에 따르면 아쿠쉬네트 인수 전에는 캘러웨이와 블랙스톤도 참여했었다.

　휠라 코리아의 경영권 확보는 최초 1억 달러만 현금으로 부담하고, 매년 재무적 투자자(〈자료 5〉 참고)들이 보유한 지분을 조금씩 사오는 구조로 설계했다. 그리고 당시 주주 간 계약 체결 시 '5년 내 아쿠쉬네트의 상장을 위해 합리적 최선의 노력을 다한다'라는 조항을 둠으로써, 재무적 투자자들의 회수 전략(EXIT)을 마련했다.

휠라-미래에셋 컨소시엄의 아쿠쉬네트 인수 이후 휠라 코리아가 펼친 가치제고 전략은 크게 다음과 같다.

상품 카테고리의 전략적 확장

2013년 3월, 반얀트리 클럽에서 타이틀리스트 어패럴 론칭쇼를 시작으로 의류사업에 진출했다. 한국, 중국, 일본 등 아시아에서만 출시했는데 프로선수들의 의견을 바탕으로 피트니스 라인, 일상복 용도의 갤러리 라인, 투어 시 착복 가능한 플레이 라인으로 구성했다. 휠라 골프는 스타일 측면을 많이 신경썼고, 타이틀리스트 어패럴은 퍼포먼스 측면을 강조했다. 그리고 풋조이 골프웨어의 경우는 미국 중저가 시장을 겨냥해 가격을 합리적으로 책정했다.

휠라 코리아의 아쿠쉬네트 인수 배경에는 중국 골프시장의 성장도 관련이 있다. 중국 골프인구는 소득증가와 함께 증가하는데, 관련 인프라의 공급이 수요를 충족시키지 못한다는 문제의식이 있었다. 어패럴의 순기능 중 하나는 타이틀리스트 골프용품 대비 저렴한 진입 가격으로, 타이틀리스트를 경험해보고 입문하는 사용자 증가를 기대할 수 있다는 점이다. 그렇다면 이렇게 론칭한 어패럴을 어떻게 판매할 것인가에 대한 전략으로 넘어가보자.

판매 채널 다변화

아쿠쉬네트는 과거 타이틀리스트 단독매장을 별도로 운영하지 않았으나, 휠라 인수 이후 일본과 중국에서 어패럴, 골프공, 풋조이 골프화를 함께 취급하는 독립매장을 개설했다. 이후 국내에서도 서울 청담동에 5층 규모의 플래그십 스토어를 여는 등 프리미엄 단독매장을 운영하고 있다. 타이틀리스트 의류사업의 성공은 불특정 다수를 겨냥한 백화점 유통보다는, '목적 구매자'를 정조준한 단독매장 전략과 골프에 특화된 강력한 브랜드 인지도가 맞물린 결과로 평가된다.

휠라 코리아에 따르면 타이틀리스트는 데디케이티드(Dedicated) 골퍼를 위한 프리미엄 전략을 펼친다. 데디케이티드 골퍼란 실력 향상을 위해 시간과 비용, 노력을 아끼지 않는 골퍼를 뜻한다. 미국 골프 인구 중 데디케이티드 골퍼 비중은 15%에 불과하지만 이들이 골프용품 소비의 70%를 차지한다고 한다. 1935년에 타이틀리스트 골프공을 골프에 대한 이해도가 충분한 골프 프로페셔널을 통해 판매했던 것과 연결성이 있는 판매 전략이다.

원가 절감(공정 효율화)

기존 타이틀리스트의 공정은 코어(고무) 부분을 미국에서 생산했고, 나머지 공정을 태국에서 진행해 완제품을 생산했다. 세계 최대 고무 생산국가가 태국인 점을 감안했을 때, 원재료가 태국에서 미국으로 갔다가, 또 다시 태국으로 이동하는 셈이라 물류비용 낭비가 있었다. 그래서 태국에서 전 공정을 걸쳐 완성된 골프공은 아시아 지역에, 미국에서 완성한 제품은 미국 및 유럽에 판매를 하고 있다.

위와 같은 가치제고(Value-up) 전략에 힘입어, 아쿠쉬네트는 2016년 12월 28일 뉴욕증권거래소에 상장했다. 당시 시장에서는 골프시

〈자료 6〉 아쿠쉬네트(GOLF) 주가 추이

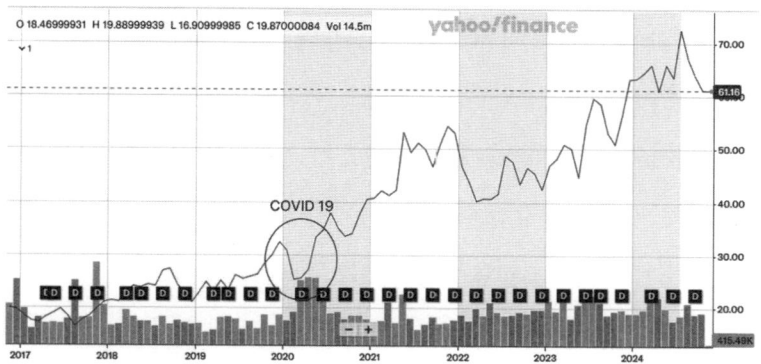

출처: 야후 파이낸스

〈자료 7〉 아쿠쉬네트코리아 실적 추이

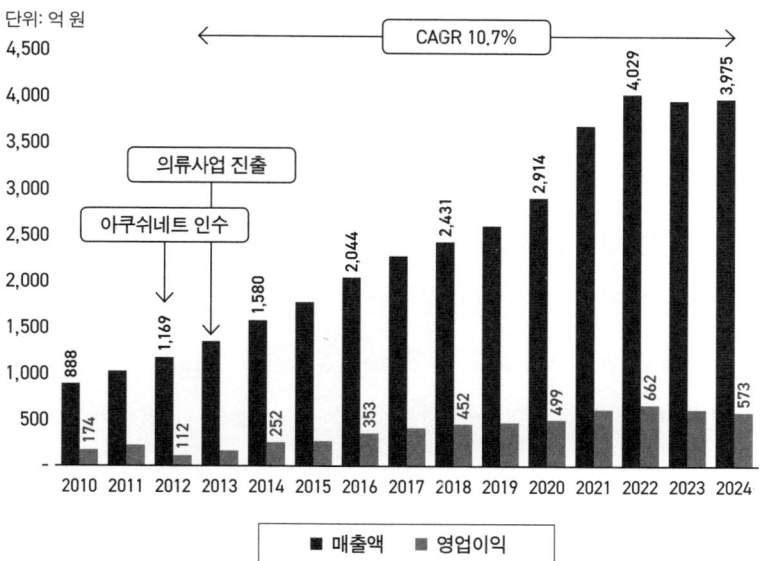

출처: 전자공시

장에 대한 성장세가 둔화되었다고 판단했고 공모가는 희망가였던 21~24달러를 밑도는 17달러로 확정했다. 재무적투자자는 해당 공모가로 일부 자금을 EXIT하는 형태로 IPO를 진행했다. 그리고 재무적 투자자의 지분 20%를 휠라 홀딩스가 공모가에 프리미엄을 얹은 가격으로 매입해 휠라 코리아는 기존 지분 33.1%에 더해 최종 지분 53.1% 상태로 아쿠쉬네트의 경영권을 확보하게 된다.

상장 이후 아쿠쉬네트의 주가는 2017년 하반기 이후 우상향 추세를 보이다 코로나로 인한 영향을 받았지만 이후 골프 수요 회복 및 중국 시장의 성장으로 큰 폭의 상승세를 보이고 있다. 2025년 7월 13일 종가 기준 78.02달러이고, 공모가가 17달러였던 점을 감안하면 휠라 코리아의 지분가치 또한 코로나 이후 크게 증가했다.

아쿠쉬네트 한국법인은 2012년 휠라 코리아의 인수, 2013년 의류사업 진출 이후 연 평균 10.7%으로 꾸준히 성장했다.

현재 골프산업을 바탕으로 휠라 코리아의 아쿠쉬네트 인수를 바라보면 미화될 부분이 많다. 하지만 아쿠쉬네트의 상장 당시만 해도 골프산업 성장세의 둔화를 예상했고, 공모가도 기대보다 낮게 형성되었다. 당시 휠라 홀딩스로서는 용기 있는 베팅이었을 것이다. 휠라 홀딩스는 성장 과정에서 자본시장의 장점을 적극적으로 활용한 기업 중 하나다.

휠라 홀딩스와 미래에셋PE의 아쿠쉬네트 인수 사례는 사모펀드가 전략적 투자자와 재무적 투자자의 협력을 통해 기업의 성장을 촉진하는 대표적인 방식이다. 이로써 휠라는 타이틀리스트와 같은 글로벌 브랜드를 포트폴리오에 추가하며 브랜드 가치와 시장 영향력을 확장했다. 또한 아쿠쉬네트 M&A를 통해 휠라 홀딩스는 단순한 자산 확보를 넘어 또 다른 성장 모멘텀을 얻어냈다.

바이아웃 전략은 단순히 자본을 투입하는 것 이상의 의미가 있다. 휠라는 아쿠쉬네트와의 시너지를 통해 상품 카테고리를 넓히고, 시장의 수요에 맞춘 판매 전략을 강화해나갔다. 한편 재무적 투자자인 미래에셋PE는 자본을 지원하고 회수 전략을 세워 기업가치를 극대화했다.

이 사례는 기업 인수와 가치 제고가 단순히 '사자 팔자'가 아니라 지속적인 성장을 위한 동력을 확보하고 시장에서의 입지를 강화하는 과정임을 투자자들에게 잘 보여준다.

성장 파트너(Growth Capital)로서 사모펀드

사모펀드는 자금을 공급하는 투자자를 넘어서, 기업의 진정한 성장 파트너로 자리매김할 수 있다. '성장 파트너'로서의 사모펀드는 강력한 성장 가능성을 가진 기업에 자금을 투입해 그들의 잠재력을 끌어올리는 역할을 수행한다. 이번에 소개할 사례는 애드벤트PE가 패션 업계에서 글로벌 브랜드로 자리 잡은 룰루레몬(Lululemon)의 성장 파트너로서, 그 성장을 이끈 과정이다.

여기서 사모펀드의 투자 방식은 '성장자금투자(Growth Capital)'의 대표적인 예시다. 룰루레몬은 애드벤트PE의 자본과 성장전략 지원을 바탕으로 새로운 시장을 개척하고 브랜드 인지도를 높이며, 폭발적 성장을 이루어낼 수 있었다. 이처럼 성장 파트너로서의 사모펀드는 자금 이상의 가치를 제공하며, 경영 전략, 네트워크, 그리고 핵심 의사결정 과정에서 중요한 역할을 한다.

─── 룰루레몬의 성공 뒤에 숨은 힘

나는 러닝을 즐긴다. 여행이나 출장 일정 중에도 특별한 사정이 없는 한 달리기는 빼먹지 않는 편인데, 꼭 10km가 한계점이었다. 거리를 늘리려 하면 무릎이 문제였다. 러닝수업을 통해 자세교정을 해보자는 생각이 있었고, 룰루레몬과의 인연도 이때가 시작이었다. 2017년 7월, 국내 3번째 룰루레몬 매장인 스타필드 하남의 앰배서더이자 아이언맨 공인 코치인 오영환 프로에게 달리기 자세 교정을 받았다. 룰루레몬 매장 안에서 운동 전후로 간단한 스트레칭 겸 요가 수업을 하고 야외에서 함께 러닝수업을 했다.

당시에는 요즘과 같이 체험형 마케팅이 보편화되기 전이라 그런지 이 수업이 기억에 많이 남았고, 수업내용을 현재까지 몸이 기억하는 듯하다. 이때 룰루레몬에 요가복뿐만 아니라 남성 러닝복이 있다는 점도 알게 되었다. 무엇보다 오영환 프로와 함께 달려본 경험이 최고의 기억이었다.

이번 룰루레몬 사례를 통해 내가 경험한 룰루레몬과 룰루레몬에 대한 생각을 통해 성장자금(Growth Capital) 투자자로서 사모펀드의 역할을 알아보고자 한다.

룰루레몬은 요가계의 샤넬, 프리미엄 요가복 브랜드로 많이들 알고 있다. 하지만 룰루레몬 역사를 되돌아보면 몇 번의 위기가 있었고, 2020년 초에 코로나 팬데믹으로 인한 위기도 잠시 있었지만 현재는 매년 사상최대 매출을 달성하고 있는 성장기업이다.

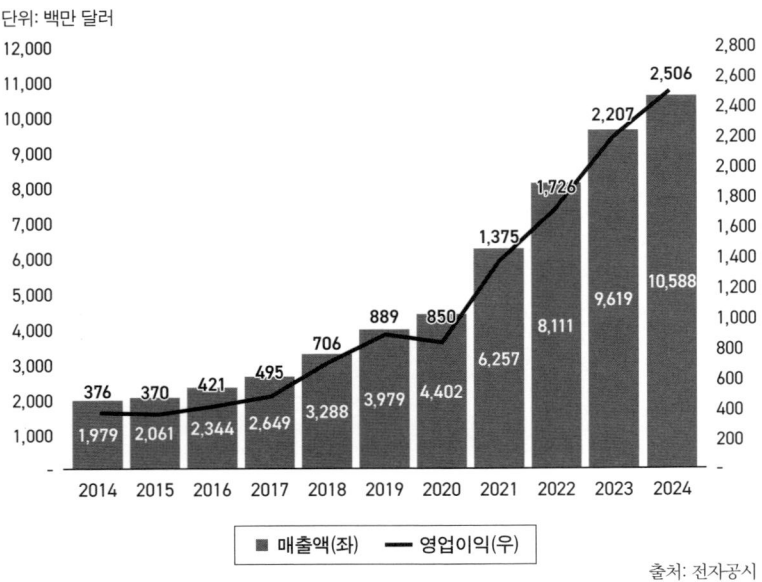

〈자료 8〉 룰루레몬의 최근 10년 실적 추이

단위: 백만 달러

	2014	2015	2016	2017	2018	2019	2020	2021	2022	2023	2024
매출액(좌)	1,979	2,061	2,344	2,649	3,288	3,979	4,402	6,257	8,111	9,619	10,588
영업이익(우)	376	370	421	495	706	889	850	1,375	1,726	2,207	2,506

출처: 전자공시

　매출 또한 꾸준히 상승해왔고, 코로나19로 인한 타격이 심했음에도 2020년도 매출은 44억 달러(약 6조 원)를 달성했다. 이후에도 매년 매출이 성장했고, 2024년 매출은 105.9억 달러, 약 14.6조 원 수준이다. 룰루레몬은 어떻게 이렇게 성장할 수 있었고, 글로벌 사모펀드들의 러브콜을 받는 기업이 되었을까? 룰루레몬의 강점 4가지를 선정해보았다.

1) 여전히 진화중인 밸류체인 – 유연하고 빠른 실험, 개선이 가능한 조직

내가 참여한 러닝수업, 요가수업 등은 지역(Local) 매장이 주도를 한다. 러닝과 요가 외에도 복싱, 스피닝, 트램펄린 등 국가와 지역 특성에 따라 다양한 수업을 진행한다. 전 세계 약 4천 명 이상의 브랜드 앰배서더는 요가, 필라테스 강사 등 현지에서 영향력이 있는 사람들이다. 이들을 중심으로 커뮤니티가 형성된다. 앰배서더들은 룰루레몬 제품에 영감을 주고 개발 및 테스트에 참여하기도 한다. 룰루레몬 입장에서는 강력한 사용자 중심의 데이터를 확보하는 셈이다. 앰배서더들이 현직 운동선수 또는 강사로 활동하는 이들이기에 제품에 대한 단순 평가보다는 기능 등의 기술적 개선으로 접근할 수 있는 중요한 정보도 획득하게 된다. 룰루레몬의 R&D 조직인 화이트스 페이스는 지속적인 개선(Continuous improvement)에 초점을 맞춘 문화와 사고방식을 통해 빠른 시제품(Prototype) 제작과 테스트를 진행한다.

룰루레몬은 '엔지니어드 센세이션(Engineered Sensation, 사용자가 원하는 느낌)'이라는 개념하에 제품을 다섯 가지 느낌(Relaxed, Naked, Held-in, Hugged, Tight)으로 구성한다. 중요한 것은 이 '느낌'의 주체는 고객이라는 것이고, 고객의 '느낌'은 '감정'으로 연결된다. 이런 느낌은 기술을 통해 '소재'로 만들어진다. 예를 들어 요가복에 사용하는 Rulu™라는 소재는 위에 언급한 Engineered Sensation 중 Naked Sensation(아무것도 입지 않은 듯한 느낌)을 표현한다.

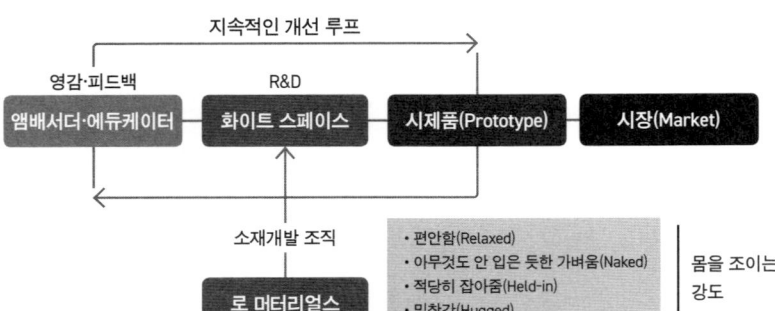

〈자료 9〉 룰루레몬의 밸류체인(Continuous improvement loop)

룰루레몬은 제조시설을 보유하고 있지 않기 때문에 미국을 포함한 전 세계 26개국에서 제품과 직물을 공급받는다. 우리나라 영원무역의 엘살바도르, 베트남 공장에서도 룰루레몬의 제품이 생산되며, 호전실업도 룰루레몬의 맨즈, 아우터를 올해 하반기부터 공급할 예정이다.

룰루레몬 밸류체인의 특징은 '소통' '기술' '유통'이다. 지역 매장 중심의 커뮤니티, 앰배서더를 통해 제품 개발에 대한 영감을 얻고 테스트를 거쳐서 기획에서 샘플제작까지 고객관점의 경쟁력 있는 제품 생산을 위한 리드타임을 단축시킨다. 그리고 그 기반에는 소비자가 원하는 감각을 소재로 표현할 수 있는 기술이 있다. 이렇게 양산된 제품은 다시 지역으로 돌아가 매장과 앰배서더를 통한 마케팅을 통해 판매가 된다.

2) 탈 창업자 중심 조직으로 성장

룰루레몬의 브랜드 인지도는 지역 매장과 앰배서더 중심의 커뮤니티를 기반으로 한다. 앞서 설명한 밸류체인의 지속적인 개선 시스템이 원활히 작동할수록 각 조직(R&D: 화이트 스페이스, 소재: 로 머터리얼스, 고객접점: 에듀케이터 등)의 역량이 강화된다. 의도하지는 않았겠지만, 룰루레몬은 시간이 지날수록 탈 창업자 중심 조직으로 성장하고 있었다고 판단한다.

룰루레몬에도 위기가 없었던 것은 아니다. 〈자료 10〉은 상장 이후 룰루레몬의 주가 추이와 주요 악재성 이벤트들을 정리한 자료다. 룰루레몬은 2007년 7월 상장 이후, 2008년에 스타벅스 출신 전문경영인 크리스틴 데이(Christine Day)를 새로운 CEO로 영입한다. 금융위기를 통해 미국 내 경험 및 가치소비 트렌드가 형성되기 시작하면

〈자료 10〉 룰루레몬의 주가 추이 및 주요 악재성 이벤트

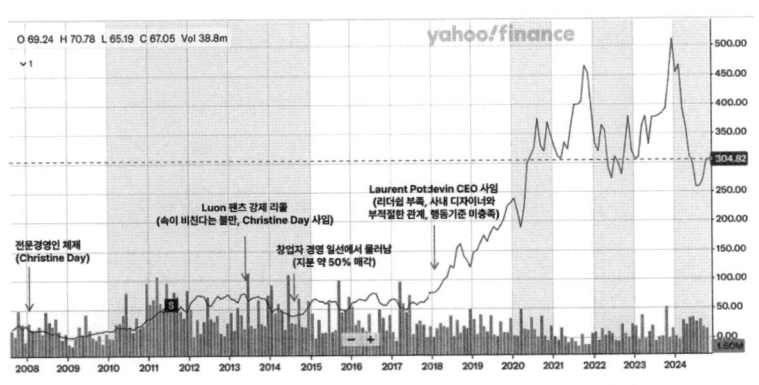

출처: Yahoo finance

서 룰루레몬도 성장하게 된다. 그러다 2013년 3월 Luon 소재 요가 팬츠의 속 비침 불만들이 품질관리 문제로 이어져 대규모 리콜 사태로까지 번져나갔다. 손실은 시장가치로 약 20억 달러 수준이었다. 이로 인해 크리스틴 데이가 사임하고, 프리미엄 신발브랜드 TOMS를 이끌던 로랑 포트뱅(Laurent Potdevin)이 CEO로 취임한다. 같은 해 11월, 창업자 칩 윌슨(Chip Wilson)은 한 방송에서 일부 여성들의 체형이 룰루레몬 요가팬츠가 적합하지 않을 수도 있다("just actually don't work")는 발언을 함으로서 큰 파장이 일었고, 결국 보유지분의 약 50%를 매각하고 경영일선에서 물러나게 된다. 그리고 2018년 로랑 포드뱅의 리더십 부족, 사내 행동기준 미충족 이슈로 급히 사임을 한다. 하지만 해당 이슈들이 룰루레몬의 주가에 큰 영향을 끼치지는 못했다. 오히려 남성복 시장 및 해외진출 효과로 큰 폭의 매출 성장을 이어갔고 주식시장도 이에 화답했다.

3) 브랜드파워를 바탕으로 한 확장(3가지 성장전략의 힘)

2019년 4월에 발표한 룰루레몬의 3가지 성장전략의 힘(Power of Three Growth Strategy)은 다음의 박스 내용과 같다.

룰루레몬 같은 소비재 기업(브랜드)의 성장전략은 P(가격, Price)나, Q(판매수량, Quantity)를 늘리는 것이다. 판매가격 인상은 럭셔리 브랜드 외에는 실행하기 어려운 전략이다. 대부분 인플레이션 수준으로 제한하는데, 나는 판매가격의 하방 경직성이 곧 브랜드 인지도를 측정하는 척도 중 하나라고 생각한다.

- 제품혁신(Product Innovation) - 2023년까지 남성복 매출규모를 2배 이상 늘릴 것으로 예상. 기존제품 및 신제품 카테고리를 확장할 계획.
- 고객 경험확산(Omni guest experience) - 2023년까지 디지털 매출을 2배 이상 늘릴 것으로 예상. 다양한 채널을 통해(온·오프라인 판매채널, 이벤트 등) 통합적인 고객경험을 제공하는 데 집중할 것임.
- 시장확장(Market expansion) - 2023년까지 해외 매출을 4배로 늘릴 계획임(룰루레몬의 미국시장 의존도는 약 80-90%임). 중국은 물론 아시아태평양, 유럽·아프리카로 확장할 것임.

출처: 회사 홈페이지, 문맥상 작성자의 의역이 들어감

룰루레몬의 3가지 성장전략의 힘은 안정적인 가격의 하방 경직성을 바탕으로 품목확장(남성복 시장 진출), 시장 확장(해외진출)을 통해 판매수량을 늘려가는 좋은 사례로 볼 수 있겠다. 성장을 위한 도구로서 P와 Q는 대체제가 아닌, 독립변수에 가깝다.

4) 동반자 성격의 투자 파트너

1998년 설립된 룰루레몬은 사업 확장을 위해 2005년 12월, 사모펀드인 애드번트 인터내셔널(Advent International, 이하 애드번트PE)로부터 성장자금(Growth Capital)을 유치했다. 당시 거래의 기업가치는 약 2억 2,500만 달러로 평가되었다. 애드번트PE는 중대형 기업의 바이아웃(Buy-out)과 성장자금 투자에 특화된 글로벌 사모펀드로, 특히 헬스케어, 기술, 소비재, 금융, 산업 분야에서의 풍부한 경험과 강력한 운영 파트너 체제를 갖추고 있다. 애드번트PE는 단순히 자금을 제공하는 데 그치지 않고, 운영효율성 향상과 경영개선을 통해 포트폴리오 기업의 가치를 높이는 데 중점을 둔다.

애드번트PE는 룰루레몬 투자 후, 전 리복 CEO이자 애드번트PE의 운영 파트너인 로버트 미어스(Robert Meers)를 룰루레몬의 CEO로 임명해 그의 스포츠의류 업계 경험을 적극 활용했다. 애드번트PE의 운영 파트너 체제는 포트폴리오 기업의 성장과 효율화를 위해 산업별 전문가들로 구성된 네트워크를 갖추고 있으며, 이들은 현장에 밀착된 지원을 통해 회사가 목표를 달성하도록 돕는다. 미어스는 그의 풍부한 스포츠 의류 산업 경험을 룰루레몬의 미국 내 확장 전략에 반영하며 빠르게 성장 기반을 다졌다.

이러한 지원 덕분에 룰루레몬은 2007년 성공적으로 상장했으며, 애드번트PE는 2009년까지 투자 원금의 약 8배를 회수하는 성과를 이루었다. 애드번트PE의 운영 파트너 체제는 이처럼 포트폴리오 기업의 운영과 성장전략을 직접 지원하며, 장기적인 가치를 창출하는 데 기여한다는 점에서 큰 강점으로 작용했다.

애드번트PE는 2014년 또 다시 등장한다. 2013년 회사가 대규모 리콜사태로 곤욕을 치를 때 창업자 윌슨의 지분 27% 중 절반을 8.45억 달러에 매입했다. 애드번트PE는 2명의 이사를 파견했고 창업자와 2년 동안 위임장 대결(Proxy fighting)을 하지 않기로 약속하며 경영 안정화에 일조한다. 추가적으로 기업 지배구조 개선을 위해 타사 전문가를 고용하는 데 동의했다. 애드번트PE의 적극적인 경영 참여 이후 5년 동안 회사의 기업가치는 약 5배인 300억 달러 이상 상승했다.

투자 후 룰루레몬의 기업가치가 크게 상승해 결과적으로 좋았지만, 최초 투자 당시 초기 기업이었던 룰루레몬의 상황과 2014년 어려웠던 회사 사정을 감안했을 때 룰루레몬 투자는 애드번트PE로서도 상당히 용기 있는 베팅이었다. 회사 성장의 속도와 타이밍이라는 관점에서 이처럼 오랜 기간 함께할 수 있는 투자 파트너사는 필요한 부분이라 생각한다.

룰루레몬과 애드번트PE의 파트너십은 성장 파트너(Growth Capital)로서 사모펀드가 어떻게 기업의 잠재력을 극대화할 수 있는지를 보여주는 대표적 사례다. 자금 이상의 지원을 제공한 애드번트PE는 운영 파트너를 통해 룰루레몬이 새로운 시장과 고객층을 겨냥하도록 전략을 다듬고, 기업 구조를 강화해 변동성 높은 소비 시장 속에서도 안정적인 성장을 이어갈 수 있도록 돕는다. 이처럼 사모펀드는 단순한 재정적 뒷받침을 넘어 기업의 핵심 파트너로서 함께 성장해나가며, 기업가치를 장기적으로 견고히 다지는 역할을 할 수 있다는 점에서 투자자와 기업 모두에게 큰 의미를 지닌다.

보이지 않는 경제의 설계자들:
사모펀드의 숨겨진 임무

사모펀드는 대중에게는 쉽게 다가오기 어려운 영역이지만, 경제의 이면에서 거대한 자본을 운용하며 보이지 않는 변화를 일으키는 강력한 연결 고리다. 단순히 자금을 투입하는 것을 넘어 기업에 '성장 엔진'을 장착하고, 비효율적으로 묶인 자산이 활발히 순환되도록 돕는다. 여기서는 사모펀드가 자본과 기업, 그리고 경제 전반에 만들어내는 숨은 기여를 분석하며 이들의 경제적 의미를 파악해보는 것으로 마무리해보자.

——— 숨은 자본의 순환과 성장 기회 창출

사모펀드는 대형 자산가나 기관 투자자들로부터 모인 자본이 자본 시장을 넘어 실물 경제 곳곳에 효율적으로 퍼질 수 있도록 돕는다. 특정 산업에 자금을 몰아넣기보다는, 다양한 산업에 자금을 분산해 자본의 흐름이 자연스럽게 이어지도록 한다. 특히 자금조달이 어려운 중소기업이나 잠재력이 큰 비상장 기업에 투자해 성장의 기회를 만들어주는 데 기여한다. 사모펀드는 기업들이 자신만의 '성장 스토리'를 써내려갈 수 있도록 배경을 깔아주는 셈이다.

사모펀드는 또 경기변동에 따라 전략적으로 자본을 배치하는데, 둔화기에는 잠재력이 큰 기업에 역발상 투자를 하며 경제에 활력을 불어넣고, 회복기에는 자산 가치를 극대화한 뒤 공모 시장에 기업을 내놓으며 경제순환을 가속화한다. 이는 사모펀드가 자산 시장의 단순한 투자자를 넘어서 경제 내 자본의 효율성을 높이는 촉진제 역할을 하고 있다는 것을 보여준다.

─────── 기업가치 창출과 혁신의 파트너

사모펀드는 단순히 자금을 제공하는 것을 넘어, 기업과 '전략적 파트너'가 되어 혁신을 주도하고 가치를 끌어올린다. 사모펀드는 기업에 투자를 할 때 철저한 실사와 계획을 거쳐 각 기업의 성장전략을 설계한다. 기업의 장점을 극대화할 방법을 찾고, 필요한 자원과 전략을 지원해주는 방식이다. 예를 들어 기업의 비용을 줄이거나 효율을 높일 방법을 찾는 것은 물론이고, 필요하면 새로운 경영진을 영입해 경영 역량을 강화하기도 한다.

이렇듯 사모펀드는 기업의 성장을 위한 '성장 엔진'을 장착하는 역할을 한다. 이는 '단기적 수익'이 아닌 '장기적 가치 창출'에 집중하는 사모펀드만의 철학을 보여준다. 사모펀드는 기업에 새로운 경영 전략과 자원을 제공하며 함께 성장을 만들어가는 파트너가 되는 셈이다.

─────── 경제적 파급력과 간접적 기여

사모펀드는 대규모 연기금 같은 기관 투자자들에게 고수익의 기회를 제공하면서 간접적으로는 개인 투자자들에게도 혜택을 안겨준다. 예를 들어 국민연금이 사모펀드에 투자해서 얻은 수익은 연금 수급자인 국민에게 돌아간다. 그 덕에 개인들이 사모펀드에 직접 투자하지 않아도 그간의 혜택을 누리게 되는 것이다.

　또 사모펀드가 기업에 자본을 투입해 성장시키면 그 영향은 일자리 창출, 신제품 개발, 소비 시장 확대까지 이어진다. 예를 들어 사모펀드가 한 기업의 기술 혁신을 지원할 경우, 그 기술은 곧 소비자에게 더 나은 제품이나 서비스를 제공하게 된다. 이처럼 사모펀드는 경제의 기반에 직접 관여해 파급력을 발휘하며, 장기적으로는 산업의 성장을 이끄는 중요한 역할을 한다.

─────── 사모펀드가 남기는 변화의 흔적

사모펀드는 효율적인 자본 순환과 기업 성장을 돕는 강력한 경제적 연결 고리로 자리 잡고 있다. 고위험·고수익을 추구하는 투자처이자 기업 성장의 전략적 파트너로서, 사모펀드는 단순한 자본 제공을 넘어 경제 전반에 걸쳐 숨은 영향력을 발휘하는 존재다. 앞으로도 사모펀드는 변화하는 경제 환경 속에서 기업과 자본의 성장 동력이 되어줌으로써 더 많은 변화를 만들어낼 것이다.

4장

선물에서 기후 리스크까지: 파생상품으로 경제를 읽다

파생상품의 탄생과 기본 개념:
실물 경제를 비추는 거울

'파생상품'이라는 단어를 듣는 순간 '그건 전문가들의 도박 도구 아닌가?'라는 생각이 들 수도 있다. 영화나 뉴스에서는 이따금씩 위험한 금융 상품으로도 등장한다. 그런데 왜 금융과 경제의 핵심에는 항상 이 파생상품이 자리하고 있을까? 파생상품은 사실 금융시장의 단순한 '옵션'이 아니다. 실물 경제의 불확실성을 해결하기 위해, 기업과 투자자들에게 적절한 위험 관리를 위해 필수적으로 탄생한 도구다. 지금부터는 실물 경제와 투자 시장에서 파생상품이 어떻게 등장했고, 또 어떤 기초 개념으로 돌아가는 것인지 하나씩 살펴보자.

─────── **파생상품의 탄생, 리스크 관리를 위한 '대안적 계약'**

파생상품은 기업이나 생산자들이 실물 경제의 리스크를 관리하기 위한 방편으로 등장했다. 즉 농부가 봄에 씨를 뿌릴 때부터 가을에 수확한 후 농산물 가격이 폭락하지 않을까 걱정했던 것처럼, 사업을 하는 데 항상 따라오는 불확실성을 줄이고자 했던 본능이 파생상품의 출발점이 된 것이다. 간단히 말해 파생상품은 불확실성 속에서 현재 상태를 고정시켜 미래의 변동성을 낮추려는 계약 형태다.

가장 처음 등장한 파생상품으로는 선물(Futures)을 들 수 있다. 예를 들어 농부와 밀가루를 대량으로 사용하는 제빵업자가 있다고 하자. 농부는 올가을 밀 수확을 앞두고 있는데, 올해는 풍작이 예상된다. 풍작이 되면 밀 가격이 떨어져 농부는 예상 수익을 제대로 거두지 못할 가능성이 커진다. 반대로 제빵업자는 밀 가격이 치솟지 않을까 걱정하고 있다. 이때 두 사람은 밀 가격을 미리 고정하기 위해 계약을 체결하게 된다. 농부는 수확 전에 판매가를 확정지어 가격 하락 리스크를 피하고, 제빵업자는 가격상승의 걱정을 덜게 된다. 이것이 선물 계약이 탄생한 배경이며, 오늘날 선물은 금융시장에서 흔히 거래되는 파생상품 중 하나다.

여기서 한 가지 짚고 넘어가자면, 파생상품의 거래에서 꼭 실물 자산이 오고 가야 하는 것은 아니다. 파생상품이라는 계약의 성격상, 그 대상 자산이 현물로 거래되지 않더라도 미래의 특정 시점에 정해진 가격에 그 자산을 사거나 팔겠다는 약속을 가능하게 한다. 이를 통해 많은 거래가 '명목상'으로만 이루어지면서도 리스크 관리와 가격 안정성을 확보할 수 있다. 이렇게 불확실성을 해소하기 위한 실물 자산에서 시작된 선물 거래는 점차 금융상품으로 진화해나갔다.

파생상품의 기본 원리, '기초 자산'과 '미래 가격'을 다루다

파생상품이 본격적으로 금융 시장의 한 축을 담당하게 된 것은 '기초 자산'이라는 개념이 자리 잡으면서부터다. 기초 자산은 쉽게 말해 파생상품의 가격을 결정하는 근본 자산이다. 농산물, 원유, 금과 같은 실물 자산뿐만 아니라 주식, 채권 같은 금융 자산, 그리고 환율과 금리 등 다양한 요소가 기초 자산이 될 수 있다. 파생상품의 가격은 이 기초 자산의 가치 변화에 따라 결정되기 때문에 투자자들은 미래의 기초 자산가격에 베팅을 하는 것이라고도 할 수 있다.

파생상품은 기초 자산의 가격 변화에 영향을 받아야 하므로, 시장에서는 이를 통해 다양한 투자전략이 가능해졌다. 예를 들어 주가가 하락할 것으로 예상할 경우, 투자자는 '풋옵션(Put Option)'을 구매해 미래의 하락 리스크를 피할 수 있다. 반대로 주가 상승을 기대할 때는 '콜옵션(Call Option)'을 통해 상승에 따른 추가 수익을 기대할 수 있다. 이렇듯 파생상품은 기초 자산의 가격 변동을 효율적으로 관리할 수 있도록 돕는 투자 도구로서의 역할을 수행한다.

그렇다면 왜 이런 복잡한 구조를 만들었을까? 금융 시장은 단순히 자산을 사고파는 곳을 넘어서, 자산의 미래 가치에 대한 전망을 수익으로 만들려는 투자자들의 장이기 때문이다. 그러므로 투자자들은 미래의 불확실성을 관리하고, 나아가 예상하지 못한 리스크를 사전에 피할 수 있는 계약 구조를 만들어낸 것이다.

——— 파생상품, 실물 경제의 거울이 되다

파생상품은 실물 경제의 변동성과 긴밀하게 연결되어 있다. 그렇기에 파생상품 시장의 흐름은 실물 경제의 방향성을 확인할 수 있는 일종의 '거울'이 되기도 한다. 예를 들어 원유 시장에서 발생한 큰 사건은 즉각적으로 원유 선물 가격에 반영되고, 이는 국제 경제에 대한 투자자들의 기대 심리를 그대로 반영하게 된다. 이러한 특성 덕분에 파생상품 시장은 실물 자산 시장의 상태와 경제 전반의 흐름을 간접적으로 보여주며, 금융 시장 내 중요한 역할을 차지하게 되었다.

또한 파생상품은 경제에서 중요한 리스크 관리의 수단으로 자리 잡았다. 금리 변동성이 큰 시기에는 채권에 대한 '금리 스왑'을 통해 고정금리와 변동금리 간의 리스크를 조정할 수 있다. 이 스왑 상품을 이용하면 금리인상 리스크를 피할 수 있는 것이다. 이렇게 파생 상품은 불안정한 금융 환경 속에서도 투자자들에게 실물 경제의 영향을 일정 부분 상쇄할 수 있는 도구가 되어주고 있다.

파생상품 시장은 실물 경제의 변동성이 높아질수록 더욱 활발해지는데, 이는 파생상품이 불확실성을 해소하는 도구로 작용하기 때문이다. 예를 들어 곡물 가격이 오르면 식품업체들은 파생상품을 활용해 비용 변동성을 최소화하려고 한다. 이처럼 파생상품은 실물 경제의 움직임을 반영하고 이를 통해 불확실성을 관리하며, 결국 시장의 안정성에도 기여하게 된다.

결국 파생상품은 투자 상품 이상의 의미를 갖는다. 실물 경제와 금융 시장의 연결고리 역할을 하며, 불확실성을 줄이고 리스크를 관리하는 도구로서 기능한다. 영화 속에서 파생상품이 주인공으로 등장하는 것을 보면 위태롭고 복잡한 도구로 비쳐질 때가 많지만, 실제로는 기업과 투자자들에게 필수적인 리스크 관리 수단으로서의 역할을 톡톡히 해내고 있다.

_____ 2008년 금융위기: 신용부도스왑(CDS)이 일으킨 파국

파생상품이 경제에 얼마나 큰 파장을 일으킬 수 있는지 보여주는 대표적인 사례가 바로 2008년 금융위기다. 당시 미국 부동산 시장이 붐을 이루면서 등장한 신용부도스왑(CDS, Credit Default Swap)이라는 파생상품은 처음에는 그저 '안전장치'처럼 보였다. 그러나 시간이 지나면서 이 '보험 상품'이 시장의 '폭탄'으로 변모하기 시작했고, 미국의 대형 금융기관들은 이 거대한 위험 속으로 점점 더 깊이 빠져들었다. 이 이야기는 오늘날까지도 수많은 영화와 책의 소재가 되었고, 특히 영화 〈빅쇼트(The Big Short)〉와 〈마진콜(Margin Call)〉은 금융위기의 어두운 면모를 세세하게 묘사하며 관객들에게 큰 인상을 남겼다.

먼저, CDS의 탄생 배경을 살펴보자. CDS는 투자자가 빌려준 돈을 떼일 가능성에 대비하기 위해 만든 '보험'과 비슷한 파생상품이다. 예를 들어 은행이 주택대출을 해주고 그 돈을 돌려받지 못할 위험을 줄이기 위해 CDS를 매수하면, 부도 시에 CDS 발행자가 그 손실을 보상해주는 구조다. 주택가격이 계속 오를 것이라 믿었던 금융회사들은 담보 대출 채권을 CDS와 결합해 투자자들에게 팔았고, 이를 통해 대출의 위험을 외면한 채 더 많은 서브프라임 대출로 수익을 극대화했다.

미국 부동산 시장의 급성장에 힘입어 CDS는 마치 '안전한 돈 복사기'처럼 보였다. 금융회사들은 이 '보험'이 모든 위험을 상쇄해줄 것이라 믿었고, 막대한 레버리지를 일으키며 서브프라임 대출을 확대했다. 시장은 주택가격이 결코 하락하지 않을 것이라 굳게 믿고 있었고, CDS가 그 믿음의 안전판 역할을 해줄 것이라는 기대는 나날이 커졌다. 한마디로 모두가 '묻고 더블로 가!'라는 심정으로 이 시장에 뛰어들고 있었던 것이다.

그러나 영화 〈빅쇼트〉에서처럼, 부동산 붐에 대해 의문을 품고 있던 소수의 투자자들이 있었다. 그들은 미국 주택 시장의 과열이 거품일 뿐이며, 곧 터질 폭탄이라는 것을 직감했다.

〈빅쇼트〉의 주인공 중 한 명인 펀드매니저, 마크 바움은 동료들과 대규모 주택단지들을 방문하며 부동산 중개업자부터 주민들까지 인터뷰를 하며 실태를 점검한다. 그중 한 스트리

〈자료 1〉 영화 〈빅쇼트〉 포스터

퍼를 만나 취재하는데, 스트리퍼가 대출로 산 집이 모두 다섯 채, 콘도가 한 채라는 말을 듣고 어이가 없어 한다. 미국 부동산시장에 거품이 심하다고 확신한 마크 바움은 CDS를 대량으로 매입하는 주문을 한다.

〈자료 2〉 미국 부동산시장의 거품을 확신하고 CDS를 주문하는 마크 바움

거품이 있어

이들은 금융권이 미처 보지 못한 위기의 씨앗을 발견하고, 서브프라임 채권이 무너질 때를 기다렸다.

2007년, 마침내 주택가격이 하락세를 타기 시작하자 폭탄의 타이머가 작동하기 시작했다. 주택가격 하락은 대출자들의 연체를 촉발했고, 서브프라임 대출은 빠르게 부도에 빠져들었다. 이와 연계된 CDS의 부도 리스크가 현실화되면서, 이를 보유하고 있던 금융 기관들은 상상 이상의 손실을 감수해야 했다. CDS를 '안전한 보험'이라 여겼던 투자자들은 사태가 심각해질 때까지도 그 위험성을 눈치채지 못하고 있었다.

여기서 주택가격 하락이 CDS 가치를 높이는 원리가 드러난다. CDS는 대출자가 빚을 갚지 못할 위험, 즉 부도 위험에 대비하는 보험이기 때문에 대출 상환 불이행이 증가할수록 이 '보험'의 가치가 높아진다. 주택가격이 하락하면서 부동산 담보의 가치가 떨어지면 대출자들은 대출금을 갚지 못할 가능성이 커진다. 이 때문에 CDS 보유자들은 대출자가 파산할 확률이 높아질수록 더 큰 보상을 받을 가능성이 높아지고, 따라서 CDS의 시장가치가 급등하는 것이다.

영화 〈마진콜〉은 금융회사 내부에서 CDS의 위험성을 뒤늦게 깨달은 사람들이 불안에 떠는 모습을 흥미진진하게 그려낸다. 영화 속 금융기관 분석가는 밤새 채권의 부도 가능성을 계산해, 회사가 쥐고 있는 파생상품이 손실을 일으킬 가능성이 높다는 사실을 상사에게 보고한다. 상사는 충격을 받고, 회사 전체에 닥칠 막대

〈자료 3〉 영화 〈마진콜〉 포스터

한 리스크를 어떻게든 감추기 위해 급히 투자자들에게 이를 떠넘기려 한다. 〈마진콜〉의 이 장면은, 실제 금융위기 당시 대형 금융기관들이 자산 매각에 나서며 시장에 충격을 주었던 상황을 잘 묘사하고 있다.

이로 인해 리먼 브라더스 같은 대형 투자은행들이 CDS로 인한 막대한 손실을 감당하지 못하고 연쇄적으로 무너지기 시작했다. 2008년 9월 15일, 리먼 브라더스는 파산을 선언했고, 이로 인해 CDS와 서브프라임 채권으로 얽혀 있던 전 세계 금융 시장은 전례 없는 공황에 휩싸였다. 이는 단순한 금융위기가 아니라, 한 국가를 넘어 글로벌 경제를 위기로 몰아넣은 대사건이었다.

결국 각국 정부와 중앙은행은 금융 시스템 붕괴를 막기 위해 수조 달러에 달하는 구제금융을 투입했고, 그때까지 자본주의의 최선봉에 서 있던 금융기관들은 파생상품이 만들어낸 위기 앞에서 도미노처럼 속수무책으로 무너져내렸다. CDS와 같은 파생상품이 잘못 활용되었을 때 어떤 재앙을 초래할 수 있는지를 세상에 여실히 보여준 사건이었다.

지구 온난화와 투자전략:
기후 리스크 파생상품의 시대

최근 몇 년간 기후 변화는 경제적 안정성을 위협하는 주요 리스크로 떠오르고 있다. 폭염, 허리케인, 대형 산불과 같은 극단적 기후 사건들이 점차 빈번해지면서, 그로 인한 경제적 손실도 막대하게 늘어나고 있다.

예를 들어 2017년 미국을 강타한 허리케인 하비는 텍사스 지역에 약 1,800억 달러의 피해를 입혔고 당시 트럼프 대통령은 텍사스 주를 '연방재난 지역'으로 선포했다. 그리고 2019년에 호주를 휩쓸었던 대형 산불은 농업과 관광업에 큰 타격을 주었다. 이러한 자연재해는 단순히 일회성 충격에 그치지 않고, 해당 지역의 경제 구조와 금융시장에 장기적인 영향을 미치는 경향이 있다.

이에 따라 미국 연방준비제도(Fed) 역시 기후 변화 리스크의 심각성을 인식하고 2020년에 기후 리스크 위원회(Climate Risk Committee)를 출범했다. 연준은 기후 변화로 인한 재정적 충격이 금융 시스템의 안정성을 위협할 수 있다고 보고, 기후 리스크를 금융 시스템 내 주요 변수로 관리하기 위한 방안을 연구하기 시작했다. 이런 움직임은 금융 시장이 기후 변화의 잠재적 위험에 더욱 민감해지고 있음을 보여준다. 기후 변화가 금융 시스템과 경제 전반에 미치는 영향력이 커짐에 따라, 금융 시장에는 기후 관련 리스크를 다루는 새로운 파생상품들이 등장하게 되었고, 이는 기업과 투자자들에게 불확실성을 관리할 수 있는 도구로 자리 잡고 있다.

지금부터는 기후 변화가 금융 시장에 미치는 영향, 그리고 이를 관리하기 위해 새롭게 떠오르고 있는 기후 리스크 파생상품에 대해 알아보자.

─── 기후 리스크 파생상품의 개념과 등장 배경

기후 리스크 파생상품은 기후 변화의 예상치 못한 타격에서 기업과 금융기관들을 보호하기 위해 설계된 '금융 세계의 보험'이라 할 수 있다. 극단적인 폭염, 허리케인, 산불, 폭우 등 기후 변화로 인한 자연재해가 더욱 빈번해지면서, 기후 리스크 파생상품은 단순히 생존을 위한 선택이 아닌 필수적 도구로 자리 잡았다. 그러므로 기후 리스크 파생상품은 경제적 안정성의 사계절을 유지하는 역할을 하는 셈이다.

2023년 10월 24일, 미국 연방준비제도이사회(FRB), 연방예금보험공사(FDIC), 통화감독국(OCC) 등 3개의 기관은 자산이 1천억 달러 이상인 대형 금융기관을 대상으로 한 '기후 관련 금융 리스크 관리 원칙'을 발표했다.[22] 이 원칙은 금융기관이 기후 리스크를 제대로 관리할 수 있도록 돕기 위해 설정된 것으로, 핵심적으로 다루는 항목은 6가지다.

첫 번째는 금융회사의 경영진과 이사회가 기후 리스크에 대한 이해를 높이고 그 영향을 평가하는 거버넌스(governance)를 실시하는 것이고, 두 번째는 기후 리스크를 기존 정책, 절차 및 한계(policies, procedures, and limits)와 연계해 관리하는 것이다.

이 외에도 중대한 기후 리스크를 고려한 전략적 계획, 기후 리스크의 리스크 관리, 기후 리스크 데이터를 활용한 리스크 측정 및 보고, 그리고 다양한 기후 시나리오에 따라 리스크를 분석하는 시나리오 분석 등이 포함된다.

이 원칙의 목적은 금융기관이 기후 변화에 따른 위험을 다른 리스크와 마찬가지로 효과적으로 관리할 수 있도록 돕는 것이다. 즉 기후 리스크를 신용, 유동성, 법적 리스크 등처럼 중요한 리스크 항목으로 다루고, 이를 관리하고 보고하는 시스템을 마련하라는 것이다.

그렇다면 기후 리스크는 왜 금융 시스템에 심각한 영향을 미칠까? 기후 변화는 단순히 기업의 수익성에만 영향을 미치는 것이 아니라 자산 가치 전체의 변동을 초래해 금융기관의 포트폴리오를 흔든다.

예를 들어 폭우나 홍수로 인해 부동산 가치가 하락할 경우, 이를 담보로 대출을 제공한 금융기관의 담보자산이 부실화될 가능성이 커진다. 또 저탄소 경제로의 전환 과정에서 화석연료 산업에 대한 규제가 강화된다면, 관련 자산에 투자한 금융기관은 뜻밖의 대가를 치를 수도 있다. 이처럼 기후 리스크는 실물 자산과 금융 자산을 가리지 않고 경제 전반을 위협하는 중요한 변수로 자리 잡고 있다.

기후 리스크 파생상품은 이러한 리스크에 대비할 수 있는 강력한 도구다. 은행, 보험회사, 기업들은 이제 이 파생상품을 활용해 기후 변화가 초래할 경제 손실을 헤지(hedge)하고, 자산을 지키며 한발 더 나아가 기후 변화를 다룰 전략적 장치를 마련하고 있다. 기후 리스크 파생상품은 이렇게 투자자들이 '예측 불가능한 미래'를 차분하게 마주하도록 돕는 또 하나의 필수적인 도구로 떠오르고 있다.

─────── 기후 리스크 파생상품의 구조와 작동 방식[23]

기후 리스크 파생상품은 특정 기상 조건으로 인해 발생할 수 있는 손실 위험을 줄이기 위해 설계된 금융 상품으로, 일반적인 보험과 달리 손실 증명을 요구하지 않고 미리 정해진 기상 지표(예: 온도, 강수량)에 따라 자동으로 지불이 이루어진다. 이 지표는 일정한 기상 관측소의 데이터를 기반으로 설정되며, 계약이 체결된 후 실제 관측된 기상 데이터에 따라 조건이 충족되면 그에 맞춰 지불이 발생하는 구조다.

기후 리스크 파생상품은 주로 볼륨 리스크, 즉 기후 변화로 인해 수익이 감소할 수 있는 상황을 대비하는 용도로 활용된다. 예를 들어 겨울이 따뜻하면 난방 연료 판매가 줄어든 가스 회사가 기상 파생상품을 통해 이러한 위험을 줄일 수 있다. 또한 프랑스의 와인 농장은 포도 수확기에 예상치 못한 기온변화로 인한 생산량이 감소할 것에 대비해 보상을 받을 수 있는 파생상품에 가입할 수 있다. 이로 인해 와인 농장은 예상치 못한 기온 상승에 따른 피해를 줄일 수 있는 것이다.

이 파생상품의 구조는 특정 지표에 기반한 계산 방식으로 이루어지는데, 에너지 시장에서 흔히 사용되는 2가지 유형으로는 Heating Degree Days(HDD)와 Cooling Degree Days(CDD)가 있다. HDD는 겨울철 온도가 특정 기준 이하로 떨어지는 정도를 측정하며, 난방 수요와 밀접하게 관련되어 있어 가스 수요 예측에 유용하다. 반대로, CDD는 여름철 온도가 특정 기준 이상으로 올라가는 정도를 나타내며 냉방 수요를 예측하는 데 사용된다. 이런 지표들은 주로 장외거래(OTC) 방식으로 계약되어 사용자의 특정한 노출 조건에 맞게 맞춤형으로 설계된다.

기상 파생상품을 제공하는 기관은 주로 보험사, 전문 투자 펀드, 그리고 대형 에너지 기업들이며, 이들은 다양한 산업의 기상 리스크를 관리하는 데 필요한 자금을 공급하고 계약 구조를 설계한다.

이 기상 파생상품을 사용하는 이유는 단순한 기상 예측만으로는 예기치 못한 날씨 변동에 따른 장기적인 위험을 완벽하게 대비하기 어렵기 때문이다. 이를 통해 수익의 변동성을 줄이고, 예측 불가능한 기상 조건으로 발생할 수 있는 손실을 방지해 기업의 안정적인 운영을 도모할 수 있다. 보험과 비교했을 때 기상 파생상품은 손실 증명 절차 없이 특정 조건을 만족하면 자동으로 지급이 이루어져, 보다 빠른 정산이 가능하고 상대적으로 낮은 리스크와 높은 확률의 기상 조건도 대비할 수 있다는 장점이 있다.

기상 파생상품은 규모가 작은 기업도 사용할 수 있다. 중소기업은 기상 변화에 따른 수익의 변동성을 감당하기 어려울 수 있으므로 이러한 상품을 통해 기상 리스크를 효과적으로 관리하고 안정적인 수익 흐름을 확보하는 데 도움이 된다.

또한 기후 리스크 파생상품은 보험 산업에서도 중요한 역할을 한다. 홍수, 허리케인과 같은 자연재해가 특정 기준을 초과할 경우, 보험 회사는 막대한 손실을 감당해야 한다. 이때 기후 리스크 파생상품을 통해 보험사 역시 위험을 분산할 수 있으며, 보험사들은 리스크를 파생상품을 통해 관리하면서 손실을 줄이고자 한다. 이처럼 기후 리스크 파생상품은 기존의 전통적 보험 상품을 보완하며, 특정 기후 조건에 따라 경제적 충격을 줄이는 데 기여하고 있다.

_____ 기후 리스크 파생상품의 경제적 파급력과 기대 효과

기후 리스크 파생상품은 기후 변화가 시장에 미치는 영향을 완화하며 경제적 파급력을 줄이는 데 기여하고 있다. 특히 농업, 에너지, 보험 업계는 기후 변화에 민감한 만큼, 기후 리스크 파생상품을 통해

보다 안정적인 경영 환경을 조성할 수 있게 되었다. 기업들은 기후 파생상품을 활용해 수익성의 불확실성을 줄이고, 장기적인 안정성을 확보함으로써 경제적 회복력을 높일 수 있다.

뿐만 아니라, 기후 리스크 파생상품은 친환경 투자(ESG)와도 밀접하게 연결되어 있다. ESG(Environmental, Social, Governance) 투자는 환경적 요소를 고려하는 투자로, 기후 변화 리스크에 대비하는 파생상품은 ESG의 환경적 기준을 충족시키는 하나의 방법이 된다. 기업들은 기후 리스크 파생상품을 통해 탄소배출 감축에 투자하고 기후 변화 리스크를 줄이며, 친환경적인 경영을 실현할 수 있다. 결과적으로 이는 투자자들에게도 매력적인 투자 옵션이 된다.

기후 리스크 파생상품은 기후 변화가 초래할 수 있는 경제적 충격을 줄이기 위한 도구로 등장했지만, 이는 단지 시작에 불과하다. 기후뿐 아니라 사회, 환경, 기술 변화에 따른 리스크도 커지면서 이러한 변화를 관리하려는 투자자들의 수요가 파생상품 시장에 새로운 방향성을 제시하고 있다.

자연재해는 물론, 인구 변화, 에너지 전환, 디지털 전환 등 사회적 변화에 대한 불확실성을 헤지하려는 필요가 증가하고 있다. 예를 들어 전 세계적인 탄소배출 규제나 에너지 전환 속도에 베팅하는 파생상품, 혹은 인구 고령화와 관련된 헬스케어 리스크를 헤지하기 위한 금융 상품들이 지속해서 등장할 가능성이 크다.

앞으로도 불확실성 속에서 새로운 파생상품들은 다양한 산업과 투자자들에게 맞춤형 리스크 관리 도구로서 계속 발전할 것이며, 투자자들은 이 상품들을 통해 변화에 대응하고 예측 불가능한 미래를 대비해나갈 것이다.

5장

비트코인과 그 너머: 가상자산의 기회와 도전

위기의 탄생:
금융위기와 함께 시작된 가상자산의 이야기

2008년의 금융위기는 기존 금융 시스템의 취약성과 중앙화된 신뢰의 한계를 적나라하게 드러냈다. 이를 계기로 일부에서는 은행이나 중개자 없이 거래할 수 있는 방안을 모색했고, 이 고민에서 나온 혁신적인 아이디어가 이듬해 비트코인으로 구현되었다. 중앙기관의 통제 없이 자유롭게 거래할 수 있는 디지털 통화인 비트코인은 블록체인 기술을 바탕으로 등장했으며 기존 금융과는 차별화된 새로운 형태의 신뢰, 즉 탈중앙화된 신뢰를 제시했다.

이처럼 금융위기의 여파 속에서 탄생한 가상자산은 2024년에 이르러서는 거대한 시장으로 자리 잡았다. 금융위원회의 조사[24]에 따르면, 2024년 상반기 국내 가상자산 시장의 성장세는 놀라울 정도다. 시가총액은 2023년 말 43.6조 원에서 2024년에 55.3조 원으로 27% 상승했고, 일평균 거래규모 역시 3.6조 원에서 6.0조 원으로 무려 67% 증가했다. 이는 가상자산이 단순한 거래량의 증가를 넘어

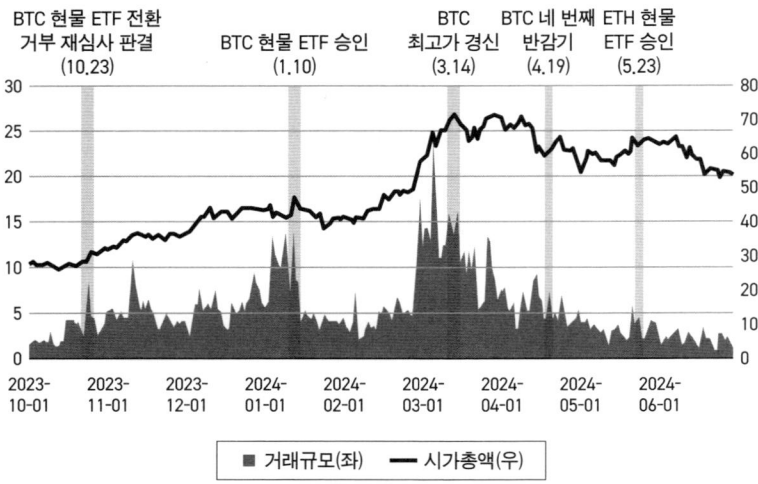

〈자료 1〉 2023년 10월 ~ 2024년 6월 국내 가상자산 거래규모 및 시가총액 추이

출처: 금융위원회

2023년 10월부터 2024년 6월까지 국내 가상자산 시장은 큰 변화를 겪었다. 비트코인과 이더리움 같은 주요 가상자산에 대한 현물 ETF가 잇따라 승인되고, 비트코인 가격이 최고치를 기록한 데다, 공급이 줄어드는 '반감기'가 도래하면서 시장의 거래 규모와 시가총액이 크게 요동쳤다.

2024년 1월, 미국에서 비트코인 현물 ETF가 승인되자마자 가상자산에 대한 관심이 급격히 높아졌고, 거래량과 시가총액도 큰 폭으로 상승했다. 3월에는 비트코인 가격이 사상 최고치를 찍으면서 시장의 가치는 정점에 달했다. 4월에 있었던 네 번째 반감기는 비트코인의 공급이 줄어들 것을 기대하게 했고, 이로 인해 거래는 여전히 활발했다. 5월에는 이더리움 현물 ETF까지 승인되면서 가상자산 시장은 더욱 탄력을 받았다.

이와 같은 주요 이벤트들은 가상자산에 대한 수요와 투자 열기를 끌어올리며, 국내 시장에 큰 영향을 미쳤다.

유동성이 크게 강화되었으며, 이는 시장에 더 많은 투자자들이 활발하게 참여하고 있다는 증거다.

또한 가상자산 거래업자들의 영업손익은 전기 대비 106%나 상승하면서 5,900억 원에 이르렀다. 이처럼 급성장한 수익성은 단순한 가격상승만이 아닌, 거래의 빈도와 규모가 크게 늘어난 결과다. 실제 거래 가능한 이용자는 778만 명으로 작년 말보다 21% 증가했으며, 이는 가상자산 시장이 투기적 요소를 넘어 점차 구조화된 금융시장으로 발전해가고 있음을 시사한다.

그러나 이 뜨거운 성장세 속에서도 위험은 상존한다. 가상자산가격의 변동성은 평균 70%에 달하며 시장의 다이내믹함이 커질수록 투자자들의 신중한 접근이 요구된다. 가상자산이 가져온 탈중앙화된 신뢰와 유동성 증가라는 장점이 본격화되는 만큼, 안정적 성장을 뒷받침할 규제와 제도적 안전장치의 마련이 그 어느 때보다 중요한 시점이다. 금융의 탈중앙화라는 이상이 실현되는 동안, 가상자산 시장은 신뢰와 안전이라는 새로운 과제를 함께 풀어나가고 있다.

——— 블록체인의 원리: 신뢰할 수 있는 장부의 비밀

비트코인은 중앙은행이나 정부의 통제를 받지 않는 완전히 탈중앙화된 디지털 통화다. 기존 화폐는 은행을 거쳐 거래가 이루어지지만, 비트코인은 은행을 거치지 않고 전 세계 어디서든 누구와도 직접 거래할 수 있다. 이렇게 독립적이고 자유로운 거래가 가능한 것은 블록체인이라는 기술 덕분이다.

블록체인은 쉽게 말해, 모든 참여자가 함께 관리하는 디지털 장부다. 보통 은행이 거래 기록을 관리하는 기존 방식과 달리, 블록체인

〈자료 2〉 블록체인 거래방식

기존 거래 방식

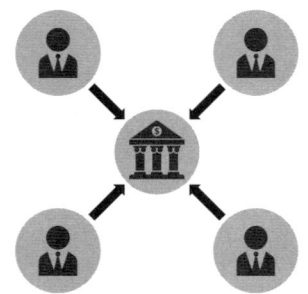

은행이 모든 장부를 관리하는 통일된 거래 내역

블록체인 방식

분산화된 장부 통해 투명한 거래 내역 유지

출처: SW중심사회

은 거래에 참여하는 모든 사람들이 기록을 공유하고 보관한다. 〈자료 2〉를 보면 왼쪽은 전통적인 거래 방식으로, 중앙에 있는 은행이 모든 거래를 기록하고 관리하는 구조다.

반면, 오른쪽의 블록체인 방식에서는 거래가 중앙기관 없이 네트워크 참여자들 사이에서 분산되어 기록되고 관리된다. 이 구조 덕분에 블록체인에서는 은행이나 중앙기관의 중재 없이도 거래 내역의 신뢰성을 확보할 수 있는 것이다.

블록체인을 이해하려면, 먼저 블록체인이 장부처럼 작동한다는 점을 떠올리면 쉽다. 블록체인은 거래 내역을 담은 여러 개의 '블록'이 서로 연결된 '체인'을 형성하는 구조를 가진다. 이 블록들은 각자 하나의 거래 기록을 담고 있으며, 시간이 지남에 따라 계속해서 새 블록이 연결되면서 전체 거래 기록을 이어 하나의 긴 연속된 기록으로 만든다. 한 번 기록된 거래는 전체 네트워크에 복제되고, 모든 참여자가 이를 공유하게 된다. 따라서 어떤 블록에 기록된 정보를 변경하려면 네트워크에 연결된 모든 컴퓨터에 저장된 기록을 동시에 수정해야 하므로, 사실상 조작이 불가능하다.

이러한 분산 장부 시스템 덕분에 블록체인은 높은 수준의 투명성과 신뢰성을 제공할 수 있다. 정보가 한 번 기록되면 수정이나 삭제가 불가능해 거래 내역이 모두에게 공개되며, 참여자 모두가 이를 검증할 수 있다. 누군가 기록을 조작하려 한다면 모든 네트워크 참여자의 동의가 필요하기 때문에, 부정행위를 방지하는 데 탁월하다.

결과적으로 블록체인은 기존 금융 시스템이 제공하지 못한 새로운 형태의 신뢰를 가능하게 했다. 은행이나 정부 같은 중앙기관이 없어도 다수의 참여자가 공정하고 투명하게 거래 내역을 확인하고 관리할 수 있는 것이다. 이러한 특성은 정부나 은행을 신뢰하지 않거나, 독립적인 금융 시스템을 선호하는 사람들에게 특히 매력적으로 다가갔다. 비트코인은 이 기술을 바탕으로 만들어진 첫 번째 가상자산이었고, 이후 다양한 가상자산들이 등장하면서 블록체인 생태계는 점점 확장되고 있다.

─────── 탈중앙화와 새로운 신뢰의 시대

비트코인은 단순한 통화 이상의 의미를 지니고 있다. 이는 중앙이 아닌 참여자들이 정보를 검증하고 저장하는 탈중앙화 시스템을 통해 기존 금융 시스템의 한계를 극복하고자 하는 시도다. 여기서 탈중앙화란, 간단히 말해 '중앙이 필요 없다'는 것이다. 기존 금융 시스템에서는 중앙은행이나 정부가 화폐의 가치를 보장했지만, 비트코인 같은 가상 자산에서는 신뢰의 주체가 중앙 기관이 아닌 '네트워크 참여자 전체'로 바뀌었다.

이러한 탈중앙화의 개념은 비트코인의 성공을 통해 주목받으며, 이후 이더리움 같은 새로운 가상자산들이 등장하는 계기가 된다. 가상자산은 단순한 디지털 화폐가 아니다. 이는 금융 시스템의 중심을 중앙에서 개인으로 이동시키고, 누구나 신뢰할 수 있는 거래를 가능하게 하는 기술적 진보의 상징이다. 블록체인이라는 혁신적인 기술을 기반으로, 기존 금융 시스템의 틀을 벗어나 개인이 주체가 되어 거래와 자산을 관리할 수 있는 가능성을 열어주고 있다. 가상자산의 등장은 금융의 탈중앙화 시대를 알리며, 동시에 그 자체로 경제구조 변화의 가능성을 상징한다. 앞으로 가상자산이 어떻게 진화하고, 기존 금융 시스템과 어떤 관계를 맺어갈지는 우리가 주목해야 할 중요한 과제다.

가상자산의 종류와 특징:
비트코인부터 NFT까지

가상자산이라는 단어는 이제 더 이상 비트코인 하나만을 의미하지 않는다. 비트코인의 등장 이후, 블록체인 기술을 활용한 다양한 가상자산들이 속속 개발되었고, 이들은 각기 다른 특징과 용도로 금융 시장에서 자리 잡았다. 여기에는 이더리움과 같은 스마트 계약 기반 자산, 그리고 대체 불가능한 토큰(NFT)까지 포함된다. 가상자산은 이제 '디지털 화폐'를 넘어선 새로운 자산군으로서 자리를 잡아가고 있다. 지금부터는 비트코인, 이더리움, 스테이블코인, NFT와 같은 다양한 가상자산의 종류와 그 특징을 하나씩 살펴보자.

──── 비트코인(Bitcoin), 디지털 금으로 자리 잡다

비트코인은 최초의 가상자산이자 전 세계적으로 가장 널리 알려진 디지털 자산이다. 2009년, 비트코인은 '중앙 없는 디지털 화폐'라는

획기적인 개념을 처음으로 도입하며 세상에 모습을 드러냈다. 비트코인은 중앙은행이나 정부의 개입 없이, 개인 간의 거래가 자유롭게 이루어지는 탈중앙화 시스템을 구현했다는 점에서 기존 화폐 시스템과 완전히 차별화된다. 그 결과, 비트코인은 화폐의 핵심 기능인 가치 저장과 가치 전송 수단으로 사용될 수 있으면서도, 그 어느 금융기관의 중재도 필요하지 않은 독립적인 자산으로 자리 잡았다.

오늘날 비트코인은 가격 변동성이 있음에도 불구하고 '디지털 금'이라는 별칭으로 불리며 안전 자산으로 주목받고 있다. 그 이유는 비트코인의 공급량이 2,100만 개로 엄격히 제한되어 있다는 희소성에 있다. 이 제한된 공급량은 금과 유사한 속성을 부여해, 비트코인을 인플레이션에 대한 헤지(hedge) 수단으로 자리매김하게 했다. 경제위기 상황에서 법정화폐의 가치가 떨어질 때, 비트코인과 같은 디지털 자산이 대안적 투자처로 주목받는 이유가 바로 여기에 있다. 실제로 2020년 코로나19 팬데믹 초기, 비트코인은 글로벌 증시와 함께 급락했으나 이후 빠르게 회복하며 안전 자산으로서의 가치를 입증했다.

비트코인은 이러한 특성 덕분에 자산 축적 수단으로 인식되면서 주로 '디지털 금'으로 여겨지고 있지만, 거래 속도와 처리 용량의 제한으로 인해 일상적인 소액 결제에는 적합하지 않다는 단점도 있다. 비트코인의 블록체인은 초당 약 7건의 거래를 처리할 수 있는 반면, 비자(Visa) 같은 전통 결제 네트워크는 초당 수천 건의 거래를 처리할 수 있다. 이로 인해 비트코인은 소규모 결제보다는 고액의 가치 저장과 대체 투자 수단으로서 더 많이 활용되고 있다.

그럼에도 비트코인은 여전히 가상자산 시장의 '기준'처럼 여겨지며, 다른 가상자산들이 발전하고 성장할 수 있는 기반을 제공하고 있다. 이더리움이나 리플 같은 다양한 가상자산들이 등장하면서 블록체인 기술이 발전했는데, 비트코인의 존재가 가상자산 생태계의 초석이 된 셈이다.

비트코인은 금융 시스템에 대한 불신을 가지고 중앙기관의 통제를 벗어나려는 사람들에게 강력한 대안으로 여겨진다. 특히 최근 몇 년간 기관 투자자들이 비트코인에 관심을 갖고 자산 포트폴리오에 포함시키면서 비트코인은 점차 대중화되고 있다. 미국의 대표적 자산운용사인 블랙록(BlackRock)을 포함한 여러 글로벌 투자 기관들이 비트코인을 자산군의 일부로 인정하고 투자에 나서면서, 비트코인은 이제 단순한 '실험적 자산'이 아닌 글로벌 금융 시스템 내 하나의 투자 대안으로 자리 잡고 있다.

─────── 비트코인의 ETF 승인: 가상자산, 월가에 입성하다

미국 비트코인 현물 상장지수펀드(ETF)에 올해 들어서만 약 35조 원이 순유입된 것으로 나타났다. 상장된 지 10개월 만에 대규모 자금을 빨아들이면서 전 세계 ETF 시장을 주도하고 있다.

한국경제, 2024년 11월 3일[25]

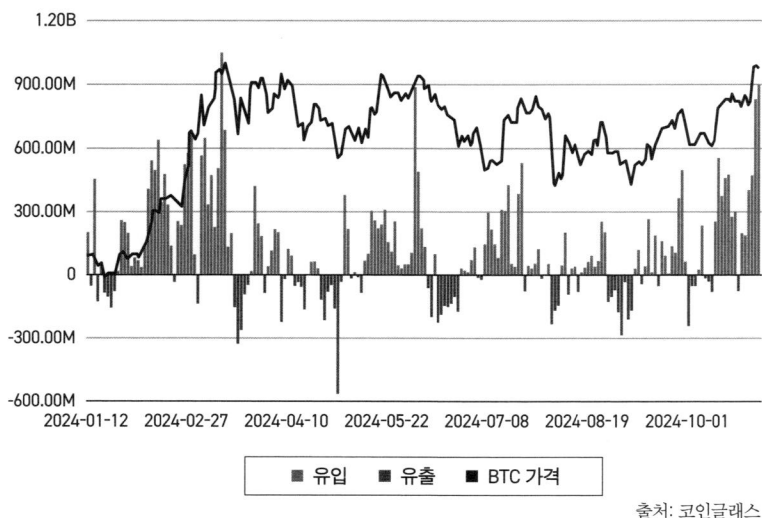

비트코인 현물 ETF 순 현금유입액(USD)

출처: 코인글래스

이번 비트코인 현물 ETF 승인 이후 비트코인 시장으로 유입되는 자금의 흐름을 보면, ETF 가 시장에 미친 영향을 명확히 알 수 있다. 위 그래프는 2024년 초부터 10월까지 비트코인 현물 ETF로 유입(inflow)되고 유출(outflow)된 자금의 규모를 보여준다. 그래프에서 연회 색 막대는 ETF를 통해 비트코인 시장으로 유입된 자금을, 진회색 막대는 ETF를 통해 시장 에서 유출된 자금을 나타내며, 검정색 선은 비트코인 가격을 가리킨다.

ETF가 승인된 이후 비트코인에 대한 기관과 개인의 투자 열기가 대폭 증가하면서 전체적 인 유입 규모가 유출 규모를 크게 상회하는 모습이 나타난다. 이는 비트코인이 디지털 자산 을 넘어서 대중적인 투자 자산으로 자리 잡고 있음을 시사한다.

2024년 1월, 미국 증권거래위원회(SEC)가 드디어 비트코인 현물 상장지수펀드(ETF)의 상장을 승인했다. 이는 오랫동안 비트코인 ETF 승인을 기다려온 투자사들에게 새로운 기회를 열어주었다. 이제 개인을 포함한 기관투자자까지 투자 포트폴리오에 비트코인이 포함될 수 있게 되었고, 투자사들은 고객들을 위해 더욱 적극적으로 비트코인에 투자할 수 있게 된 것이다.

비트코인이 ETF 형태로 승인된 것은 가상자산 시장에 매우 큰 의미를 지닌다. ETF는 주식시장에서 주식처럼 거래되는 금융상품으로, 비트코인이 ETF로 승인되었다는 것은 투자자들이 비트코인을 직접 구매하지 않고도 주식시장을 통해 손쉽게 비트코인에 투자할 수 있는 길이 열렸다는 의미다. 이는 비트코인을 다양한 투자 포트폴리오에 편리하게 포함하려는 기관 투자자들에게 큰 매력을 제공하며, 나아가 비트코인이 대중적인 투자 자산으로 자리잡는 데 중요한 계기가 된다.

비트코인 ETF의 승인은 단순히 투자 편의성을 높이는 데 그치지 않고, 규제의 틀 안에서 비트코인의 신뢰성과 안정성을 인정받았다는 점에서도 의미가 크다. ETF 승인 과정에서 규제 기관들은 비트코인의 안정성, 유동성, 보안 문제 등을 엄격히 평가했으며, 이를 통과했다는 것은 비트코인이 제도권 금융의 일원으로 받아들여졌음을 상징한다.

이 승인은 그동안 가상자산에 회의적이었던 투자자들, 특히 보수적인 기관 투자자들에게도 안전성과 신뢰성을 제공해, 더 많은 자금을 가상자산 시장으로 유입시키는 효과를 낳았다.

또한 비트코인 ETF는 가상자산 시장의 유동성을 높이고 가격의 변동성을 줄이는 데 기여할 것으로 기대된다. 전통적인 주식시장에서 비트코인 ETF가 거래되면서 비트코인에 접근하는 투자자가 증가하고, 이를 통해 시장의 유동성이 강화된다. ETF를 통해 대규모 자금이 유입되면 비트코인의 가격이 더 안정될 가능성도 커지며, 시장의 신뢰도를 높이는 역할을 한다. 결과적으로 비트코인 ETF는 가상자산 시장에 안정적인 자금 흐름을 제공하며, 비트코인을 인플레이션 헤지 수단이나 디지털 금으로 자리 잡게 하는 데 중요한 역할을 하고 있다.

마지막으로, 비트코인 ETF의 등장은 규제와 가상자산의 공존 가능성을 시사한다. ETF 승인은 가상자산이 완전히 규제 밖에 있는 것이 아니라, 제도권 내에서도 적절한 감독과 규제를 통해 활용될 수 있다는 가능성을 보여준다. 이는 가상자산을 위험 자산으로만 인식하던 기존의 편견을 깨고, 비트코인이 주류 금융시장으로 진입하는 발판이 된다.

비트코인은 그 탄생 초기부터 오늘날까지 탈중앙화와 희소성을 바탕으로 가치를 인정받아왔으며, 이제는 디지털 시대의 금과 같은 역할을 하며, 인플레이션 헤지 수단과 안전 자산으로서의 경제적 의미를 점점 더 견고히 하고 있다.

─────── 이더리움(Ethereum): 스마트 계약의 가능성을 열다

비트코인 다음으로 가장 주목받는 가상자산은 바로 이더리움 (Ethereum)이다. 이더리움은 비트코인의 뒤를 이어 등장한 블록체인 기술의 진화된 형태로, 단순히 '디지털 자산'이 아니라 복잡한 프로

그램을 실행할 수 있는 '분산형 컴퓨팅 플랫폼'이다. 쉽게 말해, 이더리움은 디지털 자산을 뛰어넘어 다양한 응용 프로그램을 직접적으로 구동할 수 있는 블록체인 생태계를 제공한다. 비트코인이 가치 저장과 전송의 수단으로 자리 잡았다면, 이더리움은 '스마트 계약'이라는 기능을 통해 블록체인 기술을 실생활의 다양한 문제 해결 도구로 확장해주었다.

─────── 스마트 계약이란?[26]

스마트 계약은 '일련의 약속'을 컴퓨터 코드로 구현해, 특정 조건이 충족되면 자동으로 실행되는 프로그램이다. 이 개념은 컴퓨터 과학자이자 암호 전문가인 닉 사보(Nick Szabo)가 1990년대에 처음 제안했으며, 이후 이더리움 블록체인의 등장과 함께 본격적으로 주목받기 시작했다. 스마트 계약은 블록체인에서 규정된 조건이 충족될 때 계약을 자동으로 이행하도록 구성되어 있다.

좀더 쉽게 이해해보자. 스마트 계약은 쉽게 말해 컴퓨터에 저장된 자동화된 '계약'이다. 이 계약은 사람이 따로 확인할 필요 없이 컴퓨터가 규칙을 알아서 처리해주는 시스템이다. 예를 들어 한 학생이 친구와 '시험에서 1등을 하면 치킨을 사주겠다'는 내기를 했다고 생각해보자. 보통의 경우라면 둘이서 결과를 확인하고 약속대로 치킨을 사야 할 것이다.

그러나 스마트 계약이 있다면, 두 사람은 굳이 결과를 직접 확인하거나 돈을 주고받을 필요가 없다. 스마트 계약에 이 규칙을 미리 입력해놓으면 시험 결과가 발표되는 순간 컴퓨터가 자동으로 결과를 확인하고, 1등이 되면 바로 치킨이 배달되도록 설정할 수 있다. 스마트 계약은 정해진 조건이 충족되었을 때 자동으로 약속을 이행하기 때문에 누구도 거짓말을 하거나 규칙을 어길 수 없다.

조금 더 구체적으로 살펴보자면, 이러한 스마트 계약은 이더리움이라는 블록체인 위에 저장된다. 앞서 살펴보았듯, 블록체인은 한번 기록된 정보가 수정되거나 지워지지 않는 안전한 저장 공간이다. 따라서 스마트 계약도 한 번 블록체인에 기록되면 그 내용을 아무도 마음대로 변경할 수 없다.

스마트 계약의 장점은 무엇일까? 첫째, 중간에서 조정해줄 사람이나 기관이 필요 없다. 둘째, 모든 거래는 블록체인 위에서 투명하게 기록되기 때문에, 누가 어떤 조건을 어겼는지 분명하게 알 수 있다. 셋째, 일단 코드가 실행되면 누구도 멈출 수 없고, 중간에 바꾸지도 못하므로 높은 신뢰성을 보장한다.

하지만 이 기술에도 단점이 존재한다. 예를 들어 스마트 계약은 일단 작성되고 배포되면 변경이 불가능하다. 따라서 코드 오류나 보안 취약점이 발견되면 해킹 위험에 노출될 수 있으며, 블록체인의 탈중앙화 특성 때문에 명확한 규제가 없다는 점도 단점으로 작용할 수 있다.

─────── 스마트 계약이 가져올 서비스의 혁신

스마트 계약은 자동화 계약 도구로의 역할에 그치지 않고, 다양한 산업에 기존에 없던 서비스를 만들어내는 바탕이 되고 있다. NFT (Non-Fungible Token)나 탈중앙화 금융(DeFi) 같은 새로운 서비스들이 바로 스마트 계약 덕분에 가능해진 사례들이다.

NFT(Non-Fungible Token)

스마트 계약을 통해 디지털 자산에 고유한 소유권을 부여하는 NFT가 등장했다. NFT는 예술 작품, 음악, 영상 등 다양한 디지털 콘텐츠를 블록체인에 등록하고 소유권을 증명하는 방식이다. 스마트 계약을 활용하면 이 소유권을 정확히 기록하고, 거래 시 저작권자에게 자동으로 수수료를 지급할 수 있다. 이처럼 디지털 세계에서도 소유권을 명확히 하고, 콘텐츠 제작자가 지속적으로 수익을 창출할 수 있는 시스템이 가능해졌다.

DeFi(탈중앙화 금융)

DeFi는 전통적인 금융 시스템을 스마트 계약을 통해 자동화하고, 중개자 없이도 금융 거래가 가능하게 만든다. 대출, 예금, 투자, 보험 등 다양한 금융 서비스가 스마트 계약을 통해 이뤄지며, 사용자들은 자신의 자산을 맡기지 않고도 금융 서비스를 이용할 수 있다. 예를 들어 DeFi 플랫폼에서는 대출 계약이 스마트 계약으로 작성되어,

담보가 자동으로 관리되고 이자가 조건에 따라 정확하게 지급된다. 사용자들은 은행 같은 중개 기관이 없이도 안정적으로 금융 서비스를 이용할 수 있게 되는 것이다.

게임과 가상 세계

스마트 계약은 게임과 메타버스 같은 가상 세계에서도 큰 역할을 하고 있다. 게임 내 아이템 소유권이나 캐릭터의 스킬, 아이템 교환 등이 스마트 계약으로 관리되면서, 플레이어들이 자신의 자산을 투명하게 관리하고 거래할 수 있다. 메타버스와 가상 세계의 자산을 안전하게 소유하고 교환할 수 있도록 해주기 때문에 가상 세계 내 경제가 실물 경제처럼 작동하게 만든다.

스마트 계약은 이제 실생활과 디지털 세계를 잇는 핵심 인프라로 자리 잡고 있다. '디지털화된 신뢰'를 제공하는 스마트 계약은 우리가 매일 사용하는 서비스들을 더 효율적이고 안전하게 하며, 디지털 경제에서 무한한 가능성을 열어주는 도구가 될 것이다.

스테이블코인(Stablecoin): 변동성을 줄인 안정적인 디지털 화폐

스테이블코인은 가상자산 중에서도 안정적인 가치를 지니도록 설계된 특별한 유형이다. 비트코인이나 이더리움 같은 가상자산은 가격 변동성이 커서, 투자나 거래에는 큰 매력을 주지만 일상적인 결제나 자산의 가치 보존에는 적합하지 않다. 이에 비해 스테이블코인은 가치가 달러와 같은 법정화폐에 연동되거나 일정한 자산 가치를 유지하도록 설계되어, 변동성의 부담이 없어 안정성을 제공한다. 이런 특성 덕분에 스테이블코인은 새로운 금융 생태계와 전통 금융의 경계를 이어주는 자산으로 자리 잡아가고 있다.

스테이블코인은 크게 3가지 유형으로 나눌 수 있다. 첫 번째는 법정화폐 담보 스테이블코인으로, 미국 달러나 유로와 같은 법정화폐에 고정된 가치를 유지하는 방식이다. 이 스테이블코인은 발행사가 코인을 발행할 때마다 실제 법정화폐를 준비금으로 확보한다. 예를 들어 대표적인 스테이블코인인 테더(USDT)나 USDC는 발행된 모든 코인이 은행에 실제 1달러씩 예치된 상태로 유지되며, 이를 통해 사용자가 언제든 1달러로 교환할 수 있는 구조를 갖춘다. 이렇게 법정화폐에 의해 뒷받침되는 스테이블코인은 가장 널리 사용되며 안정성이 높다.

두 번째는 암호화폐 담보 스테이블코인이다. 법정화폐 대신 비트코인이나 이더리움 같은 암호화폐를 담보로 사용해 가치를 유지하는 방식이다. 이런 스테이블코인은 가격 변동을 견디기 위해 담보 비율을 높게 설정하는 특징이 있다. 다이(DAI)라는 스테이블코인은 이더리움을 담보로 1달러에 고정된 가치를 유지한다. 이러한 암호화폐의 담보 방식에서는 스마트 계약을 통해 담보가 자동으로 관리되고, 가격이 크게 변동할 경우에는 추가 담보를 요구하거나 자동

청산을 진행하는 식으로 안정성을 유지한다. 이 방식은 중앙화된 관리 주체가 필요 없고, 시스템 자체가 자동으로 계약을 관리하므로 탈중앙화의 특성을 유지할 수 있다.

마지막으로, 알고리즘 기반 스테이블코인은 별도의 담보 자산 없이 수요와 공급에 따라 코인의 공급량을 자동 조절하는 알고리즘으로 가치를 안정화하는 방식이다. 이는 가장 혁신적인 방식이지만, 동시에 가장 안정성이 낮은 유형이기도 하다. 알고리즘 기반 스테이블코인은 수요가 증가하면 자동으로 코인 발행량을 늘리고, 수요가 감소하면 코인을 소각하는 식으로 가치를 일정하게 유지하려고 한다. 이 모델은 이론적으로 매우 매력적이지만, 시장 상황에 따라 알고리즘이 안정성을 유지하는 데 실패할 위험도 존재한다.

스테이블코인은 이러한 안정성 덕분에 가상자산 시장뿐만 아니라 다양한 금융 분야에서 중요한 역할을 하고 있다. 대표적인 예가 탈중앙화 금융(DeFi)에서의 활용이다. DeFi는 전통적인 금융 기관의 중개 없이 대출, 예금, 이자 지급 등을 블록체인상에서 구현하는 시스템이다. 여기에서 스테이블코인은 자산의 가치를 안전하게 유지할 수 있는 수단으로 사용된다.

예를 들어 DeFi 플랫폼에서는 사용자가 스테이블코인을 맡기면 이자를 받거나, 스테이블코인을 담보로 대출을 받을 수 있다. 이 과정에서 스테이블코인은 법정화폐와 유사한 역할을 하며 사용자가 변동성 없이 금융 서비스를 누릴 수 있게 해준다.

또한 스테이블코인은 국경을 초월한 송금 및 결제에서도 중요한 역할을 한다. 법정화폐에 연동된 스테이블코인은 언제 어디서나 인터넷만 있으면 저렴한 수수료로 빠르게 송금할 수 있다. 특히 은행 시스템이 미흡한 지역이나 송금 비용이 비싼 국가들에서는 큰 장점이 된다. 스테이블코인은 비자나 마스터카드와 연동되는 방식으로 일상적인 결제에도 점차 활용되고 있어, 디지털 화폐와 전통 금융의 통합 가능성을 보여준다.

스테이블코인은 디지털 자산의 변동성을 해결하면서도 블록체인의 투명성과 효율성을 활용할 수 있는 중요한 자산으로 자리 잡고 있다. 다만, 법정화폐 담보 방식의 경우는 발행사가 충분한 준비금을 투명하게 공개해야 하고, 알고리즘 기반 스테이블코인은 기술적인 안정성 문제가 해결되어야 한다는 한계가 있다. 그럼에도 스테이블코인은 디지털 금융의 발전을 촉진하고 가상자산을 실제 금융과 연결하는 다리 역할을 하며 앞으로도 그 역할과 영향력이 더욱 확대될 것으로 기대된다.

2025년 현재, 스테이블코인은 단순한 가상자산의 한 형태를 넘어 글로벌 디지털 결제와 금융 시스템을 연결하는 핵심 인프라로 자리 잡아가고 있다. 규제 측면에서도 큰 변화가 있었다. 유럽연합(EU)은 2024년 시행된 MiCA(암호자산시장법)를 통해 스테이블코인 발행, 유통, 준비금 운용에 대한 명확한 규율을 정립했으며, 이는 글로벌 스탠더드로 평가받고 있다.

미국 역시 2025년 6월, GENIUS Act(스테이블코인 규제법)가 상원을 통과함으로써 연방 차원의 일관된 규제 체계를 수립했다. 이 밖에 홍콩, 영국, 일본도 발행 기준, 회계 기준, 투자자 보호 등을 강화하는 방향으로 정책을 정비중이다.

한편 국내에서도 스테이블코인을 둘러싼 변화가 본격화되고 있다. 2025년 6월, 대한민국 국회에는 '디지털자산 기본법'이 발의되었다. 이 법은 원화 기반 스테이블코인의 발행을 공식 허용했으며 발행사 최소 자기자본 요건(5억 원), 강력한 준비금 분리 보관, 파산 격리 원칙, 환매 보장 의무 등의 투자자 보호 조항을 포함하고 있다. 스테이블코인 발행과 감독 권한은 금융위원회로 일원화되어 규제의 명확성이 높아졌고, 2022년 테라-루나 사태의 재발을 막기 위한 구조적 안전장치도 도입되었다.

산업 측면에서도 주목할 흐름이 이어지고 있다. 국민, 신한, 우리, 농협 등 8개의 주요 은행 컨소시엄이 원화 기반 스테이블코인을 공동 개발중이며, 2025년 하반기~2026년 초에 공식 출시하는 것을 목표로 한다. 이 프로젝트는 달러 기반 스테이블코인의 의존도를 낮추고 국내 금융 독립성과 효율성을 높이기 위한 민간 주도 모델로, 중앙은행 디지털화폐(CBDC)와는 구분된다. 또한 네이버페이 등 빅테크 플랫폼도 스테이블코인을 결제 수단으로 도입하는 방안을 검토중이며, 핀테크 시장 내 경쟁 구도에도 변화가 예상된다.

다만, 스테이블코인의 대규모 채택은 또 다른 과제를 동반한다. 금융당국과 중앙은행 간에 금융안정성 위협, 탈세·자금세탁에 대한 규제 우려, 통화정책 효과 약화 등에 대한 논의가 여전히 존재한다. 2025년 현재도 한국은행과 금융위원회 간에 감독 권한을 둘러싼 입장 차이는 계속되고 있으며, 이는 향후 정책 정합성 측면에서 해결해야 할 주요 쟁점이다.

그럼에도 스테이블코인은 디지털 금융과 전통 금융 사이의 간극을 메우는 다리 역할을 하며, 글로벌 시장에서의 영향력이 계속 확대되고 있다. 특히 신흥국과 금융 인프라가 취약한 지역에서는 신뢰 가능한 디지털 화폐의 역할을 하고 있으며, 이는 향후 금융 패러다임의 중심이 스테이블코인 기반으로 이동할 가능성을 시사한다.

가상자산을 둘러싼 투자와 리스크:
기대와 불안 사이

가상자산 시장은 투자자들에게 새로운 기회의 시장이자, 예측 불가능한 도전의 영역으로 떠오르고 있다. 빠르게 상승하는 수익률과 기존 자산에서는 찾아보기 힘든 극적인 변동성은 많은 사람들에게 흥미와 두려움을 동시에 불러일으킨다. 가상자산은 본질적으로 전통적인 자산과 다르게 높은 수익 가능성을 내포하고 있지만, 그만큼 상당한 리스크를 동반한다. 기대와 불안이 뒤섞인 환경 속에서 투자자들이 직면하는 리스크를 이해하는 것이 무엇보다 중요하다.

변동성: 하루아침에 몇 배로 오르다가 곤두박질치는 가격

가상자산의 가장 큰 특징이자 동시에 가장 큰 리스크는 바로 높은 변동성이다. 비트코인을 비롯한 여러 가상자산은 하루 만에 두 자릿

수로 급등하거나 급락하는 경우가 종종 있다. 가상자산의 높은 변동성은 여러 요인에 기인한다. 그중 하나는 개별 가상자산의 규모가 상대적으로 작아 대규모 자금의 유입과 유출에 민감하게 반응한다는 점이다. 또한 기관 투자자와 개인 투자자들이 다양한 뉴스와 규제 발표에 크게 반응하면서 시장이 급격히 요동치기도 한다.

2024년 상반기에 가상자산의 변동성은 매우 높은 수준을 기록했다. 금융위원회 자료[27]에 따르면, 가상자산의 가격 변동성을 나타내는 MDD(Max Draw Down) 지표가 70%에 달했다. 이는 2023년 하반기의 62%에서 8%p 상승한 수치로, 가상자산 시장의 큰 변동성을 보여준다.

MDD는 자산의 최고 가격 대비 최저 가격 하락률을 의미하며, 이는 '(최고가 - 최저가) / 최고가'의 계산으로 구할 수 있다. MDD가 높다는 것은 해당 자산의 가격 변동폭이 크고, 그만큼 시장이 불안정할 수 있음을 의미한다. 즉 투자자가 경험할 수 있는 최대 손실의 가능성을 수치화한 것으로 볼 수 있다.

같은 기간에 전통 주식시장의 변동성과 비교해보면, 코스피 지수의 MDD는 14%, 코스닥 지수의 MDD는 15%에 그쳐 가상자산의 변동성이 전통 주식시장보다 훨씬 크다는 점이 확인된다. 이는 가상자산이 전통 자산에 비해 높은 변동성을 가지며, 투자자들이 큰 손실 위험에 노출될 수 있음을 의미한다. 이러한 변동성은 고수익을 추구하는 투자자들에게는 매력적일 수 있지만, 동시에 큰 손실을 가져올 수 있는 양날의 검이기도 하다.

──── 규제 불확실성: 정부의 입장이 미치는 영향력

가상자산 시장의 리스크 중 하나는 바로 규제 불확실성이다. 각국의 정부와 규제 당국은 가상자산에 대해 다양한 입장을 보이고 있으며, 규제 방향에 따라 시장은 크게 영향을 받는다. 한 예로 중국 정부가 2021년에 가상자산 채굴과 거래를 전면 금지하면서 비트코인 가격이 급격히 하락했다. 반면, 미국은 가상자산을 허용하는 방향으로 규제 논의를 이어오고 있으며, 2024년 1월에는 미국 증권거래위원회(SEC)가 비트코인 현물 ETF를 승인하면서 제도권 금융으로의 편입을 한층 강화했다.

이처럼 규제의 불확실성은 가상자산의 미래 가치와 사용 가능성에 중요한 변수가 된다. 규제가 엄격해지면 가상자산의 유동성이 줄어들고 거래가 제한될 수 있다. 반대로 규제가 명확해지고 합법화된다면, 기관 투자자들이 본격적으로 시장에 참여할 가능성이 커진다. 이는 가상자산 시장의 리스크와 성장 가능성을 동시에 내포한 중요한 요소로 작용한다.

2024년은 이러한 규제 리스크가 한층 부각되는 해였다. 한국은 2024년 7월 19일부터 '가상자산이용자보호법'을 시행하며 본격적인 규제 프레임워크를 도입했다. 이는 가상자산 기본법의 첫 단계로서, 이용자 자산 보호와 불공정거래 규제, 그리고 사업자에 대한 체계적인 감독 체계를 포함한다. 금융당국은 이를 위해 금융감독원 내 전담 조직을 신설하고, 구체적인 규제 이행 로드맵을 제시하는 등

2부 주요 자산군별 개념 및 경제학적 원리

실질적인 준비를 진행중이다. 특히 가상자산 불공정거래에 대한 감시와 투자 사기 대응을 위한 전담 신고센터를 설치해 시장의 건전성을 확보하고자 한다.

또한 자금세탁 방지를 담당하는 금융정보분석원(FIU)도 규제를 강화하고 있다. FIU는 가상자산 사업자의 진입 장벽을 높이고 기존 사업자에 대한 갱신 심사도 더욱 엄격히 할 예정이다. 특히 대주주로까지 심사 대상을 확대하고, 자금세탁 위험과 이용자 보호 측면을 종합적으로 평가하는 등 시장 참여자에 대한 검증을 강화한다.

이러한 규제 도입은 기존에 자율적으로 운영되던 가상자산 시장에 큰 변화를 불러올 전망이다. 가상자산 사업자들은 새로운 규제에 맞춰 조직과 인력을 보강하고, 전산 시스템을 구축하는 등 철저한 준비가 필요하다. 기존 사업 구조와 운영 방식이 새로운 규제에 부합하는지 면밀히 검토하고, 규제 위반에 따른 리스크를 예방하는 준비도 시급한 시점이다.

결국 이러한 규제는 단기적으로 볼 때 업계에 부담을 줄 수 있지만, 장기적으로는 가상자산 시장의 신뢰성과 안정성을 높이는 계기가 될 것으로 보인다. 이용자 보호와 시장 건전성이 강화되면 가상자산 산업은 점차 성숙한 금융 시장으로 발전할 수 있는 토대를 마련하게 될 것이다.

─────── 보안 리스크: 디지털 자산의 새로운 위협

가상자산은 본질적으로 디지털이기 때문에 보안 리스크 역시 주요한 위험 요소다. 가상자산 거래는 모두 온라인에서 이루어지며 해킹에 대한 노출이 큰 편이다. 실제로 2014년 일본의 대형 거래소 '마운트곡스(Mt. Gox)'가 해킹당해 수억 달러에 달하는 비트코인을 잃어버린 사건은 가상자산 시장의 보안 취약성을 여실히 보여준 사례다. 이후에도 여러 거래소가 해킹을 당했고, 이러한 사건은 투자자들에게 상당한 불안감을 안겨주었다.

또한 개인이 사용하는 디지털 지갑의 보안 문제도 중요한 위험 요소다. 가상자산 지갑은 고유한 개인 키(private key)로 보호되지만, 만약 이 키가 유출되거나 분실되면 해당 자산을 복구할 방법이 없다. 이는 전통적인 금융기관에서 제공하는 계좌 복구 서비스와 비교했을 때 큰 단점으로 작용하며, 가상자산 보유자들에게 보안에 대한 높은 경각심을 요구한다.

─────── 심리적 리스크:
유행과 공포 속, 투자 판단의 어려움

가상자산 시장은 투자자들의 심리가 크게 반영되는 시장이다. 때로는 '묻지 마 투자'라 불리는 FOMO(Fear of Missing Out) 현상이 강하게 일어나거나, 반대로 가격 급락 시 공포 심리가 확산되기도 한다.

이러한 심리적 리스크는 투자자들이 객관적인 판단을 내리기 어렵게 만들며, 단기적인 시장 변동에 휩쓸릴 위험을 높인다.

가상자산 시장에서 심리적 리스크는 시장의 변동성을 더욱 심화시키는 요인이기도 하다. 특히 가격이 급격히 상승하는 시기에는 뒤처지기 싫어하는 심리 때문에 무리하게 시장에 뛰어드는 경우가 많다. 반대로, 가격이 급락하면 투자자들이 손실을 피하기 위해 급히 자산을 매도하는 현상이 벌어지면서 하락 폭이 더 커질 수 있다.

가상자산 시장은 황금광을 찾아 떠나는 모험과 비슷하다. 높은 수익을 얻을 수 있는 가능성이 있지만, 동시에 상당한 리스크가 상존하는 곳이다. 높은 변동성, 규제 불확실성, 보안 위협, 그리고 투자자 심리의 변동성까지, 가상자산 시장은 전통적인 자산 시장과는 다른 특징을 갖고 있다. 따라서 가상자산에 대한 투자는 단순한 기대감을 넘어 신중한 리스크 관리와 체계적인 접근이 필요한 새로운 투자 지형이라고 할 수 있다.

가상자산의 미래와 경제학적 의미:
디지털 경제의 새로운 패러다임

가상자산은 2008년 비트코인의 탄생으로 시작된 실험적 자산이지만, 이제는 금융 시스템과 경제 전반에 영향을 미치는 중요한 자산군으로 자리 잡았다. 블록체인 기술과 탈중앙화라는 개념을 통해 기존 금융 시스템의 한계를 보완중이고, 중앙은행 같은 시스템에 대한 신뢰 대신 기술적 장치로 신뢰를 구축하는 새로운 경제 질서를 제시하고 있다.

　더불어 각국 정부가 중앙은행 디지털 화폐(CBDC: central bank digital currency) 도입을 준비하면서 가상자산과 전통 금융의 융합 가능성도 열리고 있다. 지금부터는 가상자산의 경제학적 의미와 함께 이들이 디지털 경제 시대에 어떻게 영향을 미치고 있는지 살펴보고자한다.

중앙은행 디지털 화폐(CBDC)와 가상자산: 디지털 경제의 새로운 연결고리

CBDC는 정부와 중앙은행이 발행하는 디지털 법정화폐로, 비트코인 같은 탈중앙화된 가상자산과는 달리 중앙의 통제를 받는 디지털 화폐다. 비트코인과 같은 가상자산이 디지털 자산의 가능성을 보여주며 주목받기 시작하면서, 세계 주요 경제국들 또한 디지털 화폐 도입을 본격적으로 고려하기 시작했다. 대표적으로 중국은 디지털 위안화를 시범 운영하고 있으며, 유럽연합(EU)과 미국도 관련 연구와 파일럿 프로그램을 통해 디지털 화폐의 실효성을 검토하고 있다.

CBDC는 현금의 디지털 버전이라 할 수 있으며, 이를 통해 여러 가지 장점을 기대할 수 있다. 먼저, 디지털 화폐로서 CBDC는 효율적인 결제 시스템을 제공해 국내외 결제 과정에서 비용을 절감하고, 속도를 높이는 역할을 한다. 예를 들어 중앙은행이 발행하는 디지털 화폐를 통해 국가 간 송금을 보다 저렴하고 신속하게 실행할 수 있으며, 이는 무역 및 경제 교류의 효율성을 크게 높일 수 있다. 또 하나의 장점은 금융 포괄성이다. CBDC는 은행을 이용하기 어려운 계층도 디지털 지갑 등을 통해 쉽게 접근할 수 있어, 금융 접근성을 확대하는 데 기여할 수 있다.

CBDC와 가상자산의 차이점도 중요한 요소다. 가상자산은 분산형 네트워크에서 운영되며 특정 기관의 통제를 받지 않지만, CBDC는 중앙은행의 통제 아래 발행되고 관리된다. 이는 자금 세탁 방지와 불법 거래 방지에 효과적이며, 규제 환경을 갖추고 있어 신뢰성이 높은 지급결제 수단으로 자리 잡을 수 있다. 그러나 중앙 통제가 가능한 만큼 프라이버시 침해에 대한 우려도 있으며, 이는 CBDC 도입 시 중요한 논의 대상이 된다.

이와 같은 특징 덕분에 CBDC는 가상자산과 전통 금융을 잇는 중간 다리로서 기능할 가능성이 크다. 탈중앙화된 자산과 중앙 통제 아래의 디지털 화폐가 공존함으로써 CBDC는 디지털 경제의 안정적 운영을 도모하며 새로운 경제 구조를 구축하는 데 중추적인 역할을 할 것이다. 이를 통해 가상자산이 가진 혁신적 요소를 일부 흡수하면서도 중앙은행이 제공하는 신뢰성과 규제 체계를 갖춘 디지털 화폐가 도입될 수 있으며, 디지털 경제 시대의 패러다임 중 하나로 자리매김할 가능성이 크다.

——— 희소성과 가치 저장: 가상자산의 경제학적 의미

가상자산이 경제학적으로 의미 있는 이유 중 하나는 희소성을 디지털 자산에 도입했다는 점이다. 비트코인은 총 발행량이 2,100만 개로 고정되어 있어 금과 같은 희소 자산으로 여겨지고 있다. 경제학에서 자산의 가치는 희소성에 기반을 두는 경우가 많으며, 가상자산은 디지털 공간에서 이러한 경제 원리를 실현함으로써 '디지털 금'이라는 별칭을 얻게 되었다. 이는 특히 전통 화폐의 인플레이션을 헤지하는 대안 자산으로 가상자산이 주목받게 한 요소이기도 하다.

가상자산은 가치 저장 수단으로도 사용될 수 있다. 가치 저장 수단이란 시간이 지나도 자산의 가치를 유지하는 특성을 의미하는데, 비트코인은 이러한 특징을 디지털 형태로 구현하고자 하는 최초의 시도였다. 금과 같이 자산을 보유하는 것만으로도 가치를 유지할 수 있다는 점은, 가상자산이 기존 화폐와는 다른 새로운 자산군으로 자리 잡을 수 있는 중요한 이유다.

——— 탈중앙화와 신뢰의 재정의

우리는 늘 신뢰를 중요하게 여긴다. 은행에 돈을 맡기고, 정부의 법을 따르며, 기관의 증명서를 인정하는 것은 모두 신뢰가 있기에 가능한 일이다. 지금까지 이러한 신뢰는 주로 권위 있는 기관들이 보장해왔다. 하지만 블록체인이라는 새로운 기술의 등장으로, 신뢰를 형성하는 방식이 완전히 달라지고 있다.

이더리움 창립자 비탈릭 부테린(Vitalik Buterin)은 이런 변화의 중심에서 흥미로운 제안을 한다.[28] 더 이상 은행이나 정부 같은 중개자를 믿을 필요 없이, 수학과 코드로 신뢰를 형성할 수 있다는 것이다. 마치 계산기를 신뢰하듯이, 검증된 코드를 통해 거래나 약속을 이행할 수 있다는 발상이다. 이러한 새로운 신뢰 시스템의 가장 큰 특징은 '모두가 함께 확인한다'는 점이다. 예를 들어 은행 거래를 할 때 더 이상 은행만 믿을 필요가 없다. 네트워크에 참여하는 수많은 사람들이 그 거래를 함께 확인하고 검증한다. 이는 마치 전체 학급이 함께 시험지를 채점하는 것과 비슷하다. 한 사람이 실수한다고 일이 잘못되거나 누군가 부정을 저지르기 어렵다.

하지만 이런 기술적 신뢰만으로는 부족할 수 있다. 부테린은 이 점을 잘 알고 있었다. 그래서 그는 기계적인 신뢰와 인간적인 판단이 조화를 이루는 '혼합형 신뢰 모델'을 제안한다. 컴퓨터의 정확성과 인간의 유연한 판단력을 모두 활용하자는 것이다.

이러한 변화는 우리 사회의 작동 방식을 크게 바꿀 수 있지만, 아직 해결해야 할 문제들이 많다. 기술이 때로는 너무 복잡해서 일반 사용자들이 이해하기 어렵다. 또한 모든 상황을 프로그램으로 완벽하게 처리하는 것도 불가능하다. 책임 소재도 불분명해질 수 있다. 문제가 생겼을 때 누구에게 책임을 물어야 할지, 어떻게 해결해야 할지가 기존보다 모호해질 수 있기 때문이다.

그럼에도 이러한 변화는 거스를 수 없는 흐름이 되고 있다. 더 투명하고, 더 민주적이며, 더 효율적인 신뢰 시스템을 만들어가는 것. 이것이 바로 탈중앙화가 가져올 미래다. 우리는 지금 신뢰를 완전히 새롭게 정의하는 중요한 전환점에 서 있다. 이런 변화가 성공적으로 이루어지려면 단순히 기술을 발전시키는 것만으로는 부족하다. 사회 구성원들의 이해와 합의, 그리고 새로운 규칙과 제도의 마련이 함께 이루어져야 한다. 마치 자동차가 처음 등장했을 때 도로법과 교통 체계를 새롭게 만들어야 했던 것처럼 말이다.

결국 탈중앙화를 통한 신뢰의 재정의는 우리 사회를 더 나은 방향으로 이끌 수 있는 잠재력을 가지고 있다. 그것은 더 이상 소수의 권

력자나 기관에 의존하지 않고 모든 구성원이 함께 참여하고 검증하는 새로운 형태의 신뢰 체계다. 이제 우리에게 필요한 것은 이러한 변화를 현명하게 받아들이고, 더 나은 미래를 위해 적절히 활용하는 지혜일 것이다.

가상자산은 단순한 디지털 화폐를 넘어 경제학적 의미를 가진 새로운 자산군이다. 희소성과 가치 저장, 탈중앙화된 신뢰라는 경제적 원리를 통해 기존 금융 시스템의 한계를 극복하려는 실험이자, 디지털 경제 환경에서 새로운 경제 질서를 형성하고 있다.

또한 중앙은행 디지털 화폐(CBDC)를 통한 제도권 내 통합에 대한 논의가 진행됨에 따라, 가상자산은 경제 시스템의 중요한 축으로 자리 잡아가고 있다. 이로써 가상자산은 디지털 경제 시대의 중요한 경제학적 의미를 지닌 자산으로, 새로운 패러다임을 제시하며 기존 금융과의 조화를 이루는 한편 새로운 미래로 나아가고 있다. 앞으로 가상자산이 경제와 금융에서 어떤 위치를 차지하게 될지, 우리는 이제 그 흥미진진한 변화의 초입에 서 있다.

●

미주

1부

1. 노요빈, "[오늘의 외환분석] 한계효용 체감의 법칙" 연합인포맥스, 2024년 4월 9일.

2. 오일석, "반도체 공급망과 디지털 냉전" 국가안보전략연구원, 2021년 11월 26일.

3. 박상용, "'냉동 김밥' 해외서 인기 폭발하더니…놀라운 일 벌어졌다" 한국경제, 2024년 5월 2일.

4. 박상돈, "지난달 김 물가 17.8% 올라…6년 4개월 만의 최고" 연합뉴스, 2024년 6월 5일.

5. 박창영, "김 투자해 金 만드는 사모펀드들 "짭짤하네"" 매일경제, 2023년 4월 30일.

6. 한우준, "프랑스 대통령, '농산물 최저가격 보장제' 도입 전격 선언" 한국농정신문, 2024년 2월 27일.

7. 정다운, "계약갱신청구권·전월세상한제 폐지?" 매경이코노미, 2024년 3월 29일.

8. 박성경, "[알기 쉬운 경제이슈] 저축의 역설" 경기일보, 2021년 2월 9일.

9. Charles Atkins & Susan Lund, "The economic impact of increased US savings" McKinsey, March 1, 2009.

10. 배샛별, "[2008년 결산] 주식시장이 남긴 것과 가져갈 것" 한경코리아마켓, 2008년 12월 20일.

11. Whitney Zhang, "Supply Chain Disruptions and Pandemic-Era Inflation" NBER(National Bureau of Economic Research) Digest(전미경제연구소), 2024년 4월 1일.

12. 박복영, 송원호, "최근 고유가와 1970년대 오일쇼크의 비교" 대외경제정책연구원(KIEP), 2005년 3월 7일.

13. Andy Jassy, "CEO Andy Jassy's 2023 Letter to Shareholders" Amazon, Aprill 11, 2024.

2부

14. 김경민, "주식 가장 많이 보유한 집단은 어디?…서울 강남 사는 50대 남성" 경향신문, 2024년 3월 14일.

15. Rebellion research, "A Detailed Overview of the GameStop Short Squeeze" February 25, 2022.

16. Prashant Gopal, "AI Boom Reawakens Silicon Valley's Housing Market" Bloomberg, February 11, 2024.

17. 한국리츠협회 리츠연구원, "[리츠저널] 2024년 여름호, 통권 51호" 한국리츠협회, 2024년 9월 2일.

18. 관계부처 합동, "국민소득 증진 및 부동산 산업 선진화를 위한 리츠(REITs) 활성화 방안" 국토교통부, 2024년 6월 17일.

19. 통계청 통계개발원, "통계개발원,「KOSTAT 통계플러스」2023년 가을호 발간 -청년부채, ESG 통계와 해외사례, 서비스업의 디지털기술 활용 등-" 통계개발원, 2023년 9월 26일.

20. JoAnn Hong, Simon Smith, "Korea Co-living" savills, 25 June 2024.

21. 최보람, "SSG닷컴, 곳간 열기 시작했다… 'W컨셉' 인수" 딜사이트 플러스, 2021년 4월 1일.

22. 이병윤, "미국 연준의 "대형 금융회사를 위한 기후 관련 금융리스크 관리 원칙"" ifs POST, 2023년 11월 26일.

23. speedwellweather, "A Quick Guide to Weather Derivatives"

24. 박성진, "[보도자료] '24년 상반기 가상자산사업자 실태조사 결과" 금융정보분석원, 2024년 10월 31일.

25. 맹진규, "한국선 '금지'됐는데…미국서 35조 '초대박' 터졌다 [맹진규의 글로벌 머니플로우]" 한국경제, 2025년 11월 3일.

26. crypto.com, "스마트 계약이란 무엇이며 어떻게 작동하는가?" 2023년 1월 10일.

27. 박성진, "[보도자료] '24년 상반기 가상자산사업자 실태조사 결과" 금융정보분석원, 2024년 10월 31일.

28. 비탈릭 부테린,『비탈릭 부테린 지분증명』, 블리츠랩스(역), 여의도책방, 2022.

■ 독자 여러분의 소중한 원고를 기다립니다 ───────────

메이트북스는 독자 여러분의 소중한 원고를 기다리고 있습니다. 집필을 끝냈거나 집필중인 원고가 있으신 분은 khg0109@hanmail.net으로 원고의 간단한 기획의도와 개요, 연락처 등과 함께 보내주시면 최대한 빨리 검토한 후에 연락드리겠습니다. 머뭇거리지 마시고 언제라도 메이트북스의 문을 두드리시면 반갑게 맞이하겠습니다.

■ 메이트북스 SNS는 보물창고입니다 ───────────

메이트북스 홈페이지 matebooks.co.kr

홈페이지에 회원가입을 하시면 신속한 도서정보 및 출간도서에는 없는 미공개 원고를 보실 수 있습니다.

메이트북스 유튜브 bit.ly/2qXrcUb

활발하게 업로드되는 저자의 인터뷰, 책 소개 동영상을 통해 책에서는 접할 수 없었던 입체적인 정보들을 경험하실 수 있습니다.

메이트북스 블로그 blog.naver.com/1n1media

1분 전문가 칼럼, 화제의 책, 화제의 동영상 등 독자 여러분을 위해 다양한 콘텐츠를 매일 올리고 있습니다.

STEP 1. 네이버 검색창 옆의 카메라 모양 아이콘을 누르세요.   STEP 2. 스마트렌즈를 통해 각 QR코드를 스캔하시면 됩니다.
STEP 3. 팝업창을 누르시면 메이트북스의 SNS가 나옵니다.